Richard Strauss
Betrachtungen und Erinnerungen

SERIE MUSIK
PIPER · SCHOTT
Band 8290

Zu diesem Buch

Die wesentlichen Texte, die Richard Strauss (1864–1949) verfaßt hat, sind gerade noch zu seinen Lebzeiten, im Jahr 1949, von Willi Schuh erstmals herausgegeben worden. 1957 erschien eine 2., erweiterte Auflage. Sie diente als Grundlage für die Neuausgabe als Taschenbuch.

Die Äußerungen von Richard Strauss, publiziert als Aufsätze, Vorworte, Offene Briefe usw., vermitteln in ihrer Gesamtheit wertvolle und präzise Aufschlüsse über die Kunstauffassung des Komponisten, sein Verhältnis zu den großen Meistern der Musik, sein eigenes Schaffen und seine Stellung zu wichtigen Fragen des Musiklebens und der Musikpflege. Neben einigen Biographien und dem Briefwechsel mit Hofmannsthal zählt dieses Buch zu den Standardwerken der Strauss-Literatur.

Richard Strauss, geboren 1864 in München, gestorben 1949 in Garmisch-Partenkirchen, war Hofmusikdirektor in Meiningen, Kapellmeister in München, Hofkapellmeister in Berlin, seit 1908 dort Generalmusikdirektor. 1919–1924 Leiter der Wiener Staatsoper, danach lebte er als Komponist und Konzertdirigent in Garmisch-Partenkirchen. 1933–1935 war er Präsident der Reichsmusikkammer. Schrieb vor allem Sinfonische Dichtungen und Opern.

Willi Schuh (1900–1988), lebte als Musikforscher und Musikkritiker (Neue Zürcher Zeitung) in Zürich.

Richard Strauss

Betrachtungen und Erinnerungen

Herausgegeben von Willi Schuh

Mit 10 Notenbeispielen

Piper München · Schott Mainz

SERIE MUSIK
PIPER · SCHOTT

ISBN 3-492-18290-9 (Piper)
ISBN 3-7957-8290-2 (Schott)
April 1989
R. Piper GmbH & Co. KG, München
Lizenzausgabe mit Genehmigung
der Atlantis Musikbuch-Verlag AG Zürich

Umschlag: Federico Luci,
unter Verwendung eines Gemäldes von Annelis Trenner (1940)
Druck und Bindung: Clausen & Bosse, Leck
Printed in Germany

INHALT

Vorbemerkung des Herausgebers

Im Verlaufe von mehr als fünfzig Jahren hat Richard Strauss — meist auf äußere Veranlassung und ohne «literarische» Absichten zu verfolgen — eine größere Anzahl von Aufsätzen, Vorworten, Offenen Briefen und sonstigen Meinungsäußerungen publiziert. In ihrer Gesamtheit vermitteln sie so wertvolle und präzise Aufschlüsse über die Kunstanschauung des Komponisten, über sein Verhältnis zu den großen Meistern der Musik, über sein eigenes Schaffen und über seine Stellung zu wichtigen Fragen des Musiklebens und der Musikpflege, daß die Sammlung der weit verstreuten und zum größten Teil an heute schwer zugänglichen Stellen abgedruckten Beiträge keiner Rechtfertigung bedarf. Für die vorliegende, vom Herausgeber angeregte Neuherausgabe stellte Richard Strauss überdies einige seiner im letzten Jahrzehnt entstandenen Aufzeichnungen zur Verfügung, so daß die hier erstmals gesammelten kleinen Schriften gleichzeitig eine wesentliche Erweiterung und Ergänzung erfahren. Den wichtigsten Zuwachs bilden die bisher ebenfalls unveröffentlichten Erinnerungen.

Die Auswahl und Zusammenstellung — die nur innerhalb der Sachgruppe eine chronologische ist —, wie auch die Durchsicht des bereits früher Gedruckten, insbesondere aber die Redaktion der ursprünglich nicht für eine Veröffentlichung bestimmten Aufzeichnungen blieb dem Herausgeber überlassen, der hierfür die Verantwortung trägt. Diese Aufzeichnungen, die oft kei-

nem festen Plan folgen, sondern Gedanken, Erfahrungen und Erinnerungen in lockerer Weise aufreihen, bedurften der Sichtung und an einzelnen Stellen leichter Eingriffe in Satzbau und Interpunktion, doch wurde sorgsam darauf geachtet, gewisse Eigentümlichkeiten und selbst Unebenheiten unangetastet zu lassen, um den spontanen und ungezwungenen Charakter dieser Niederschriften nicht zu verwischen.

Aufgenommen sind von den publizierten Äußerungen nur diejenigen, die auch heute noch allgemeinem Interesse begegnen dürften. Kurze Erklärungen, Dementis, Richtigstellungen, Antworten auf Rundfragen, Glückwünsche, Dankschreiben an Persönlichkeiten und Institute, Interviews und Ähnliches bleiben zum größten Teil ausgeschlossen, ebenso alles, was sich auf die Fragen des Urheberrechtsschutzes und auf die «Rosenkavalier»-Streitfrage bezieht. Nicht aufgenommen wurden ferner das lithographierte Rundschreiben zur «Parsifal»-Schutzfrage (1894), das Vorwort zur Neubearbeitung von Berlioz' Instrumentationslehre (Leipzig 1905), sowie der von Joseph Gregor an Stelle eines Vorworts zu seinem Buche «Richard Strauss, der Meister der Oper» (München 1939) veröffentlichte Brief. Verzichtet wurde auch auf die Fragmente einer Autobiographie, die James Huneker in «Overtones, A Book of Temperaments» (New York 1904) mitteilte und die auch in der Zeitschrift «Die Musik» (4. Jahrg., Heft 8, Berlin 1905) Aufnahme fanden.

Bei den Anmerkungen hat sich der Herausgeber auf die allernotwendigsten beschränkt. Die Bibliographie verzeichnet nur die Erstdrucke, und gibt Aufschluß, welche Stücke hier erstmals aus dem Manuskript mitgeteilt werden. Die wenigen Zusätze des Herausgebers erscheinen in eckiger Klammer.

Zürich, im Januar 1949.

Willi Schuh

Vorbemerkung zur zweiten Auflage

Die erste Auflage der «Betrachtungen und Erinnerungen» ist wenige Monate vor dem Hinscheiden Richard Strauss' (8. September 1949) erschienen. Das lebhafte Interesse, das dem Bändchen entgegengebracht wurde — der deutschen Ausgabe folgte 1951 eine französische, 1953 eine (zur Zeit bereits vergriffene) englische Ausgabe — ermutigen Herausgeber und Verleger, der Neuausgabe eine erweiterte Form zu geben. Es wurden deshalb einige in den letzten Jahren an verschiedenen Stellen publizierte Abschnitte aus den anfangs der dreißiger Jahre begonnenen und bis in den Juni des Todesjahres fortgeführten Aufzeichnungen aufgenommen — «Zum Kapitel Mozart», «Betrachtungen zu Joseph Gregors ‹Weltgeschichte des Theaters›» und die «Letzte Aufzeichnung» —, und die genannten durch zwei weitere Abschnitte aus dem Manuskript ergänzt, nämlich durch die «Bemerkungen zu Richard Wagners ‹Oper und Drama›» und das Gedenkblatt für die Gattin «Pauline Strauss-de Ahna». An bereits veröffentlichten Stücken wurden überdies einbezogen: die Schilderung der «Generalprobe der Oper ‹Die Liebe der Danae›» und das in einem Brief an Dr. Karl Böhm enthaltene «Künstlerische Vermächtnis», sowie, gleichsam als Nachtrag, die 1925 in einer Wiener Zeitung erschienene kleine Huldigung für «Johann Strauß». Als Erstveröffentlichungen aus den Nachlaß-Manuskripten erscheinen schließlich noch die Äußerungen «Über Schubert» und ein «Unveröffentlichtes Vorwort zu ‹Intermezzo›», das Strauss wenig später durch das der Partitur und dem Klavierauszug der Oper mitgegebene ersetzt hat. — Möge sich das Büchlein in der neuen Form neue Freunde gewinnen!

Zürich, im Juli 1957.

Willi Schuh

Einleitung zu «Die Musik», Sammlung illustrierter Einzeldarstellungen

Kunst ist ein Kulturprodukt. Ihr «Beruf» ist nicht der, nach willkürlich ersonnenen oder der augenblicklichen Not angepaßten, nachträglich als «ewig» proklamierten «Gesetzen» eine selbstgefällig isolierte Existenz zu führen; ihr natürlicher Beruf ist vielmehr: Zeugnis abzulegen von der Kultur der Zeiten und Völker.
Wenn man die Geschichte der Literatur und der bildenden Künste überblickt, so erscheint diese Auffassung als etwas ganz Selbstverständliches. Bei der Musik ist die Darstellung ihrer Kulturbedeutung deshalb schwieriger, weil sie weniger augenfällige Vergleichsobjekte mit dem Leben hat. Zudem ist die grundlegende kunstmäßige Fassung der Ton-«Sprache» — soweit es sich nicht um eine tote, nur mehr dem Historiker zugängliche, sondern um eine für unsere Zeit gemeinverständliche, lebende Sprache handelt — verhältnismäßig sehr jungen Datums. Die technische Ausbildung ihrer Ausdrucksformen und die mit dem Ausbau der grammatikalischen und stilistischen Elemente stetig wachsende Erweiterung des Sprachschatzes der Musik, die wir dem Genie unserer letzten großen Meister verdanken, ist, streng genommen, auf der Vorarbeit weniger Jahrhunderte aufgebaut. Wie bei der Entwicklung der anderen Künste ist auch in der Geschichte der Tonkunst ein Fortschreiten von der Wiedergabe unbestimmter oder allgemeiner, typischer Vorstellungen zum Ausdruck eines mehr und mehr bestimmten, individuellen und intimen Ideenkreises zu verfolgen. Da der innere Pro-

zeß dieser Entwicklung zum Teil unter der Hülle formalistischer Elemente verborgen ist, konnten manche Ästhetiker, denen nur das Äußerliche, Formalistische eingänglich war, während sie (kurzsichtig aus Mangel an Produktivität) das Wesentliche entweder gar nicht oder nur sehr oberflächlich wahrnahmen, geraume Zeit einige Verwirrung anrichten. Ihre Lehre war das Unfehlbarkeitsdogma der Form; der lebendige Inhalt der Kunst war ihnen ein Buch mit sieben Siegeln. In ihrer Kurzsichtigkeit konsequent, glaubten sie immer wieder mit dem stolzen diktatorischen Rufe: «Bis hierher und nicht weiter!» die naturgemäße Entwicklung aufhalten oder irgendeine Epoche bereits als die letzte höchste Blüte jeder überhaupt möglichen Entwicklung bezeichnen zu können. Über die Rückständigkeit einer solchen Ästhetik geht aber das Urteil der Geschichte gelassen zur Tagesordnung über. Jedenfalls darf schon heute der Irrtum derer, die als das eigentliche Wesen der Musik nur einen mehr oder weniger spielerischen Formalismus bezeichnen, als überwunden erklärt werden. Den unmittelbaren Zusammenhang mit dem Leben und der Kultur hat die Geschichte unserer Meister und ihrer größten Kunstwerke unwiderleglich bewiesen.

Wohl besitzt unsere musikalische Literatur einzelne sehr erfreuliche, von dieser Grundanschauung getragene Dokumente. Doch ist das Verständnis der ganzen Entwicklung durchaus noch nicht allgemein gesichert. Den Entwicklungsgedanken konsequent vertretende Studien über alle Gebiete der Tonkunst fehlen entweder, oder sie sind in streng wissenschaftlich-ästhetischen Werken niedergelegt, in die der große Kreis der Musikfreunde nicht so ohne weiteres einzudringen vermag.

Es dürfte daher gerechtfertigt sein, in Form gemeinverständlicher Essays alle wesentlichen Gebiete der Tonkunst in der Weise zu bearbeiten, daß der aus der Kulturbedeutung der Kunst naturgemäß sich ergebende Entwicklungsgedanke einheitlich und eindringlich zum Ausdruck gelangt.
Zur Eröffnung einer solchen Sammlung erscheint eine Monographie über Beethoven am geeignetsten, weil gerade Beethoven derjenige Meister ist, bezüglich dessen Stellung zur allgemeinen Kultur sich heute Freund und Feind wohl am ehesten in Übereinstimmung befinden. Man kann die Hoffnung hegen, daß eine im großen und ganzen allgemeine Einigung über die Auffassung von Beethovens Leben und Wirken die sichere Grundlage für eine Verständigung über weitere, noch mehr umstrittene musikästhetische Fragen bilden werde.

Charlottenburg, den 1. Dezember 1903.

Gibt es für die Musik eine Fortschrittspartei?

Über die Ziele der künstlerischen Betrachtungen und kritischen Ausführungen, die in dieser Wochenschrift [«Der Morgen»] der Musik gewidmet sein sollen, eine Art Programm zu geben, widerstrebt mir gründlich.
Ich liebe überhaupt Programme nicht. Dem einen versprechen sie zu viel; den anderen beeinflussen sie zu stark; ein Dritter behauptet, in der Betätigung seiner eigenen Phantasie durch das Programm gestört zu sein; ein Vierter denkt lieber gar nichts, als daß er nachzudenken versucht, was ihm ein anderer vorgedacht hat; der Fünfte nörgelt sich mit einer anderen Ausrede hindurch — kurz, Programme sind unzeitgemäß. Nun traut man mir aber einen großen Spürsinn in der Auffindung des Sensationellen zu; ich tue auch wirklich, wie einige kluge Zeitgenossen bereits scharfsinnig herausgefunden haben, den ganzen Tag nichts anderes, als darüber spekulieren, wie ich (also so eine Art Musikschneider) die Methode der nächsten Saison wieder am besten befriedigen könnte — und so wollte ich denn zuerst, als das Allermodernste, den musikalischen Teil dieser Zeitschrift ganz ohne Programm des Herausgebers vom Stapel lassen, zumal ich damit am besten meiner kaum überwindlichen Abneigung gegen schriftstellerische Betätigung frönen konnte.
Die Herren Verleger ließen jedoch nicht nach: «Wenn Sie, werter Herr Strauss, schon als Herausgeber figurieren, geht es nicht an, daß Sie nur ab und zu als ‹spiritus rector› hinter den Kulissen wirken, sondern Sie müssen als ‹Führer der Moderne›, als ‹Haupt der Fortschrittspartei› unsern musikalischen ‹Morgen› mit einer wenn

schon kurzen, aber desto bedeutenderen Kundgebung einleiten.»

Ich hasse derartige Kundgebungen von ganzem Herzen. Gegen seine beste Absicht kann man es kaum vermeiden, mehr oder minder pro domo zu sprechen, und mein Grundsatz ist nun einmal, daß man für sich selbst nur Taten und Werke, aber nicht Worte reden lassen soll. Jedenfalls ist selbst mit den verwegensten Werken der Künstler noch niemals soviel Konfusion angerichtet worden, wie mit den papierenen Kundgebungen ihrer Gegner, die mit Worten gegen Werke zu kämpfen sich bemühen. Ich überlasse daher solche Kundgebungen auch fernerhin allen denen, die ohne Schlagworte nicht leben mögen, oder die mit dogmatischen Verboten den naturnotwendigen Prozeß des Fortschritts glauben aufhalten zu können, so zum Beispiel den Gegnern der Zukunftsmusik, oder auch solchen Wagnerianern, die — an dem Geist ihres eigenen Meisters sich versündigend — ebenso petrefakt geworden sind, wie seinerzeit die Mozartianer um Franz Lachner, die Mendelssohnianer um Carl Reinecke oder die Lisztianer hinter Draeseke.

Wie gesagt, ich weigerte mich hartnäckig. Allmählich aber setzten sich die so verlockenden Worte «Führer der Moderne» und «Haupt der Fortschrittspartei», mit denen jetzt ebenso fleißig wie gedankenlos hantiert wird, immer eigensinniger in meinem Kopfe fest, und ich begann, besonders über die Fortschrittspartei, etwas nachzudenken.

Nachdenken ist immer unangenehm. Diesmal hatte es aber wenigstens zur guten Folge, daß ich mir schließlich die Frage vorlegte: Gibt es denn überhaupt eine

Fortschrittspartei? Ich mußte mir diese Frage endlich mit einem strikten: *Nein!* beantworten.

Auch die eigentlichen engeren Wagnerianer waren doch nur eine Vereinigung gleichgesinnter Jünger, deren Ziel es war, die Ideen ihres Meisters zu erklären und zu verbreiten, Irrtümer und Mißverständnisse aus dem Wege zu räumen, die Gleichgültigen aufzurütteln, die Gutwilligen in ihrem Urteil zu bestärken und die Mißgünstigen zurückzuweisen. Aber schließlich haben doch nicht diese Parteigänger den Fortschritt erzwungen, der treibende und in letzter Instanz entscheidende Faktor, der auch einem Richard Wagner, wie jedem anderen großen Neuschöpfer zu endgültigem Siege verholfen hat, war die große Masse des unbefangen genießenden Publikums, das sich in seiner naiven Empfänglichkeit für jede neue und bedeutende Kunstleistung in der Regel als der zuverlässigste Träger jeglichen Fortschrittsgedankens bewährt hat. Gegenüber der in der Geschichte immer wieder erhärteten Tatsache, daß eine große künstlerische Erscheinung vom großen Publikum sozusagen als ein Naturgegebenes instinktiv richtig erfaßt, wenn auch nicht durch klares Urteil im einzelnen begriffen wird, ist das Wirken eines etwa als Fortschrittspartei zu bezeichnenden engeren fachmännischen Kreises nicht von ausschlaggebender Bedeutung. Die Hauptsache ist der zwingende Kontakt zwischen dem schaffenden Genie und der über den Rahmen jeder möglichen Partei weit hinausreichenden fortschrittswilligen Masse. Man darf sich nur dadurch nicht verwirren lassen, daß dasselbe große Publikum das mühelos Gefällige, Gemeinverständliche und sogar Banale ebenso — vorübergehend oft noch mehr — bejubelt,

wie das künstlerisch Bedeutungsvolle, Neuartige, der Zeit Vorauseilende. Das Publikum hat eben zwei Seelen in seiner Brust. Eine dritte allerdings fehlt ihm: für diejenige Kunst, die weder ohne weiteres eingänglich noch in hervorragendem Maße zwingend ist, hat das Publikum das wenigste Verständnis und die geringste Zuneigung. Daher so viele Enttäuschungen ernst strebender Künstler, von denen selbst der Gegner nicht schmähen mag, sie seien banal, und selbst der Freund nicht rühmen kann, sie besäßen eine auch die Masse fortreißende suggestive Kraft.
Carl Maria von Weber sagte einmal vom großen Publikum: «Der Einzelne ist ein Esel und das Ganze ist doch Gottes Stimme.» Und in der Tat, die Seele der tausendköpfigen Menge, die sich da in einem Konzert- oder Theatersaale zu künstlerischem Genießen vereinigt, wird in der Regel instinktiv für den Wert des ihm Gebotenen ein richtiges Empfinden haben, sobald ihm nicht von seiten geschäftiger Kritik oder geschäftlicher Konkurrenz Vorurteile eingepflanzt werden, die seine Unbefangenheit beeinflussen.
Ein markantes Beispiel für die sonderbare Verwirrung, die äußere Einflüsse auf das erste richtige Urteil des Publikums ausüben können, erzählte mir Alexander Ritter:
Als Franz Liszt vor etwa 50 Jahren zum ersten Male drei Konzerte in Dresden mit eigenen Orchesterwerken gab, löste die Uraufführung der damals zuerst gehörten, später so viel verlästerten sinfonischen Dichtungen am Konzertabend selbst eine ungeheure Begeisterung bei dem damals diesen Werken noch ganz naiv gegenüberstehenden Publikum aus. Am nächsten Morgen stand

im Blättchen, Liszt sei überhaupt kein Komponist, und plötzlich schämten sich alle die guten Leute, die am Abend vorher ihrem schönen Enthusiasmus freien Lauf gelassen hatten, ihrer Begeisterung, keiner wollte schließlich applaudiert haben, und jeder hatte nachträglich tausend Wenn und Aber!
Alles Große kann jedoch schlimmstenfalls nur eine Zeitlang in seinem siegreichen Zuge gehindert, von den Dunkelmännern nicht endgültig aufgehalten werden: und so hat das große Publikum — Gottes Stimme — auch Franz Liszt gegen die Bosheit und den Unverstand erhoben, wie es Richard Wagner schon 1876 durch seine Begeisterung zu endgültigem Siege über seine Nörgler, Neider und Verleumder verholfen hat.
Wenn es nun auch im eigentlichen Sinne «keine Fortschrittspartei» gibt und nicht zu geben braucht, so ist es doch notwendig, das natürliche, gesunde Urteil der Unbefangenen zu schützen vor der Partei der ewig Rückständigen, die aus Unverstand, Unfähigkeit, Bequemlichkeit oder Eigennutz stets am Werke ist, den im Publikum lebenden Sinn für den Fortschritt zu ersticken.
Nach dem Jahre 1876 glaubte man wirklich, der Enthusiasmus des großen Publikums habe die Hetze der Feinde soweit zu Schweigen gebracht, daß sie nurmehr hinter stillen Konservatoriumsmauern, unter Ausschluß der Öffentlichkeit wagen würden, ihr Gift gegen den frechen Neuerer in die unschuldigen Seelen harmloser Klavier- und Kompositionsschüler zu träufeln. Man glaubte schon hoffen zu dürfen, von nun ab könne jeder im Kunstwald auf seine Fasson selig werden, komponieren, wie er Lust und wozu er Talent habe.

Diese Hoffnung war trügerisch. Zünftige Fachgenossen, die ängstlich besorgt um ihre eigene Wertschätzung, ohne schöpferische Potenz, lediglich im Besitz einer gewissen Kompositionstechnik irgendeiner verflossenen Kunstepoche, eigensinnig und gewalttätig gegen jede Erweiterung der Ausdrucksmittel und gegen jede Ausdehnung künstlerischer Formgebiete sich sträuben, Kritiker, deren Kunstanschauung auf einer erstarrten Ästhetik vergangener Zeiten basiert, wagen sich als festgeschlossene «Reaktionspartei» mehr und mehr wieder an die Öffentlichkeit und sind eifriger denn je am Werke, den weiter Strebenden das Leben sauer zu machen.

Ich kann nun denjenigen noch lange nicht einen Reaktionär nennen, dem Beethovens Eroica lieber ist, als eine schwache moderne sinfonische Dichtung, oder der erklärt, er sehe sich lieber zwölfmal hintereinander den «Freischütz» an, als eine faule moderne Oper. In diesem Sinne wäre ich selbst ein Reaktionär. Reaktionäre im unerträglichen Sinne sind für mich alle diejenigen, welche behaupten, weil Richard Wagner seine Dramenstoffe dem germanischen Mythus entnommen hat, sei es künftig verboten, Stoffe der Bibel zu entnehmen (ich spreche hier natürlich pro domo); diejenigen, die dozieren, daß es ordinär sei, die Ventiltrompete als melodiöses Instrument zu behandeln, bloß deswegen, weil Beethoven seine Naturtrompeten notgedrungen nur mit Tonika und Dominante sich herumschlagen lassen mußte; kurz, alle diejenigen, die mit großen Gesetzestafeln bewaffnet, jeden, der Neues schaffen will und kann, mit einem Anathema sit! in seinen Bestrebungen hindern wollen.

Richard Wagner hat das bedeutsame Wort gesprochen: «Ich will meinen ‹Siegfried› einmal vor einem aus der ganzen Welt zusammengerufenen Publikum von teilnehmenden Geistern aufführen und dann die Partitur verbrennen.» Gottseidank, sagen wir heute, daß er es nicht getan hat! Denn leider sind die «Siegfriede» so selten, daß wir nicht derartig verschwenderisch mit so kostbaren Geschenken umspringen dürfen. Aber der Gedanke, der in dieser erhabenen Absicht des großen Meisters lag, daß auch ein vollendetes Kunstwerk nur als Glied einer großen, stets lebendigen Entwicklung betrachtet werden soll, als Same in die Seelen der Nachkommen gelegt, fortzeugend stets Höheres und Vollkommeneres zu gebären: diesen herrlichen Gedanken wollen wir pflegen, an der steten Entwicklung unserer Kunst tatkräftig fortarbeiten, und über der Liebe und Bewunderung, die wir den verewigten und schon vollendeten Meistern zollen, nicht vergessen, daß auch die Kunst denselben Gesetzen unterliegt, wie das immer neu sich gestaltende Leben.

Darum fort mit der Anwendung einer schulmeisterlichen Ästhetik auf Werke, die mit eigenem Maßstabe zu messen sind; fort mit allen Gesetzestafeln, die längst schon von großen Meistern zerbrochen worden sind; fort mit allem Hohepriestertum, das sich einer kraftvollen Weiterentwicklung hindernd entgegenstellen will; fort mit allem, was keine andere Berechtigung für sich aufweisen kann, als daß es gestern schon gewesen ist! Dagegen sei in unserem «Morgen» allen denen ein freimütiges Willkommen geboten, Schutz und Förderung versprochen, die zuviel Respekt vor den großen Meistern haben, als daß sie — aus Bequemlichkeit oder ihres lieben Broterwerbs halber oder zur Befriedigung eines im tiefsten Grunde unkünstlerischen Ehrgeizes — die Werke der Meister durch billige Nachahmung entweihen und verflachen könnten! Willkommen alle, die «strebend sich bemühen», und ein fröhliches Pereat der Reaktionspartei!

Fontainebleau, Pfingsten 1907.

Geleitwort zu: Leopold Schmidt «Aus dem Musikleben der Gegenwart»

Der Verfasser dieses Buches hat mit Berufung auf meine Eulenspiegelnatur, die ich wohl nun lebenslänglich auf meinem allerdings ziemlich breiten Buckel herumtragen muß, mich aufgefordert, zu diesem Werke ein paar einleitende Worte zu geben. Dies kam mir allerdings anfangs ebenso spaßig vor, als wenn ich Herrn Dr. Leopold Schmidt bäte, eine Ouvertüre zu meiner «Elektra» zu schreiben. Als ich aber bei näherer Kenntnis seines Buches sah, in wieviel Punkten unsere künstlerischen Entscheidungen divergieren, mußte ich mir eingestehen, daß Dr. Schmidt auf meine Leidenschaftslosigkeit in punkto Kritik richtig gerechnet hatte, und so erfülle ich gerne seinen Wunsch und empfehle sein Buch als Überblick der musikalischen Vorgänge der letzten zehn Jahre allen den Lesern, die sich für die Wandlung des musikalischen Geschmacks an einem, wenn auch allem Neuen gegenüber vielleicht etwas zaghaften, aber sachkundigen und sicher gewissenhaften Mann interessieren. Denn dies scheint mir an seiner Veröffentlichung zeitgemäß, daß Dr. Schmidt sich nicht gescheut hat, hier dokumentarisch zu bekennen, wie sein Verständnis für die einzelnen Erscheinungen sich entwickelt, seine Stellung zu ihnen im Laufe der Jahre sich sogar nicht selten verändert hat.

Dieses offene Bekenntnis wird jeden einnehmen, der es selbst erlebte, welchen Schwankungen die Wertschätzung der verschiedenen Kulturepochen, ihrer Kunstwerke und im besonderen aller Abschnitte der Musikentwicklung im eigenen Kopfe unterworfen ist.

Was verlangt man nicht alles von der lieben Kritik! Ich stehe nicht an, zu bekennen, daß ein Berichterstatter seine volle Pflicht getan hat, wenn er, natürlich von vornherein mit allgemein wissenschaftlicher Vorbildung und künstlerischer Sachkenntnis und Empfindung ausgerüstet, in parlamentarischer Form seinen momentanen Eindruck den Lesern mitgeteilt hat.
Inwieweit diese Augenblickseindrücke dauernde Geltung beanspruchen dürfen, darüber entscheidet ebenso wie über die kritisierte Kunstleistung ja doch die Geschichte.
Um nun nicht den Anschein zu erwecken, daß ich die Feder ergriffen habe, nur um dem Schmidtschen Buche allbekannte Binsenwahrheiten voranzuschicken, möchte ich mir erlauben, selbst auf die Gefahr hin, gründlich mißverstanden zu werden, auszusprechen, daß diese ihre Pflicht in obigem Sinne erfüllenden Kritiker nicht immer die für den Künstler interessantesten sind. Ich kenne nichts Förderlicheres als die Kritik eines Todfeindes, der von vornherein mit der Absicht zugehört hat, aus welchem Grunde auch immer, dem Autor am Zeuge zu flicken, wo er nur kann! Je schärfer seine Intelligenz ist, desto weniger werden ihm auch die verborgensten Schwächen entgehen, die der Begeisterte oder auch nur sympathisch Wohlwollende bewußt oder unbewußt übersieht. Da es einem nun bekanntlich selbst am schwersten fällt, seiner eigenen Schwächen bewußt zu werden, so liegt der Nutzen des Todfeindes zur Förderung der Selbstkritik, wo solche überhaupt geübt wird, auf der Hand.
Es ist eine weitere Binsenwahrheit, daß alle wirklich großen Werke, seien sie in Form und Inhalt noch so

neu und ungewöhnlich, der abfälligsten Kritik ebenso ins Auge sehen, wie sie der lobenden Zustimmung entraten können. Ich lächle oft im stillen, wenn Kollegen, die empfindlicher als ich sind, in größte Aufregung geraten, wenn ihre Werke von seiten der Kritik nicht die Zustimmung finden, die sie erwartet hatten. Was hat man seinerzeit nicht von dem Unheil gefabelt, das die Hanslickschen Pamphlete über Wagner angerichtet haben?

Ich berühre das interessante Verhältnis zwischen Autor und Kritik.

Während die subalternen Vertreter der letzteren gewöhnlich glauben, sich durch Isolierung vom schaffenden Künstler ihre hohe kritische Unabhängigkeit zu bewahren, haben es die kultivierteren Angehörigen dieses verantwortungsvollen, vielverkannten Berufes stets für ihre Pflicht gehalten, im regen Verkehr mit den Produzierenden den notwendigen Einblick in die Werkstatt, in den Ideengang und die Absichten der Schaffenden zu erhalten. Wie soll ein Kritiker beurteilen können, was ein Autor gekonnt hat, wenn er nicht weiß, was er gewollt hat?!

Wenn ich von kritischen Belehrungen schöpferischer Geister, wie Berlioz, Schumann, Liszt, Wagner, absehe, so ist doch der Charakter der normalen, theoretischen Kritik meist nur retrospektiv.

Nun ist nicht jedes Kunstwerk in sich so reif, daß es die Absicht seines Schöpfers in vollendeter Form und Deutlichkeit zum Ausdruck zu bringen vermag. Wie vielen poetischen und verträumten Künstlern ist diese letzte und energische Durchfeilung ihrer Werke nicht immer gelungen. Möchten wir darum feine Meister, wie einen Robert Schumann, Brahms, Bruckner, als Dramatiker Berlioz missen? Sind ihre Schöpfungen als Bausteine der Entwicklung nicht höchst notwendig und reizvoll?

Gerade solche Werke nun, die es schwer haben, sich zwischen den Meisterwerken erster Ordnung und dem Schund — diesen beiden zugkräftigen Extremen, die die Freude des Publikums und der Theaterkassiere sind — zu behaupten, gerade sie bedürfen, weil in ihnen keine schöpferische Kraft von elementarster, schließlich allen Widerspruch niederzwingender Gewalt mächtig ist, der gewissenhaften Betonung ihrer Bedeutung und belehrender Hervorhebung der edlen Intentionen ihres Schöpfers. Es erfordert oft wirklich keine große Sachkenntnis, zu merken, daß solchen Werken neben herrlichen Eigenschaften Schwächen anhaften, die dem flüchtigen Beobachter leichter sichtbar werden als ihre Vorzüge. Aber leider ist gerade hier die oberflächliche Kritik am eifrigsten an der Arbeit, ihr «Verständnis» zur Schau zu tragen. An solchen Werken die Schönheiten liebevoll beleuchten (allerdings nun nicht in der oft geübten Manier, daß man behauptet, zwischen dem Wohlklang des Wagnerschen und Brahmsschen Orchesters sei gar kein Unterschied) und, bevor diese Vorzüge bekannt und geliebt sind, das weniger Geglückte verständnisinnig zu verschweigen: das wäre, um die große Masse des Publikums sanft Werken zuzuführen, die auf die Entwicklung feineren Kunstsinns von Einfluß sind, meiner Ansicht nach eine dankbare, gleichsam produktive Aufgabe für die Tageskritik.

Vor allem wäre auch eine Revision des in früheren Zeiten Anerkannten am Platze, eine genaue Prüfung, wieweit dasselbe noch in unserer Kulturepoche bestehen kann, damit man nicht z. B. eine «Martha», einen «Robert den Teufel» kritiklos passieren läßt, bloß weil unsere Großmütter sich daran erfreuten, während man an den talentvollsten Werken der Zeitgenossen den strengsten Maßstab anlegt, ohne zu bedenken, wie förderlich es für die Kultur wäre, wenn das Gute zweiten und dritten Ranges den Platz des Unwürdigen einnähme. Um unsere Theaterkultur wäre es besser bestellt, wenn die Werke eines Hermann Götz, Cornelius, Alexander Ritter, Berlioz, Spohrs «Jessonda», Webers «Euryanthe» — von Jung-Deutschland, das es schwerer hat, sich ein bescheidenes Plätzchen in einem deutschen Spielplan zu erobern, ganz zu schweigen — öfters auf dem ständigen Repertoire zu finden wären.

Es ist doch sicher kein erfreuliches Zeichen, daß unsere Theaterspielpläne so ständig zwischen Werken wie «Tristan» und «Meistersingern» einerseits, «Mignon» und «Bajazzo» anderseits abwechseln. Wäre unser Publikum mehr darauf angewiesen und erzogen, auch die feinen Werke, sagen wir zweiter Ordnung, hören zu müssen und würdigen zu können, würden wir es nicht erleben,wie «Fidelio», «Freischütz», «Figaro» von Jahr zu Jahr immer geringere Kassenberichte aufweisen und ein «hoher Adel und ein verehrungswürdiges Publikum» ihr abendliches Kunstbedürfnis in den dümmsten Operetten oder gar in direkt verblödenden Variété-vorstellungen decken.

Auch diese Klagen sind so alt wie die Geschichte der Kunst: sie immer und immer wieder zu betonen, ist selbst auf die Gefahr hin, zu langweilen, die Pflicht dessen, dem unsere Kunstpflege am Herzen liegt.

Ich danke dem Verfasser dieses Buches herzlich dafür, daß er zum Eingange seines Werkes dieser uralten Klage des Künstlers Raum gegeben hat.
Was nun mein persönliches Verhältnis zur hohen Kritik betrifft, worüber der freundliche Leser hier an dieser Stelle sicher gern etwas Authentisches erfahren möchte, so bekenne ich, kurz gesagt, gern Folgendes: Sind meine Werke gut und von irgendwelcher Bedeutung für eine eventuelle Weiterentwicklung unserer lieben Kunst, so werden dieselben ihren Platz behaupten, trotz aller positiven Ablehnung von seiten der Kritik und trotz gehässigster Verdächtigung meiner künstlerischen Absichten. Taugen sie nichts, so kann auch der erfreulichste Tageserfolg und die begeistertste Zustimmung der Auguren sie nicht am Leben erhalten. Die Makulaturpresse mag sie verschlingen, wie sie schon viele aufgefressen hat (tut sie auch, ob ich damit einverstanden bin oder nicht), und ich — ich werde ihnen keine Träne nachweinen. Mein Sohn wird eine Zeitlang aus meinen Privatexemplaren pietätvoll meine Tondichtungen ab und zu vierhändig spielen, dann schwindet auch dies und die Welt geht ihren Weg weiter!

Garmisch, den 20. November 1908.

Offener Brief an einen Oberbürgermeister

Garmisch, den 25. Oktober 1913.

Hochverehrter Her Oberbürgermeister!

Verzeihen Sie, wenn das Interesse für Ihre schöne Stadt [Nürnberg] und ihr Kunstleben mich veranlaßt, mich an Sie zu wenden.
Ich habe vor einiger Zeit dort eine Vorstellung dirigiert, und sehr gerne hätte ich dabei Gelegenheit genommen, mit Ihnen über die künstlerischen und finanziellen Verhältnisse des Stadttheaters zu sprechen, Sie waren jedoch leider verreist.
Ich muß zu meinem Bedauern gestehen, daß das künstlerische Niveau dieser Vorstellung, abgesehen von einigen hervorragenden Gästen, ein derart tiefes war, daß ich nicht umhin konnte, meine Verwunderung laut zu äußern.
Ich lese nunmehr in den Zeitungen von einer großen Krise an Ihrem Stadttheater.
Würden Sie, hochverehrter Herr Oberbürgermeister, mir als Theaterfachmann von dreißigjähriger Erfahrung, als Komponist, von dem bereits vier bis fünf Werke an Ihrem Stadttheater zur Aufführung gekommen sind, gestatten, mich auch zu dieser Frage zu äußern?
Sie haben, hochverehrter Herr Oberbürgermeister, durch Ihre Tatkraft schon soviel für die großartige Entwicklung des Ihnen unterstellten Gemeinwesens getan, daß es wirklich ein Jammer wäre, wenn Sie diese Tatkraft nicht auch auf die Sanierung der künstlerischen Verhältnisse der Ihnen anvertrauten Stadt richten würden.

Wie schon angedeutet, habe ich bei Ihnen seinerzeit ein Orchester vorgefunden, das derart schlecht war, wie ich in meinem ganzen Leben — und ich habe die Orchester fast der ganzen zivilisierten Welt dirigiert — nur einmal eines in Lemberg in Galizien vorgefunden habe. In vielen kleineren Städten, wie zum Beispiel Elberfeld, Krefeld, Hagen i. W., Quedlinburg usw. habe ich Orchester von weit besserer Qualität und Schulung vorgefunden als in Ihrer großen Stadt. Das Personal auf der Bühne, das mitsang, war zum großen Teil mittelmäßig, zum Teil ganz ungenügend, der Chor in einer Verfassung, daß ich mir nicht vorstellen kann, daß Werke wie «Tannhäuser», «Lohengrin» auch nur einigermaßen genügend herausgebracht werden könnten.

Dem Leiter des Theaters, den ich als einen kundigen Theatermann und einen Direktor von besten Intentionen kenne, dafür die Schuld zu geben, ist ganz unmöglich, die Schuld liegt nach meiner Ansicht nur an dem System. Soviel ich weiß, ist das Stadttheater an den Direktor verpachtet und der Direktor hat außer einer ziemlich großen Pachtsumme auch noch das Personal, inklusive Orchester und Chor, zu unterhalten. Das ist ein Zustand, der unmöglich ist!

Ein Operninstitut, das einigermaßen bescheidenen künstlerischen Ansprüchen genügen soll, kann niemals ein Reinerträgnis abwerfen. Etwa angeführte Beispiele, wo Stadttheater mit Opernbetrieb sogenannte Goldgruben für den Direktor waren, sind deswegen hinfällig, weil das künstlerische Niveau eines solchen Theaters ein derart tiefes war, daß man ein solches Theater nur als Schmiere bezeichnen kann.

Nach meiner Ansicht ist Ihr Stadttheater viel zu teuer erbaut. Hätte man für den Bau und Fundus des Theaters 2 000 000 Mark ausgegeben, und den Rest dessen, was es gekostet hat, als Subsidienfonds gegeben, so könnte ein Direktor bestehen und einigermaßen Gutes bieten.

Nachdem aber das Unglück geschehen ist, und dieses viel zu teure Theater hingestellt ist, ist es unmöglich, es in einem derart unwürdigen künstlerischen Zustand zu belassen, wie der ist, in dem es sich jetzt befindet. Ihre Stadt wird niemals ein Stadttheater unterhalten, das der Größe und Bedeutung der Stadt einigermaßen würdig ist, wenn sich die Stadtvertretung nicht entschließt, ein ständiges Orchester, von soundsoviel Mann, 14 erste, 14 zweite Violinen, 10 Bratschen, 8 Celli, 7 Bässe, 4 Flöten, 4 Hoboen, 4 Klarinetten, 4 Fagotte, 8 Hörner, 4 Trompeten, 4 Posaunen, Tuba, 2 Harfen, Pauken und Schlagzeug, in städtische Verwaltung zu nehmen und mit einer Summe von mindestens 200 000 Mark nebst Pensionsfonds jährlich zu subventionieren.

Hierzu noch eine jährliche Summe von bar 300 000 Mark und das Stadttheater wird ebenbürtig den besseren Stadttheatern mittleren Charakters sich anschließen. Alle anderen Sanierungsversuche sind umsonst; jeder neue Direktor, und kommt er mit dem größten persönlichen Privatsäckel oder mit den größtmöglichsten Versprechungen, kann nur ein elendes Personal, ein miserables Orchester aufbringen, und die damit hervorgebrachten Kunstdarbietungen werden kein Publikum herbeiziehen, und der Pleitegeier wird aus dem Stadttheater nicht mehr herauskommen.

Das Berliner Königliche Opernhaus, die Wiener Hofoper — große Theater, fast jeden Abend ausverkauft — erhalten Subventionen bis zu einer Million, ein Stadttheater in Düsseldorf eine städtische Subvention von 500 000 Mark, und für Ihr Stadttheater soll ein Direktor noch Pacht zahlen, anständige Vorstellungen zustande bringen und dabei persönlich nicht verhungern?
Greifen Sie hier mit machtvoller Hand ein, hochverehrter Herr Oberbürgermeister, und krönen Sie durch die energische Sanierung der Theater- und Orchesterverhältnisse Ihr großes Lebenswerk!

Mit vorzüglicher Hochachtung
Dr. Richard Strauss

Städtebund-Theater

Eine Anregung

Richard Wagner schrieb im Jahre 1849 einen «Entwurf zur Organisation eines deutschen Nationaltheaters für das Königreich Sachsen». Derselbe wurde nach Wagners Worten in den Kreisen, in denen der Minister ihn mitteilen zu müssen geglaubt hatte, mit Hohn aufgenommen. Er ist niemals zur Ausführung gelangt und schlummert nun seit 65 Jahren unbeachtet in den Gesammelten Schriften. Und doch ist jedes Wort, das er enthält, von solcher Bedeutung, daß jede Gelegenheit ergriffen werden sollte, um die unschätzbaren Lehren, die der große Meister allen erteilt hat, die sich für eine Entwicklung des deutschen Theaters interessieren, immer wieder der Öffentlichkeit zu empfehlen. Ich lasse unten einen Teil der interessantesten Ausführungen, nach freier Wahl herausgegriffen, folgen, um vielleicht zu erneutem Studium des Entwurfs anzuregen. Dieser Entwurf enthält unter der Rubrik «Zweigtheater» Ausführungen, die sich auf das Verhältnis des Leipziger Stadttheaters zur Königlichen Bühne in Dresden beziehen. Wer die Ausführungen aufmerksam liest, wird unschwer erkennen, daß von Wagner, wenn sein Entwurf zur Ausführung gekommen wäre, jene einzige, aufrichtige Basis geschaffen worden wäre, auf der eine wahrhafte Blüte der deutschen Theater erreicht werden konnte. Wir alle wissen, daß Wagner sich nach dem Fehlschlag seiner Reformideen ganz vom deutschen Theater abgewendet und sein herrliches Festspielhaus in Bayreuth gegründet hat, neben dem Münchener

Prinzregenten-Theater bis jetzt das einzige seiner Art. — Überblicken wir die Entwicklung der deutschen Bühnen seit dem Jahre 1849, von welcher Zeit Richard Wagner schreibt, daß keine der übrigen Provinzialstädte bisher imstande gewesen sei, sei es auch in noch so dürftiger Weise, ein stehendes Theater zu unterhalten, so sehen wir, daß heute fast jede deutsche Stadt über 20 000 Einwohner nicht nur stehende Theater unterhält, sondern in ihnen sogar die künstlerisch anspruchsvollsten Opern zur Aufführung bringt, in welcher Weise wird jeder beurteilen können, der einmal in solchem kleinen Stadttheater — von kleineren, durch die Munifizenz hochgesinnter Fürsten subventionierten Hoftheatern spreche ich nicht — jemals eine Aufführung des «Tannhäuser» oder «Lohengrin» erlebt hat mit einem Orchester von 40—50 Mann, mit einem Chor von circa 40 Mann.

Es muß konstatiert werden, daß es an all diesen Theatern heute mehr oder minder kriselt. Die Direktoren klagen über schlechten Besuch, über die unerträgliche Konkurrenz der Kinematographentheater, das Publikum beklagt sich schon lange über die schlechten Aufführungen oder bleibt ihnen ganz fern. Das finanzielle Resultat ist unschwer zu erraten. Man vergißt dabei, wie sehr sich die alten Zeiten verändert haben. In früheren Jahren, als noch alles mehr oder minder an der Scholle klebte, hatte das Publikum der kleinen Stadt, aus deren Mauern es nie oder selten herauskam, keine Vergleichsmöglichkeit und war mit schlechten Aufführungen zufriedener als heute, wo fast alles reist und auch der kleinste Mann auf seiner Ferienreise einmal in Wien die «Walküre», in Berlin den «Lohen-

grin», in München die «Meistersinger» gesehen hat. Mir selbst ist auf meine Fragen an gebildete Einwohner kleinerer Städte, ob sie das dortige Theater besuchen, die Antwort geworden: «Nein, in das hiesige Theater gehe ich nicht, wenn ich was hören will, fahre ich nach Dresden oder München, das mit dem Schnellzug in zwei bis drei Stunden zu erreichen ist.» Daß die Besucher der billigen Plätze schließlich lieber in eine in ihrer Art verhältnismäßig gute Kintopp-Aufführung gehen, anstatt in eine schlechte Aufführung der «Meistersinger», ist schließlich nicht verwunderlich und nur zu begrüßen.
Was die Bildung guten künstlerischen Geschmacks am meisten hindert und das Publikum am stärksten demoralisiert, ist schlechte Qualität der Kunstvorführungen. Wie soll aber der Direktor eines kleinen Theaters auf Qualität halten können, wenn er von Tag zu Tag mit zunehmender Ebbe in seiner Kasse rechnen muß, wenn er keinerlei Subvention erhält und wenn er schon gar nicht mehr weiß, wodurch er das Publikum von neuem anziehen kann. In früheren Zeiten glaubte man noch (siehe die Aera Pollini in Hamburg und die Aera Angelo Neumann in Prag), das Publikum dadurch dauernd zu fesseln, daß man ihm möglichst viel Novitäten vorsetzte. Man glaubte, dem Dégout über schlechte Aufführungen durch die Neugier wirkungsvoll zu begegnen. Dieses Prinzip hat längst versagt. Ein Publikum, das zwei bis drei schlecht vorbereitete und daher wirkungslose Novitäten abgesessen hat, beißt auf die vierte Novität nicht mehr an. Die Erfahrung lehrt, daß nur Theater, in denen auf fein studierte, von langer Hand vorbereitete Aufführungen zu rechnen ist, sich dauernden Zuspruchs erfreuen. In Italien und Frankreich sind

die Zustände besser. In Italien werden in jeder Stagione durchschnittlich nur fünf bis sechs Opern gegeben und in sechswöchiger Probezeit vorher peinlich genau einstudiert. Französische Theater bringen keine Novität heraus, die nicht drei Monate lang gründlich geprobt worden ist. Der Direktor eines kleinen deutschen Theaters setzt gewöhnlich noch einen Stolz darein, eine Novität in möglichst kurzer Zeit herauszubringen. Mir selbst wurde einst mit Genugtuung erzählt, als ich als Gast den «Rosenkavalier» an einem mittleren Theater zu dirigieren hatte, daß man das Werk mit nur drei Orchesterproben (alles in allem) «herausgebracht» hätte. Es war auch danach! Wer als Kapellmeister je so einen in 14 Tagen «studierten» Tristan oder so eine in 8 Tagen studierte Elsa unter den Händen gehabt hat, kann unsere Nöte begreifen.

Wie ist nun an diesen kleinen Theatern die Möglichkeit gegeben, gut vorbereitete Aufführungen herzustellen? Der nachfolgende Vorschlag macht nicht den Anspruch, so wie er gegeben ist, vielleicht sofort ins Praktische übersetzbar zu sein, möge aber immerhin als Anregung dienen und so willig jedem Vorschlag Platz machen, der die Möglichkeit garantiert, eine gute Qualität von Theatervorstellungen herzustellen.

Es leuchtet ohne weiteres ein, daß eine kleine Stadt von, sagen wir, 35 000 Einwohnern — und jede solche unterhält heute eine sechs- bis achtmonatige Theatersaison mit Oper und Schauspiel — unmöglich, auch selbst mit einer Subvention von seiten der Stadt, die Kosten aufbringen kann, die ein auch nur halbwegs anständiger Opernbetrieb heute erfordert. Der Direktor verfolgt natürlich das vorhin schon erwähnte Prinzip, eine Novität durch die andere zu verjagen, er kann jedes der einstudierten Werke, selbst wenn es erfolgreich ist, höchstens drei- bis viermal den Winter geben. Es fehlt die Zeit, diese Novitäten auch einigermaßen genügend vorzubereiten, die Qualität der Aufführung ist schlecht, und selbst ein Publikum, das bei nicht allzu hohen Ansprüchen halbwegs gute Ensemblevorstellungen gern akzeptieren würde, bleibt weg. Aber wie wäre es möglich, auch in diesen kleineren Theatern gut vorbereitete und sorgfältig einstudierte Vorstellungen, sei es durch bescheidenere Kräfte, herauszubringen? Ich komme hiermit auf meinen Vorschlag der *Städtebund-Theater*. Nehmen wir einmal an, drei benachbarte Städte täten sich in der Weise zusammen, daß jede dieser Städte einem Theaterdirektor eine jährliche Subvention von 50 000 M. zur Verfügung stellte ... Der Direktor wäre zu einer zehnmonatigen Spielzeit verpflichtet in der Weise, daß der erste Monat, sagen wir der August, für Proben aufgewendet würde. Das Theater würde daraufhin in der ersten Stadt drei Monate, September-Oktober-November, spielen, hiebei ein Repertoire fundieren, das in der zweiten Stadt dann anstandslos ohne weitere Proben Dezember-Januar-Februar gespielt würde. In der dritten Stadt März-April-Mai, hierauf zwei Monate Ferien. Im nächsten Jahre würde die Stadt, die im ersten September-Oktober-November als Theatersaison hatte, die Theatersaison Dezember-Januar-Februar haben, und so in dreijährigem Turnus. Eine solche Stadt von 35 000 Einwohnern kann wohl für drei Monate Theater ein Abonnement aufbringen, das dem Direktor zu bestehen erlaubt, aber unmöglich genügenden Theaterbesuch für sechs bis sieben Monate garantieren. Der des öfteren gemachte Versuch, in zwei bis drei Städten von Tag zu Tag abwechselnd zu spielen, ist zu verwerfen, da er das Personal unnötig abnützt und keinerlei Ruhe und Stetigkeit im Studium gewährleistet. Die Stadt, die, sagen wir, in diesem Jahre September-Oktober-November das Theater hat, würde alle gesellschaftlichen Feste auf die theaterfreien Monate vertagen. Bei der Einteilung hätte der Direktor allein die Möglichkeit, mehrjährige Verträge abzuschließen, er bekäme allmählich ein gut studiertes Repertoire und ein eingespieltes Orchester. Sollte es nicht möglich sein, in Deutschland dreißig benachbarte Städte aufzutreiben, die bereit wären, auf dieser Basis zehn gut geführte und sorgfältig vorbereitete Aufführungen garantierende Theater zu haben? Sollte es wirklich nicht möglich sein, drei Bürgermeister solcher drei benachbarten Städte, drei Gemeindekollegien, dahin zu vereinigen? Ich glaube, es wird schwer sein, und wenn man sieht, daß zwei benachbarte Städte, wie Barmen und Elberfeld, die doch nur eine Stadt bilden, sich nicht einmal auf ein gemeinschaftliches Theater einigen konnten, scheint es fast unmöglich. Doch kann ich mir nicht versagen, diese Anregung zu geben, denn nur auf einer solchen Basis ist eine gedeihliche Kunstausübung weiterhin zu erwarten und eine Hebung der ästhetischen Kultur unseres Volkes zu erhoffen. Der allgemeinen Klage über finanzielle Zusammenbrüche der kleinen Theater wäre abgeholfen und der Kunst wie dem Publikum ein großer Dienst erwiesen.

Um zum Schluß auf den Ausgangspunkt zurückzukehren, sei ein kleines Nachwort gestattet:

Im deutschen Reichstag hat man die Forderung auf die Erfüllung des Richard Wagnerschen Testaments bezüglich des «Parsifal» mit «Heiterkeit links» und «Heiterkeit Mitte» aufgenommen. Im preußischen Abgeordnetenhaus hat man sich dieser Tage über «Arbeitsüberbürdung der Hüterbuben» im Allgäu und in Ostelbien unterhalten. (Ich verzeichne: «Homerisches Gelächter» — außerhalb des Parlaments — von der Weichsel bis zum Lech.) Hat man je in einem unserer Parlamente schon von der Arbeitsüberbürdung und den Hungerlöhnen unserer braven Orchestermusiker und Chorsänger sprechen hören?
Wie wäre es, wenn sich unsere Parlamente einmal mit einem solchen Wagnerschen Entwurf zur Gründung eines deutschen Nationaltheaters beschäftigen oder, falls sie davon wirklich nichts zu verstehen bekennen müßten, die Behandlung ernsthafter künstlerischer Angelegenheiten einem neu zu bildenden gesetzgebenden Forum von dazu berufenen Fachleuten überließen? Ich wäre sogar bereit, zweiter Vizepräsident dieses Künstlerparlamentes zu werden. Mit unseren, der Kunst wohlgeneigten deutschen Fürsten und den Herren Ministern würden wir Künstler uns schon verständigen. [1914]

Erwägungen zum Opernspielplan

Seit den Zeiten des seligen Angelo Neumann oder Pollinis und anderer Machthaber der deutschen Bühnen galt es als Ehrensache des deutschen Theaterdirektors, nach Ablauf einer Spielzeit auf eine möglichst große Anzahl von Novitäten und Neueinstudierungen hinweisen zu können, die «herausgebracht» worden waren. Dieses Prinzip hatte seine Berechtigung in nicht allzu großen Städten, wo man ein verhältnismäßig kleines Publikum durch fortwährende Neuheiten ständig zum Besuche des Theaters anreizen mußte. Daß auch diese Gepflogenheiten sehr oft ihren Zweck nicht erfüllten, ist dadurch bewiesen, daß diese sehr rasch einstudierten, meistens nicht genügend vorbereiteten und schlecht ausgestatteten Novitäten nur in den seltensten Fällen Erfolg hatten, meistens nach zwei oder drei Wiederholungen vom Spielplan verschwinden mußten und die dadurch hervorgerufene Enttäuschung auf das Publikum schließlich so stark wirkte, daß auch die sogenannten Premieren keinen Anreiz mehr ausüben konnten. Daraus ergibt sich zur Genüge, daß das entscheidende Moment bei der Aufstellung des Spielplans nicht das sein muß, daß er eine möglichst große Anzahl von Werken umfaßt, daß es also nicht auf die Quantität ankommt. Ausschließlich die Qualität des Gebotenen kann auf die Dauer das Publikum an ein Kunstinstitut fesseln und ihm dasjenige Vertrauen geben, welches dazu gehört, daß das Publikum einem Institut dauernd treu bleibt.

Nun sind seit dem Kriege und seit der Revolution die Verhältnisse insofern noch komplizierter geworden, als das Herausbringen von Novitäten und eingreifende Neueinstudierungen von älteren Werken noch viel größeren Schwierigkeiten unterliegen als vorher. Das Überhandnehmen der Urlaube, die ungeheuren Kosten von Neuausstattungen und viele andere kleine Momente bedingen, daß hier eine strengste Auswahl getroffen werde, und damit ergibt sich von selbst, daß ein Experimentieren mit Uraufführungen und unausgeprobten Novitäten an den ganz großen Bühnen fast eine Unmöglichkeit ist. Meine Ansicht ist, daß Städte wie Berlin und Wien überhaupt nicht dafür geeignet sind, über unausgeprobte Novitäten das entscheidende Urteil zu geben. Schon die vollständig dem Zufall überlassene Zusammensetzung des Publikums, die enorme Fernwirkung der Großstadtkritik lassen es vollständig unangebracht erscheinen, ein Werk, das vielleicht gerade größere Ansprüche an die Aufnahmefähigkeit stellt, dem Glücksfall einer solchen Großstadtpremiere anzuvertrauen. Dies ist auch der Grund, warum ich selbst und in völliger Übereinstimmung mit einem alten Praktiker, wie es Generalintendant von Hülsen war, keine Erstaufführung in Berlin veranstaltet habe. Dresden, das unter dem genialen Schuch meine künstlerischen Wünsche ebensogut wie Berlin erfüllen konnte, hatte den Vorteil eines immerhin zu zwei Dritteln aus von auswärts gekommenen Freunden und Kunstkennern zusammengesetzten Publikums, und auch die auswärtige Kritik, die hingekommen war, war besser disponiert zu einem ruhigen Beurteilen des Werkes.

Ich schließe aus all diesen Erfahrungen, daß sich mittlere und selbst kleinere künstlerisch leistungsfähige Theater, deren es ja gerade in Deutschland eine Un-

menge gibt, viel besser für Uraufführungen eignen als zum Beispiel Wien und Berlin. Hat ein solches Werk etwa in Karlsruhe oder Stuttgart einen einigermaßen guten Erfolg, selbst nur einen Achtungserfolg, so ermöglichen Abonnementsverhältnisse eines solchen Theaters dem Direktor, das Werk immerhin eine Zeitlang durchzuhalten, um zu bewirken, daß sich das Urteil des Premierenpublikums entweder verstärke oder korrigiere. Hat eine Novität in einer Stadt wie Wien nicht einen durchschlagenden Erfolg, so ist die Wirkung einer abfälligen Presse oder des schlechten Besuches einer zweiten oder dritten Vorstellung gleich derart katastrophal und auf alle andern Bühnen niederschlagend, daß eine auch nicht vollkommen reüssierte Premiere ein Werk vollständig ruinieren kann, dasselbe Werk, welches, an einer kleineren Bühne herausgebracht, sich vielleicht allmählich mehr und mehr Freunde gemacht, mehr und mehr Bühnen erobert hätte und mindestens eine Zeitlang am Leben geblieben wäre.
Ein interessantes Beispiel dafür ist d'Alberts «Tiefland», welches jahrelang an kleinen und mittleren Bühnen mit steigenden Erfolgen so lange gegeben wurde, bis es ganz spät erst an der Berliner Staatsoper als Zugstück einzog. Nun werden durchschnittlich in jedem Jahre in Deutschland mindestens dreißig bis vierzig neue Opern geschrieben. Drei oder vier davon könnte ich höchstens in Wien aufführen. Wer soll die Verantwortung übernehmen, ein solches, selbst gewissenhaft ausgewähltes Werk unter Umständen an der Wiener Oper ein für allemal zu morden?
Exempla loquuntur.

Als ich in Wien meine Stellung übernahm, bestand auch dort noch jener Ehrgeiz nach einer möglichst stattlichen Anzahl von Novitäten. Die dreißigjährigen Erfahrungen meiner Amtsführung ergaben, daß eine einigermaßen anspruchsvolle Novität Bühne und Personal mindestens drei bis vier Monate ausschließlich in Anspruch nimmt. Besonders die ersten zwei Jahre meiner [hiesigen] Tätigkeit ergaben, daß ich durch das Herausbringen von Novitäten, die nur zum Teil der Wiener Oper einigermaßen andauernde Erfolge brachten, in der Durchführung meiner eigentlichen künstlerischen Pläne, nämlich der äußersten Steigerung der *Qualität* der gebotenen Darstellungen und der Aufstellung eines wirklich vorbildlichen klassischen Repertoires, im äußersten behindert war, weshalb ich Ende voriger Spielzeit den Entschluß faßte und auch meinem Kollegen Schalk suggerierte, die Annahme von Novitäten, immer ausdrücklich unter den heutigen enorm schwierigen Verhältnissen, so lange einzustellen, bis der sogenannte klassische Spielplan, zu dem ich auch alle modernen Werke rechne, die sich dauernd auf der Bühne erhalten haben, einigermaßen sichergestellt war, und auch weiterhin so einzuschränken, daß nur diejenigen neueren Werke an die Wiener Staatsoper kommen sollen, die in der Provinz schon einigermaßen ihre Lebensfähigkeit bewiesen haben.
Die Wiener Staatsoper kann aus den oben geschilderten Gründen und soll nach meiner Überzeugung kein Experimentierinstitut sein, sondern sagen wir eine Art hohe Akademie, in welcher ein ausgewähltes Repertoire in möglichst vorbildlicher Weise zur Darstellung kommt.

Um nur ein einziges Beispiel zu erwähnen, verweise ich darauf, daß bei meinem Eintritt in Wien weder «Don Juan» noch «Figaro» noch «Cosi fan tutte» «standen», wie man in der Bühnensprache zu sagen pflegt. Mein Bestreben geht also dahin, die Qualität des Gebotenen, und sei es auch nur der «Faust» von Gounod, nach Möglichkeit zu steigern.

Hinzu kommt noch eine Reihe von Einzelerwägungen, die nicht unwichtig sind:

Ein Operntheater hat andere Lebensbedingungen als ein Schauspielhaus. Es hat einen feststehenden, eingebürgerten Spielplan, was sich schon daraus ergibt, daß Opern, die ihrer Qualität nach längst dem Orkus verfallen sein müßten, wie etwa «Margarethe», «Mignon», «Martha», «Lucia» oder «Der Trompeter von Säckingen», bloß ihrer guten Gesangsrollen wegen zugkräftig sind, sofern sie mit ersten Kräften besetzt werden. Ein Opernhaus hat auch ein viel konservativeres Publikum als die Sprechbühne, ein Publikum, das zum größten Teile gar keine Novitäten verlangt, dem vielmehr seit dem «Fidelio» und «Tristan» alles gute Neue gewaltsam aufgezwungen werden mußte. Und wie viele Werke seit 150 Jahren waren dieses Aufzeigens wert? Wie viele Opern seit dem «Parsifal» sind der deutschen Bühne wirklich dauernd gewonnen worden? Wie viele der seither aufgeführten Novitäten haben es an einer und derselben Bühne auf 25 Wiederholungen gebracht? Wie viele auf zehn, wie viele gar nur auf zwei bis drei!?

Ein Schauspielhaus kann alle vierzehn Tage leicht ein neues Werk herausbringen und, wenn es nicht reüssiert hat, nach sechs bis zehn Wiederholungen durch ein

anderes ersetzen. Ein Konzertinstitut kann seinem Abonnementpublikum ohne materiellen Schaden in jedem Konzert eine mit drei Orchesterproben einstudierte Neuheit bringen.
Den Riesenapparat einer Opernbühne für zwei oder drei Aufführungen in Betrieb zu setzen, drei bis vier Monate den ganzen Spielplan lahm zu legen, um eine der heutigen (meist sehr anspruchsvollen) Neuheiten einzustudieren, ist ein Unfug, und solche «Tat» würde weder von der Presse noch vom Publikum belohnt. Die Verantwortung dafür wird auch, wie gesagt, kein gewissenhafter Opernleiter auf sich nehmen.
Dazu kommt für Wien als erschwerender Umstand, daß unsre ersten Gesangskräfte nur mit Mühe zu bewegen sind, die meist sehr anstrengenden und schwierigen Rollen in neuen Opern zu lernen und zu singen. Und wer will, wer kann heute eine Jeritza, eine Kurz, einen Piccaver «zwingen»? Vor den Schwierigkeiten einer solchen neuen Rolle versagt jede Überredungskunst, was ich aus meiner eigenen Praxis (als Komponist und Direktor) mit Dutzenden von Beispielen belegen kann.
Wird aber — und es ist gerade für Wien bezeichnend — eine Novität *nicht* mit «Stars» besetzt, ist sie schon von vorneherein zum Tode verurteilt: Das Publikum schenkt einer Sache keinen Glauben, an die sich nicht die ersten Künstler wagen, und die derart geschädigten Komponisten sind die ersten, die dann über den unschuldigen Direktor herfallen und ihn beschimpfen, besonders wenn er, horribile dictu, selbst Opern schreibt.
Jedes Prinzip wird indes an seinen Ausnahmen erkannt, und auch dieses mein Novitätenprinzip enthält eine

Ausnahme insofern, als die in Österreich, speziell in Wien lebenden Komponisten ein Recht darauf haben, an der Wiener Staatsoper gehört zu werden, selbst auf die Gefahr eines Mißerfolges hin. Während der letzten drei Jahre wurden denn auch an der Staatsoper neue Werke von Bittner, Kienzl, Korngold, Schmidt, Schreker, Weingartner gespielt, und im nächsten Jahre kommen dazu: «Der Schatzgräber» von Schreker, «Fredegundis» von Schmidt, «Der Zwerg» von Zemlinsky, wozu ich bemerke, daß die Aufführung des «Schatzgräbers» im vergangenen Jahre nicht durch meine Schuld, sondern durch widrige Umstände, wie sie an jeder Bühne vorkommen, verzögert wurde.
Es gäbe in dieser Novitätenfrage eine Lösung, so vernünftig, daß sie vielleicht gar nicht versucht wird: Wir haben in Wien die Volksoper, ein tüchtiges Institut, das, anstatt den gleichen Spielplan wie die Staatsoper zu pflegen, als Novitäten- und Probierbühne mit entsprechender Subvention etabliert werden könnte — vorausgesetzt, daß wirklich so viele Interessenten da sind, die alle vier Wochen eine nigelnagelneue Oper hören wollen.
Zusammenfassend: Ich bin vollkommen frei von dem (veralteten) Ehrgeiz, am Schlusse der Spielzeit eine möglichst große Anzahl herausgebrachter Novitäten aufzuweisen. Ich arbeite auf ein Qualitätstheater hin. Wie weit ich meine Bestrebungen in erfolgreiche Taten umsetzen kann, darüber möge nun eine objektive Kritik entscheiden. [1922]

Zehn goldene Regeln. Einem jungen Kapellmeister ins Stammbuch geschrieben

1. Bedenke, daß du nicht zu deinem Vergnügen musizierst, sondern zur Freude deiner Zuhörer.
2. Du sollst beim Dirigieren nicht schwitzen, nur das Publikum soll warm werden.
3. Dirigiere «Salome» und «Elektra» als seien sie von Mendelssohn: Elfenmusik.
4. Schau niemals aufmunternd das Blech an, außer mit einem kurzen Blick, um einen wichtigen Einsatz zu geben.
5. Dagegen lasse niemals Hörner und Holzbläser aus dem Auge: wenn du sie überhaupt hörst, sind sie schon zu stark.
6. Wenn du glaubst, das Blech blase nicht stark genug, so dämpfe es nochmals um zwei Grade ab.
7. Es genügt nicht, daß du jedes Wort des Sängers, das du auswendig weißt, selber hörest, das *Publikum* muß mühelos folgen können. Versteht es keinen Text, so schläft es.
8. Begleite den Sänger stets so, daß er ohne Anstrengung singen kann.
9. Wenn du glaubst, das äußerste Prestissimo erreicht zu haben, so nimm das Tempo noch einmal so schnell.*
10. Wenn du dies alles freundlich bedenkst, wirst du bei deiner schönen Begabung und deinem großen Können stets das ungetrübte Entzücken deiner Hörer sein. [1925]

---

* Möchte ich heute (1948) dahin abändern: so nimm das Tempo halb so schnell (An die Mozart-Dirigenten!).

Es ist eben einfach nicht richtig, daß man «alles» komponieren kann, sofern man unter «komponieren» die Übertragung eines Sinnes- oder Gefühlsausdruckes in die Symbolsprache der Musik versteht. Dabei ist es natürlich ebenso richtig, daß man in Tönen und Klängen malen kann (vor allem gewisse Bewegungsmotive), aber die Gefahr liegt immer nahe, der Musik zuviel zuzutrauen und in die öde Naturnachahmung zu verfallen. Die Musik mag dann mit noch soviel Geist und technischem Können gemacht sein, sie wird doch immer Musik zweiter Ordnung bleiben.
Meine Überzeugung ist, daß in Zukunft das allein ausschlaggebende Moment der dramatischen Wirksamkeit eine kleinere Besetzung des Orchesters ist, das nicht wie die große die Singstimme erdrückt. Das haben viele jüngere Komponisten ja teilweise schon eingesehen, das Orchester der Zukunftsoper ist das Kammerorchester, das bei seiner klaren kristallenen Untermalung aller Bühnenvorgänge allein imstande ist, die Intentionen des Komponisten mit Rücksicht auf die Singstimmen und mit aller Deutlichkeit wiederzugeben. Schließlich ist es doch eine immerhin nicht ganz unwesentliche Hauptsache, daß das Publikum nicht nur Töne vernimmt, sondern auch dem Text genau folgen kann.
Mit meiner Stabführung war man mitunter auch nicht einverstanden, weil man besonders früher in meiner Beethoven-Auffassung meine Tempi bemängelte. Ich frage aber: «Wer will heute mit aller Bestimmtheit behaupten, daß Beethoven selbst dieses oder jenes Zeitmaß so und nicht anders (etwa meiner Auffassung

nach) gewollt oder nicht gewollt habe? Gibt es denn überhaupt eine feststehende Tradition darin?»

Die gibt es eben nicht, und darum betone ich, daß das rein persönliche und kunststarke Empfinden des Orchesterleiters selbst entscheiden muß, was richtig oder falsch ist. So wie ich jetzt in den vielen Jahren jedes Werk Beethovens, Wagners u. a. innerlich habe in mir aufgehen lassen, so produziere ich es in der Überzeugung des einzig Wahren und Richtigen.

Immer wieder wollte ich zur sinfonischen Literatur zurückkehren, die mich schon in jungen Jahren stark beschäftigte und bannte, aber es ist mir bis heute halt nichts Gescheites mehr eingefallen. Auch Programmmusik ist nur da möglich und wird nur dann in die Sphäre des Künstlerischen gehoben, wenn ihr Schöpfer vor allem ein Musiker mit Einfalls- und Gestaltungsvermögen ist. Sonst ist er ein Charlatan, denn selbst in der Programmusik ist die erste und wichtigste Frage immer die nach der Werthaftigkeit und Stärke des musikalischen Einfalls.

Es liegt vielleicht im Wesen der Zeit, daß unser Nachwuchs, unsere «junge Generation», unsere «Heutigen» meine dramatischen und sinfonischen Arbeiten nicht mehr als einen vollwertigen Ausdruck dessen ansehen können, was mich musikalisch und menschlich in ihnen leben ließ, die aber im musikalischen und künstlerischen Problem schon für mich erledigt sind, wenn sie für die «junge Generation» erst beginnen. Wir alle sind Kinder unserer Zeit und können niemals über ihren Schatten springen. [1929]

Vorwort zu: «Ein Orchestermusiker über das Dirigieren» von Hans Diestel

Lieber Herr Diestel!

Als ich in den Jahren 1886 bis 1889 im Münchner Hoftheater (so schöne Dinge gab es damals noch mit unlimitierten Subventionen und Sängern ohne kontraktlichen Urlaub) als kgl. Musikdirektor meine ersten Opern dirigierte, saß mein 65jähriger Vater noch immer an seinem seit 45 Jahren angestammten Platze am ersten Horn, in märchenhafter Pflichttreue stets eine Stunde vor Beginn der Vorstellung vor seinem Pult und bangte nicht nur vor seinen eigenen heiklen Solis in «Così fan tutte», sondern auch, daß der grüne Taktstock des unroutinierten Filius da oben sich keine Blöße gebe.
Etwas spöttisch tat der alte Lachnerverehrer und Bülowgegner damals den Ausspruch: «Ach, ihr Kapellmeister, bildet euch auf eure Machtstellung Wunder was ein! Wenn so ein neuer Mann das Orchester betritt — wie er aufs Pult steigt, die Partitur aufschlägt — bevor er noch den Taktstock in die Hand genommen hat, wissen wir schon, ob er der Herr ist oder wir!»
Dieses Wort gleichsam als Motto Ihrer Arbeit voranstellend, möchte auch ich meinen verehrten Pultkollegen zurufen: Seid nicht zu stolz auf euren dreimaligen Hervorruf nach der dritten Leonorenouvertüre! Da unten im Orchester, bei der ersten Violine, da hinten bei den Hörnern, oder gar am anderen Ende bei der Pauke, sitzen Wächter mit Argusaugen, die jedes eurer Viertel

oder Achtel mit kritischen Blicken verfolgen, die stöhnen, wenn ihr ihnen Tristan-Allabreves in vier Vierteln «vor der Nase herumfuchtelt», die «Szene am Bach» oder die zweite Variation im Adagio der «Neunten» in zwölf richtig ausgeschlagenen Achteln zelebriert. Sie revoltieren sogar, wenn du während der Vorstellung fortwährend «pst» und «piano, meine Herren» hinunterschreist und mit der rechten Hand immer Forte dirigierst. Sie blinzeln mit den Augen, wenn du zu Beginn der Probe monierst: «Die Holzbläser stimmen nicht» und dann selbst nicht angeben kannst, welches Instrument zu hoch oder zu tief ist. Während der hohe Chef glaubt, die hängen ehrfurchtsvoll an seinem Taktstock, spielen sie getreulich, ohne ihn anzublicken, weiter, wenn er sich «verschlägt», sie kreiden seiner «individuellen Auffassung» jedes falsche Tempo an, wenn er vielleicht zum ersten Male eine Sinfonie dirigiert, die sie schon hundertmal unter besseren Dirigenten gespielt haben.

Der erste Solobratscher der Wiener Philharmoniker rief mir in einer Probe, als mein Taktstock nicht da war und ich gerade einen anderen nehmen wollte, zu: «Herr Doktor, nicht den, — der hat keinen Rhythmus!»

Kurz, die Geschichten der von den Orchestermitgliedern ertappten Chefs könnten Bände füllen! Und doch, diese boshafte Horde, die in chronischem Mezzoforte bummelt, der kein Begleitungs-pp abzuschmeicheln ist, keine Präzision bei Rezitativakkorden, wenn der richtige Mann nicht oben sitzt, mit welcher Begeisterung spielen diese so oft von des Probierens unkundigen Stümpern gequälten, durch Stundengeben ermüdeten Musikanten, mit welcher Aufopferung proben sie sogar, wenn sie zu ihrem Kapellmeister das Vertrauen haben, daß er sie nicht unnütz schindet, wie folgen sie am Abend (besonders wenn er ihnen eine Probe «geschenkt» hat) seinem kleinsten Wink, wenn seine rechte Hand im Vollbesitz der eigentlichen Dirigiertechnik aufs genaueste ihnen seine Absichten zu vermitteln imstande ist, sein Auge streng und gütig zugleich ihr Spiel überwacht, seine linke Hand beim ff sich nicht zur Faust ballt, sie beim p nicht ganz unnötig beschwichtigt.

Mein lieber Herr Diestel! Sie haben 20 Jahre in der Berliner kgl. Kapelle unter mir gespielt in einer Zeit, da ich wirklich schon zu dirigieren verstand und nun Gelegenheit hatte, an der Spitze eines erstklassigen Orchesters mein Können allmorgendlich noch zu verbessern und allabendlich zu erproben, und ich schmeichle mir, daß Ihr verdienstvolles Buch das Ergebnis unserer gemeinsamen künstlerischen Arbeit ist.

Nach der monumentalen Arbeit R. Wagners «Über das Dirigieren» ist das Neue an Ihrer Arbeit, daß zum ersten Male die Tätigkeit des Dirigenten vom Orchester her gesehen, also von unten herauf und nicht von außen her oder vom Pult selbst aus sachlich beurteilt und beleuchtet wird. Jeder objektive Leser wird zugeben müssen, daß hier mit wissenschaftlicher Schärfe und gründlicher Sachlichkeit eine Materie nahezu erschöpft wird, die bisher meistens nur entweder mit handwerklicher Trockenheit oder frivoler Oberflächlichkeit behandelt wurde.

Ich gebe ihr deshalb auch keine weitere Empfehlung mit auf den Weg, als den Wunsch, daß sie fleißig gelesen werde. Sie wird besonders denjenigen meiner Pultkollegen, denen in bescheidenem Zurücktreten hinter dem Komponisten ernstlich daran liegt, daß Orchestermusik wieder mehr mit den Ohren, statt mit Augen, gehört werde, reichlichen Nutzen bringen.

Ihr aufrichtig ergebener

Dr. Richard Strauss

Verenahof, Baden bei Zürich, den 15. Juli 1931

Dirigentenerfahrungen mit klassischen Meisterwerken

Für die *Technik* des Dirigierens ist das Entscheidende, daß je kürzer, nur aus dem Handgelenk heraus, die Zeichengebung ist, desto präziser die Ausführung. Der mitdirigierende Arm — eine Art Hebelbewegung, deren Ende nie genau abzusehen ist — wirkt lähmend und irreführend auf das Orchester, wenn dasselbe nicht von vorneherein — besonders bei Dirigenten, die ungenaue Niederstriche geben — sich darauf einstellt, nach eigenem Gutdünken, quasi in stillschweigender Übereinstimmung, von sich aus einzusetzen und zu musizieren, ohne dem Takt des «Ausdeuters» allzuviel Beachtung zu schenken.

*

Die linke Hand hat mit dem Dirigieren nichts zu tun. Sie gehört am besten in die Westentasche, um höchstens einmal einen leisen Wink zur Abdämpfung oder ein unbedeutendes Zeichen zu geben, aber dafür genügt ein unmerklicher Blick.
Statt mit dem Arm dirigiert man am besten mit dem Ohr: daraus ergibt sich automatisch das Übrige.

*

Wie wenig wichtig es ist, alle vier Viertel oder Achtel stets «auszuschlagen», habe ich in fünfzigjähriger Tätigkeit ausprobiert. Entscheidend ist ein rhythmisch genauer Auftakt, in dem schon das ganze darauffolgende Tempo enthalten ist, sowie ein sehr präziser

Niederstrich. Die zweite Hälfte des Taktes ist unwesentlich, ich gebe sie sehr oft im Charakter des Alla breve.
Schon Richard Wagner fordert vom Dirigenten richtiges Erfassen des Grundzeitmaßes, da dieses entscheidend ist für die richtige Wiedergabe eines Tonstückes. Besonders bei langsamen Stücken sei bestimmend die übersichtliche Führung des Bogens etwa einer achttaktigen melodischen Phrase. Ein Dirigent, der das Adagiothema der IV. Beethoven-Sinfonie richtig empfindet, wird sich niemals durch die rhythmische Begleitungsfigur des ersten Taktes verführen lassen, diese edle Melodie in Achteln zu zerpflücken. Überhaupt Perioden dirigieren, niemals Takte skandieren!
Franz Liszt schlug vor 80 Jahren auf einem rheinischen Musikfest im Finale der Schubertschen C-dur-Sinfonie nur die Periode, das heißt er gab nur alle vier Takte einen Niederstrich. Das arme, an derlei Genialitäten nicht gewöhnte Orchester wußte natürlich seine Triolen nicht unterzubringen und erklärte, Liszt sei kein Dirigent! Subalterne Dirigenten übersehen eben sehr oft in zu peinlicher Ausarbeitung des rhythmischen Details die sinngemäße, eindringliche Darstellung der ganzen Phrase, den überzeugenden Gesang der ganzen Melodie, die in ihrer großen Linie vom Hörer immer noch als ein einheitliches Gebilde erfaßt werden sollte. — Alle durch den Charakter einer Phrase bedingten Modifikationen des Zeitmaßes sind unmerklich zu vollziehen, so daß immer die Einheitlichkeit des Tempos gewahrt erscheint.
Die Metronomzahlen der Werke unserer Klassiker sind uns nicht bekannt: nur unsere Musikkritiker besitzen

darüber authentische Informationen direkt aus dem Olymp.
Wahrscheinlich ist, daß der Pulsschlag der heutigen Generation schneller geht als in den Zeiten der Postkutsche. Beweise dafür, daß die heutige Jugend und die romanischen Völker gegen Richard Wagnersche «Breite» rebellieren, unfähig, sich in das Empfindungs- und Geistesleben früherer Epochen «kulturhistorisch» einzuleben.

*

Richard Wagner schrieb einmal: die Mozartschen Allegros seien «so schnell als möglich zu spielen». Ja, aber nicht *zweimal schneller* als möglich. Figaro-Ouvertüre, die beiden großen Finales; «Così fan tutte» I. Akt, «Figaro» II. Akt werden regelmäßig überhetzt. Die nicht mehr zu übertreibenden Tempi sind:

Così fan tutte-Finale: Metr. 𝅗𝅥 = 136 (D-dur)
Figaro-Finale: Metr. 𝅗𝅥 = 128 (Es-dur)

Man vergesse nicht, daß der «breite» Wagner von 1850 bei «so schnell als möglich» in seinen ärgsten Fieberträumen niemals solche Wahnsinnstempi, wie man sie heute zu hören bekommt, im Kopfe haben konnte! Der brave alte Franz Lachner, ein bißchen mit Unrecht als pedantischer Taktschläger verschrien, machte zu meinem Vater einmal die sehr richtige Bemerkung: «Es ist die Kunst des Dirigierens bei raschen Allegros, wenn Dirigent und Orchester allzusehr ‹ins Feuer geraten› sind, genau den Punkt zu erraten, wo dem blinden Vorwärtsstürmen Einhalt geboten werden kann, sei es durch allmähliches Zurückleiten ins Tempo primo oder selbst durch motivierte plötzliche Tempozurückhaltung». Ein derartiger Moment ist im D-dur des «Così fan tutte»-Finales: ein ruhiger Eintritt der Dominante nach den beiden Fermaten! Ich selbst habe von sogenannten Taktstockgenies an Beethovenschen und Mozartschen Finales dieses halt- und kopflose Dahinrasen erlebt, wie wenn der Reiter auf einem scheu gewordenen Pferde die Zügel verloren hätte. Erinnert sei auch an das stets überhetzte Finale der Beethovenschen B-dur-Sinfonie, gemütliches Allegretto! «Heiter» heißt nicht Schnelligkeits-Rekord!

*

Vor spannenden Momenten oder dramatischen Entladungen (zweiter Satz der IV. und V. Sinfonie) pflegt Beethoven oft ganz spielerisch präludierende «Klavierpassagen» einzuflechten, etwa wie ein Mensch in höchster nervöser Erregung scheinbar gleichgültig mechanisch mit den Fingern auf den Tisch trommelt. Sie sind dementsprechend frei zu spielen: Im Adagio der B-dur-Sinfonie zum Beispiel die Schlußkadenz!
Unausstehlich ist das oft so beliebte Verbreitern des Zeitmaßes vor einem großen Fortissimo. Das ist ebenso dilettantisch wie das Breiternehmen sehr starker Blechstellen (z. B. das Es-dur im Trauermarsch der «Götterdämmerung») oder das Verbreitern energischer Auftakte. Themen, die der Komponist selbst schon verbreitert hat, dürfen nicht noch mehr verbreitert werden (z. B. die Holzbläserstelle in der III. Leonoren-Ouvertüre vor dem Prestissimo). Entsetzlich sind auch in den herrlichen Ouvertüren von C. M. v. Weber die Ritardandi in den Überleitungstakten zum zweiten Thema,

— besonders greulich die sentimentalisierende Verlangsamung der Cellostelle der Euryanthe-Ouvertüre. Und die rührselige Verschleppung der feurigen Melodie

und besonders des A-dur-Seitenthemas der «Oberon»-Ouvertüre ist ganz gegen den Stil dieser Virtuosenstücke.

Ein Beispiel für die falsche Verbreiterung von Schlußphrasen bietet meist die Tannhäuser-Ouvertüre. Bis zum Schluß im vollen Presto bleiben ohne jede Verbreiterung! Ebenso in der Holländer-Ouvertüre! Keine Verbreiterung darf in den Posaunen vor dem letzten «meno mosso» eintreten, das selber ohne ritardando strikt im Zeitmaß (und nicht zu langsam!) gespielt werden muß.

Mozart

Es ist bei Mozart zu unterscheiden zwischen (besonders raschen) Stücken, die mehr bewegtes Tonspiel sind — bei diesen ist im allgemeinen das gesangliche Seitenthema etwas ruhiger zu nehmen («Figaro»-Ouvertüre, erster Satz der g-moll-Sinfonie) — und (meist langsamen) Sätzen, in denen das Empfindungsleben sich oft bis zu großer Leidenschaftlichkeit steigert, z. B. das Andante aus der konzertanten Sinfonie für Violine und Bratsche, ein Stück, das nur (wie viele langsame Sätze Mozarts) im äußersten Rubato möglich ist. Es gibt außer Beethoven kaum einen Tondichter, bei dessen

Zeitmaßen so viel Mißgriffe zu konstatieren sind und der in dieser Beziehung so viel Feingefühl erfordert. Besondere Regeln: Andante oder Adagio 𝄵 dringend zu beachten: Einleitung der «Don Juan»-Ouvertüre; Andante con moto, ein ziemlich bewegtes Zeitmaß; zweite Cherubin-Arie. In beiden Zerlinen-Arien jede zweite Hälfte kein neues Tempo, beileibe kein Allegro, deshalb die erste Hälfte schon bewegter nehmen. Das gleiche gilt vom Duett «Reich mir die Hand, mein Leben!» — Die langsamen Sätze der drei großen Sinfonien (g-moll, Es-dur, C-dur) sind in Vierteln zu empfinden und womöglich zu dirigieren; die letzte Konklusion verbreitere ich gewöhnlich (ebenso im Andante der Schubertschen großen C-dur-Sinfonie, der ersten Beethovenschen). Zu den Fällen, bei denen sich straffere Zusammenfassung und Verbreiterung am Schluß von sehr raschen Sätzen empfiehlt, gehören die Schlußfuge der Jupiter-Sinfonie und das Finale der II. Brahms-Sinfonie. Die Mozartsche Schlußfuge gehört zu den Stücken, die unter das Wagnersche «so schnell als möglich» fallen: zu Beginn des zweiten Teils, nach Durchführung und dem Beginn des dritten Teils modifiziere ich stark. Um die Fuge in dem Presto-Tempo noch ganz klar zu gestalten, sind genau einzuzeichnende Abdämpfungen von Blech und Pauke vorzunehmen. Mahler ließ die ersten Violinen im ersten «Figaro»-Duett staccato spielen, ich gesanglich, halb legato.

Bei einer Probe der «Entführung aus dem Serail» in den neunziger Jahren im Residenztheater in München sagte mir Cosima Wagner: «Ihre ersten Violinen *singen* zu wenig.» Bei Mozart und seinem sinfonischen Opernorchester müssen die ersten Violinen immer «führen» und dürfen niemals in dieses ausdruckslose «Begleitungspiano» verfallen, das bei Mozart meistens mit «Diskretion des Orchesters» verwechselt wird. Bei Mozartschen Opernaufführungen sind fast immer die liegenden Füllstimmen der Holzbläser und hohen A- und G-Hörner zu stark und decken das rasche Parlando der Sänger, weshalb in diesen Bläserstimmen nicht genug Pianissimos eingezeichnet und womöglich auch gespielt werden sollten. Das sinfonische Gewebe im Streichquartett darf nicht vernuschelt und verwischt werden, da der Sänger nicht nur begleitet, sondern auch getragen sein muß. Selten schreibt Mozart ff und sehr selten darf f rauh angefaßt werden. Klangschönheit ist hier oberstes Gesetz. In Haydns und Mozarts sinfonischen Werken sind die Forte-Partien noch halb als Tutti gedacht, in der Weise der Concerti grossi, wo fast automatisch die von Soli gespielten Partien *piano* regelmäßig mit den vom ganzen Orchester wiederholten *forte* abwechseln.

Bei Mozart und Haydn sind diese Forte-Tutti gleichsam architektonische Säulen, die die empfindungsvollen Partien einrahmen; deshalb die Fortes mit ihren Naturtrompeten, Hörnern und Pauken mehr Ausdruck gesteigerter Lebensfreude im Gegensatz zu Beethoven, dessen Trompetenoktaven und Paukensforzatos Explosionen schmerzhaftester Verzweiflung und trotzigster Energie darstellen, selten gemildert durch Verwendung der dunkleren, sanfteren Posaunen. Beethovenisch nur Trompeten, Hörner und Pauken in der Komthurszene des «Don Juan»; viel einschneidender ohne Posaunen, weshalb von diesen daselbst abzusehen. Streng auch zu unterscheiden zwischen sfz bei Mozart und bei Beethoven, zwischen sfz in einer Piano- und in einer Forte-partie.

*

Bei der Opernregie wird jetzt meistens in den Fehler verfallen, daß fast jede besondere Orchesterphrase auf der Bühne in Bewegung umgedeutet wird. Hier ist mit äußerster Vorsicht und Geschmack zu verfahren. Es ist nichts dagegen einzuwenden, wenn bei den musikalischen Wiederholungen, besonders in den Arien, durch Stellungswechsel und neue Spielnuancen für Belebung gesorgt wird. In ein- bis zweitaktigen Vorspielen ist oft deutlich — gerade bei Mozart — eine Spielgebärde zum Ausdruck gebracht. Aber nicht jeder Flötentriller ist ein Augenblinzeln der Primadonna, nicht jeder nachschlagende Streicherakkord ein Schritt oder eine Handbewegung. Ganze Partien, besonders in den Finales, sind reine Konzertnummern und am besten durch keinerlei «Spiel» zu stören.
Das Schlimmste ist, wenn bei der «Zauberflöte», besonders durch prunkvoll modernisierte Bühnenausstattung, die Dekoration in direkten Stilgegensatz zum Werk gebracht wird. Mit solchen neuen Dekorationen müßte eine «zeitgemäße» Umdichtung des Textbuches und eine Neuinstrumentierung im Stil der «Götterdämmerung» Hand in Hand geschehen!

*

Hans von Bülow als Beethoven-Interpret:

Die Genauigkeit seiner Phrasierung, seine geistige Durchdringung der Partitur bei peinlichster Buchstabentreue, seine Analysierung des Periodenbaus und vor allem seine Erfassung des psychologischen Gehalts, namentlich der Beethovenschen Sinfonien und der Wagnerschen Vorspiele, blieben mir bis heute leuchtendes Vorbild, wenn ich selbst die allzu scharfe Sezierung mancher Sätze — wie z. B. des ersten Satzes der Eroica — auch gemildert habe und eine mehr einheitliche Zusammenfassung im Zeitmaß anstrebe. — Bemerkenswert waren besonders: sein starres langsames Tempo der «Coriolan»-Ouvertüre, der langsame Beginn verschiedener Scherzi (Eroica: Übergang aus dem Trauermarsch; IX. Sinfonie: mit großer Steigerung ins Fortissimo-Furioso). So nahm er die drei Wiederholungen des Scherzos der VII. Sinfonie jedes Mal schneller, erst beim dritten Mal volles Prestissimo. Das Finale der A-dur-Sinfonie begann er als Bauerntanz mit kleinen Modifikationen, erst die Coda nahm er als kolossal gesteigerte Stretta.

Nur das Tempo der «Egmont»-Ouvertüre, das schon nach der Bezeichnung nicht schneller sein dürfte als das des ersten Satzes der Eroica, hat er nicht korrigiert. Es blieb mir vorbehalten, die gedrückte Stimmung und den obstinaten Charakter dieses tragischen Stückes zum Ausdruck zu bringen. Das falsche Zeitmaß scheint wohl noch von Mendelssohn zu stammen. Für das Grundtempo ist das von Bülow richtig erfaßte, aber gegen das erste Thema stark verbreiterte zweite Thema der gestoßenen Viertel (Gegenüberstellung von Klärchens tragischem Schicksal und Egmonts Leichtsinn) maßgebend: es folgt ja in der As-dur-Durchführung sofort die Klärchen-Episode.

*

Bülow erwähnt (im 6. Band seiner Briefe, Seite 54), daß Wagner das Presto der III. Leonorenouvertüre poco a poco accelerando dirigiert habe — «Nicht gleich mit der Presto-Türe ins Haus der Klimax fallen!»

Ich halte 

für richtiger, stärker, Beethovenscher und behaupte, die ganze Passage ist auf C-dur-Tonika (nicht Dominante) aufgebaut. Darf auch nie in ein wildes Gewurschtel ausarten. Ich machte das eigentliche letzte Accelerando erst vier Takte vor dem ff. Wichtig wäre an der ganzen Passage die aufsteigende Skala der jeweils untersten Note deutlich betonen zu lassen. Daher langsamstes Studium!

*

Zwei Ouvertüren:

«Freischütz»: Ich bin nicht Richard Wagners Ansicht, das große Schluß-C-dur der jubelnden Unschuld ganz piano zu spielen; das ist zu sehr gegen Webers Absicht! Aber Wagner hat ganz Recht, das Fortissimo-Blech zu der schönen poetischen Melodie ist zu brutal. Ich lasse daher die Streichermelodie forte spielen, dazu die ganzen Bläser piano begleiten und erst zum hohen A hin Streicher zum fortissimo, Bläser zum forte steigern!
«III. Leonore»: Es wird stets übersehen, daß der Übergang im ersten Allegro zur E-dur-Kadenz vier Takte

lang 

noch immer piano zu halten ist, bis wirkliches forte steht. Ein grober Schnitzer ist, in der Durchführung vor Eintritt der Trompete auf der Bühne den letzten

Takt 

zu verbreitern. Im Gegenteil, diese ganze Stelle ist accelerando zu spielen: der auf Leonore eindringende Pizarro weiß doch nichts von dem B der Trompete. Ein schwerer Fehler ist ferner, die ganze Holzbläserstelle vor dem letzten Presto langsamer werden zu lassen. Wenn der Komponist ein Thema selbst verbreitert, darf der Dirigent nicht auch noch schleppen! Bülow und ich bleiben durchaus im vollen Tempo hoffnungsvoller Erwartung, ich beschleunige eher noch, so daß die Geigenpassage im vollen Zeitmaß — nicht als wildes Gewurschtel — einsetzt und erst vier Takte vor dem fortissimo noch acceleriert. Vor allem muß die melodische Linie der aufsteigenden Passage vor dem Eintritt der Bässe sehr deutlich herauskommen. Sind eigentlich für den, der die Partitur lesen kann, selbstverständliche Dinge! Aber was ist heutzutage selbstverständlich?

«Meistersinger»: Seit die Parole «Lustspiel» ausgegeben wurde, nach allzugroßer Wagnerscher «Breite der Zeitmaße», hat eine Operettenflüchtigkeit im Vortrag dieses herrlichen Monuments eingerissen, die dem Stil des Werkes gröbste Gewalt antut. Alexander Ritter hat mir einmal erklärt, daß jeder Wagnersche Akt ein einheitliches sinfonisches Zeitmaß aufweist, in dem gewaltsame Temporückungen nur in seltenen (dramatisch be-

dingten) Ausnahmefällen zulässig sind. Und so weist die Meistersinger-Partitur fast bei jeder neuen Zeitmaßbestimmung durch Angaben wie 𝅗𝅥 = ♩ des vorigen Tempos die Einheitlichkeit des Grundzeitmaßes und die Beziehungen der einzelnen Teile zueinander unmißverständlich nach.

Metr. 𝅗𝅥 = 56-60: Die hauptsächlichste Tempobestimmung gerade der «Meistersinger»: sehr mäßig — mäßig, mäßig schnell — charakterisiert genau den Grundton: edle bürgerliche Behaglichkeit und Behäbigkeit, vornehmstes Maßhalten des Durchschnitts, an dessen Spitze der geistig überlegene Sachs — Überlegenheit bedingt maßvolle Zurückhaltung! —, nur unterbrochen von leidenschaftlichen Kundgebungen des Liebespaares und gehässigen Ausbrüchen Beckmessers. Aber auch diese müssen mit dem Grundton des Werkes in gewissem Konnex stehen und dürfen nie das Übermaß der Tristanleidenschaft erreichen!

Vorspiel: sehr mäßig bewegt. Im letzten Takt vor dem Eintritt der Flöte leise Modifikation, — aber die ganze kleine Episode noch immer im Charakter des Hauptzeitmaßes und nicht in völliges Adagio und endlose Ritardandi zurückfallen vor der Geigenpassage. — Der E-dur-Mittelsatz lautet: Hauptzeitmaß im leidenschaftlichen Flüsterton des Liebesgespräches. Auch die Beckmesser-Episode (Es-dur) lautet «Mäßiges Hauptzeitmaß». Der anschließende Choral ja nicht zu langsam. Die Szene zwischen Evchen und Walter mit feinen, dem Text entsprechenden Modifikationen. Wird gewöhnlich überhetzt und der hastige Dialog undeutlich.

Ensemblestelle der Meister «Das heißt ein Wort» ist

bezeichnet: «Lebhaft, *aber nicht zu schnell*», sonst muß bei Pogners Worten zu starker Rückgang des Tempos erfolgen. — Walters «Am stillen Herd» wird gewöhnlich zu langsam angefangen, die vorgeschriebenen kleinen Ritardandi und Fermaten sind genügende Hemmungen. Erst Sachs' Erwiderung: «Halt, Meister» muß vornehm, mit geistig überlegener Zurückhaltung gegeben werden; nicht zu fließend! Auch nicht zu stark in der Tongebung. Schreckliche Nuancen sind: Pogners entrüstetes «daß nur auf *Schacher* und Geld» und Sachs' sentimental blöde «*Arme* Poeterei». Einfach, einfach!

II. Akt Anfang 6/8 und daraus abgeleitet 2/4-Gespräch Davids mit Magdalene gewöhnlich zu schnell und hastig. Ebenso Gespräch Pogners mit Eva 2/4: mäßig und dann *sehr* gemächlich, — meistens überhudelt!

Auch die Schusterlieder meist etwas zu schnell, zu wenig Charakter. Dürfte dasselbe Tempo sein wie im Vorspiel: Wagners «Andante alla breve». Am Schluß des II. Aktes wird der grobe Verstoß begangen, daß Beckmesser von dem Moment an, wo er ohne Unterbrechung singt, immer rascher wird, so daß bei Beginn der Prügelszene ein «etwas rascher» gar nicht mehr möglich ist und die Prügelszene ein wild rasendes Chaos wird. Beckmesser muß von Anfang an («Darf ich mich Meister nennen») in gleich sturem Tempo bleiben.

Fehlerhaft ist auch, daß Pogners B-dur «Will einer Seltnes wagen» als Adagioarie begonnen wird. Auch Sachsens Fliedermonolog darf keinerlei Adagiostimmung enthalten und keine unnötigen Dehnungen von

das doch ein stürmisches Motiv vom Anfang ist und dem beunruhigten, grübelnden Sachs im Kopf spukt. Unsre Kapellmeister dirigieren immer nach der musikalischen Phrase an sich, statt nach deren dramatischem Gefühlsinhalt. (Siehe auch die As-dur-Stelle meiner «Elektra», die immer als behagliche Kantilene geflötet wird, statt in höchster Erregung nach dem ungeheuren Erlebnis der Wiedererkennung.)
Wenn sich das Publikum bei Wagner langweilt, so sind die Kapellmeister schuld: es fehlt ihnen die Übersicht über die dramatische Linie eines Wagnerschen Aktes und deren Aufrechterhalten bis zum Fallen des Vorhangs.
Vorspiel des III. Aktes ist überschrieben: *etwas* gedehnt — wird oft als reines Adagio gespielt.
I. Akt, Beckmessers 6/8: «Ei! was kümmert doch Meister Sachsen» im Zeitmaß des ersten Vorspiels: Metr. 116—128.

«Tristan»: Cosima Wagner sagte einmal — sehr richtig —, daß im «Tristan» die Gebärde des Darstellers genau einen Takt vor dem Wort erfolge, was im Orchester genau durchgeführt sei und einen besonderen «Tristan-Stil» bezeichne: «Wohin Mutter» — «zerschlag es, dies trotzige Schiff» — «wie lachend sie mir Lieder singen», usf.

*

Nach der Direktion des «Parsifal» (Sommer 1933):

Beim Studium mit dem Orchester fielen mir besonders auf die schon traditionell gewordenen Dehnungen: so beim ersten Thema des Vorspiels, dessen wundervolle, vorbildliche rhythmische Gestaltung geradezu zerstört wird, wenn es mit sentimentalen Verbreiterungen gespielt wird. Dasselbe gilt von

Dieses Thema wird auf die Dauer unerträglich, wenn es nicht ganz metronomisch genau, mit liturgischer «Gleichgültigkeit» erklingt. Überhaupt sind zum Vortrag des «Parsifal» drei genau geschiedene Vortragsgruppen zu beachten, deren Stil und Inhalt für die Temponahme maßgebend sein muß:

Die Liturgie, d. i. die heilige Handlung im Gralstempel. Gilt besonders für

ohne gefühlvolle *Dehnungen* mit sixtinischer «Objektivität» zu singen. (*Das rein kirchliche Element!*)

Das erzählende Moment: in Gurnemanz verkörpert, der, eine Art «Evangelist», durchwegs in objektiv referierender Weise zu halten ist. In seiner Partie finden sich die bei Wagner sonst ganz ungewöhnlichen Bezeichnungen« nicht schleppen». Hier den ruhigen Fluß nicht zu hindern, erfordert von der Seite des Dirigenten viel Takt und dramatisches Feingefühl.

Das unmittelbare Erlebnis (Amfortas, Kundry, Parsifal). Hier ist, natürlich immer bei höchster rhythmischer Genauigkeit in der Deklamation, dem rein gefühlsmäßigen Vortrag zu unmittelbarster Wirkung freier Spielraum gegeben.

*

Dirigieren ist halt doch eine schwierige Angelegenheit, — man muß siebzig Jahre alt werden, um dies ganz zu begreifen!

Künstlerisches Vermächtnis

An Dr. Karl Böhm

Lieber Freund!

Garmisch, 27. IV. 45

Es war rührend von Ihnen, nach der furchtbaren Wiener Katastrophe sofort meiner zu gedenken! Meinen Schmerz können Sie sich wohl vorstellen! Gott sei Dank, daß Sie und Ihre liebe Frau keinen persönlichen Schaden gelitten haben. Ich habe Ihnen bis jetzt nicht geantwortet, da mir Richard keine genaue Adresse von Ihnen geben konnte. Ich versuche jetzt doch Abschriften dieses Briefes nach Kammer und Werfen zu senden, da nach neuesten Nachrichten ein Aufbau in Wien nicht ohne Aussicht ist und ich Ihnen hiezu mit meinen innigsten Wünschen so eine Art Testament: mein künstlerisches Vermächtnis wenigstens schriftlich geben möchte, da es mir wohl kaum mehr möglich sein wird, Sie bei Ihrer großen bevorstehenden Kulturarbeit in persona zu unterstützen! Nachfolgend von mir ein im Lapidarstyl (der natürlich noch ausführlicher mündlicher Erläuterung bedürfte) schon vor einiger Zeit niedergeschriebenes Memorandum über die Bedeutung der Oper und ihre von mir erhoffte Zukunft besonders in Wien, dem Kulturzentrum Europas!

Von Joh. Seb. Bach wurde die *deutsche Musik* erschaffen.
Die Geburt der *Mozartschen Melodie* ist die Offen-

barung der von allen Philosophen gesuchten *menschlichen Seele.*

Das von Joseph Haydn erschaffene, mit Sprache begabte, von Weber, Berlioz und Richard Wagner vollendete Orchester ermöglichte im Musikdrama die höchsten Kunstleistungen des Menschengeistes als oberste Gipfel und Abschluß einer zweitausendjährigen Kulturentwicklung.

Trotz des Monumentalbaus von Bayreuth ist die Pflege der «Oper» von Gluck bis zu meinen Werken an unsern Theatern (ungeachtet hervorragender Einzelleistungen unter Schuch, Dr. Böhm, Cl. Krauss, Rudolf Hartmann, Gielen, Sievert) im Allgemeinen der hohen Bedeutung dieser schönsten Kunstform nicht entsprechend.

Trotz guter Subventionen unterliegt ihr Betrieb noch mehr oder minder geschäftlichen Gesichtspunkten und entspricht nicht den Forderungen, die ihre kulturelle Bedeutung zu stellen berechtigt ist. Meine Stellung gegenüber dem einmaligen Phänomen des Bayreuther Festspielhauses ist bekannt. Trotz kleiner Mängel der Orchesterakustik ist es nach dem Willen seines Schöpfers der würdigste Raum für «Tristan», Nibelungenring, «Parsifal».

Allen Opernwerken wird mit Ausnahme des Bayreuth ausschließlich vorzubehaltenden «Parsifal» das italienische Barockopernhaus gerecht. Doch erfordert die verschiedenartige Form der gesamten Opernliteratur zwei Theater von verschiedener Größe: für die sogenannte Spieloper und für ernste Opern mit normaler Orchesterbesetzung: 10—12 erste Violinen, 8—10 zweite, 6—8 Bratschen, 6—8 Cellos, 4—6 Contrabässe, 2—4 Hörner, 2 Trompeten, 3 Posaunen, Tuba, 1 Harfe, zweifaches Holz, einen Zuschauerraum von 1200 bis 1500 Personen (hiefür ist ein ideales Haus das Theater an der Wien).

Für die sogenannte große Oper einen Fassungsraum von 1800 bis höchstens 3000 Personen, Orchester: 16 erste, 16 zweite Violinen, 12 Bratschen, 12 Celli, 8 Contrabässe, 4—6 Harfen und die vorgeschriebene Bläserbesetzung. Für meine «Elektra» z. B. 30 Violinen, 18 Bratschen, 12 Celli, 8 Bässe — also für «Ring», «Salome», «Elektra», «Frau ohne Schatten», für 105 bis 110 Musiker einen zwar hochliegenden Orchesterraum wie in der Wiener Oper, der aber im Bedarfsfalle z. B. für den «Ring» hydraulisch auch etwas versenkbar. —

Wie nun der Staat der *bildenden Kunst Museen* geschaffen hat, in denen die größten Kunstwerke der Vergangenheit *ausschließlich* und *unvermischt* mit Werken von niederer Gattung und niederer Qualität dem Bedürfnis des kunstliebenden Volkes sich darbieten, so wäre in Hinsicht auf die corrumpierende Wirkung, die ein Opernspielplan (wie er heute noch alltäglich eine Spielfolge aufweist) z. B. «Tannhäuser», «Cavalleria», «Bajazzo», «Zauberflöte», «Fledermaus», «Siegfried», «Land des Lächelns», «Parsifal» ausübt, es für Großstädte in Wien, Berlin, Hamburg, München, Dresden zu empfehlen, resp. zu fordern, in mindestens je zwei Opernhäusern, die Werke der *verschiedenen* Gattungen zu spielen u. zwar im großen Haus quasi eine Permanente Ausstellung der größten Werke der Literatur in erstklassiger Ausführung in immer währender Probenarbeit auf der Höhe gehalten, ohne daß täglich gespielt wird mit dem besten Künstler- und Orchestermaterial, das nicht durch Belästigung mit minderwertigen Werken zwischendurch immer wieder verdorben ist.

Der Unterschied zwischen einer Bildergalerie, in der, wenn nur gut beleuchtet, ein Tizian oder ein Rembrandt nicht täglicher Erneuerung bedarf und einem jedesmal neugeborenen «Tristan» brauche ich wohl nicht näher auszuführen.

Der Spielplan eines solchen *Opernmuseums*, auf den die gebildete Welt denselben Anspruch hat, wie an die Pinakothek oder den Prado und Louvre wäre ausschließlich:

Gluck: Orpheus, Alkeste, Armida, die beiden Iphigenien in neuer und R. Wagners Bearbeitung
Mozart: Idomeneo (in Bearbeitung von Wallerstein, R. Strauss), Figaro, Don Juan, Così fan tutte, Zauberflöte
Beethoven: Fidelio
Weber: Freischütz, Euryanthe, Oberon
Berlioz: Benvenuto Cellini, Trojaner
Bizet: Carmen
Verdi: Aida, Simone Boccanegra, Falstaff
R. Strauss: Salome, Elektra, Rosenkavalier, Frau ohne Schatten, Friedenstag, Daphne, Ägyptische Helena, Liebe der Danae, Josefslegende
R. Wagner: Rienzi (ungestrichen) bis Götterdämmerung

In dieses Opernmuseum könnte der historischen Wissenschaft halber als Gegenbeispiel («Rienzi» — «Prophet», siehe gesammelte Schriften!) ein oder das andere Werk der sog. großen Oper vom Anfang des vorigen Jahrhunderts («Robert der Teufel», «Hugenotten», «Afrikanerin», «Jüdin») vorübergehend aufgenommen werden, wie auch in großen Galerien ab und zu Sonderveranstaltungen stattfinden.

Die zweite, der großen Oper angegliederte Bühne (ich nenne sie kurz Spieloper: opéra comique, in Wien das hiefür außerordentlich geeignete, wundervoll akustische «Theater an der Wien», die Geburtsstätte der «Zauberflöte», die nur geringfügiger Reparaturen und technisch zeitgemäßer Instandsetzung bedarf) verfügt über folgenden, dem Bildungs- wie bessern Unterhaltungsbedürfnis gleich gerechten Spielplan von folgender Auswahl.

Adam: Postillon von Lonjumeau
d'Albert: Tiefland, Die Abreise
Auber: Die Stumme von Portici, Fra Diavolo, Der schwarze Domino, Maurer und Schlosser, Teufels Anteil
Bellini: Norma, Die Nachtwandlerin
Berlioz: Beatrice und Benedict
Leo Blech: Das war ich, Versiegelt
Boieldieu: Die weiße Dame, Johann von Paris
Bizet: Djamileh, Perlenfischer
Cornelius: Barbier von Bagdad, Der Cid
Charpentier: Luise
Cherubini: Der Wasserträger
Chabrier: Gwendoline, Der König hat's gesagt
Cimarosa: Die heimliche Ehe
Dittersdorf: Doktor und Apotheker
Donizetti: Regimentstochter, Don Pasquale, Liebestrank, Lucia v. Lammermoor
Dvořák: Die Jakobiner
Flotow: Alessandro Stradella
Goldmark: Königin von Saba
Gounod: Arzt wider Willen
Humperdinck: Hänsel und Gretel, Königskinder, Heirat wider Willen
Kienzl: Evangelimann
Kreutzer: Nachtlager von Granada
Korngold: Der Ring des Polykrates

Lortzing: Die beiden Schützen, Waffenschmied, Wildschütz, Zar und Zimmermann
Leoncavallo: Bajazzo
Marschner: Hans Heiling, Der Holzdieb
Mehul: Joseph in Ägypten
Mascagni: Cavalleria rusticana
Nicolai: Die lustigen Weiber
Offenbach: Die schöne Helena, Orpheus in der Unterwelt
Pergolese: Serva Padrona
Pfitzner: Palestrina
Alexander Ritter: Der faule Hans, Wem die Krone?
Johann Strauß: Fledermaus (im Original!), Zigeunerbaron
Smetana: Die verkaufte Braut, Der Kuß, Zwei Witwen, Dalibor
Max Schillings: Ingwelde, Pfeifertag
Hans Sommer: Loreley, Rübezahl
Schubert: Der häusliche Krieg
Tschaikowsky: Pique Dame, Eugen Onegin
Mussorgsky: Boris Godunow
Richard Strauss: Guntram, Feuersnot, Ariadne, Intermezzo, Arabella, Die schweigsame Frau, Capriccio
Verdi: Troubadour, Traviata, Rigoletto, Maskenball — ferner (ein neuer Gedanke!), da in manchen früheren, als Ganzes für uns heute unerträglichen Opern wie Macbeth, Luise Miller, Sicilianische Vesper einzelne geniale Partien enthalten sind, empfehle eine Art Potpourri von einzelnen Szenen, wie z. B. die Wahnsinnsszene der Lady Macbeth, das Ballett im Costüm und szenischer Darstellung an einem historischen Verdiabend vorzuführen.
Otello verurteile ich im Ganzen, wie alle zu Operntexten verunstalteten Libretti nach klassischen Dramen, wie z. B. Gounods Margarete, Rossinis Tell, Verdis Don Carlos! Sie gehören nicht auf die deutsche Bühne.

Das jetzige Theater der Stadt Wien sei als dritte Bühne und Volksoper zu billigen Preisen, in der alle Werke mit Ausnahme der technisch und besetzungsmäßig (besonders was Orchester und Chor betrifft) allzu anspruchsvollen Opern: z. B. «Tannhäuser», «Lohengrin», «Tristan», «Meistersinger», Nibelungenring gespielt werden können und ebenso wie in der staatlichen «Spieloper» sorgfältig geprüfte, nicht bloß aus Uraufführungsehrgeiz angenommene, Personal unnötig belastende Novitäten «zur Diskussion gestellt» werden, die außer der darüber lange Artikel schreibenden Kritik nur in seltenen Fällen auch dem Publikum Vergnügen bereiten.

Auch hier empfiehlt sich bei Aufstellung der alljährlichen Spielpläne zwischen Spieloper und Volksoper Vereinbarung, daß nicht in beiden Instituten in demselben Jahre die gleichen Werke gespielt und für das opernfreudige Publikum der Großstadt eine größere Mannigfaltigkeit des Gesamtspielplans erzielt werden.

Auch dem wichtigen Ballett kann bei diesem meinem Plan ein größerer Spielplan eingeräumt werden, ebenso wie schönen dramatischen Werken von Bedeutung, wie «Egmont», «Sommernachtstraum», «Manfred».

Lieber Freund! Dies wäre in grobem Umriß das künstlerische Testament, das ich als Ihr Vorgänger an der so grausam vernichteten herrlichen Wiener Oper Ihnen hinterlassen möchte. Hoffentlich können wir uns darüber noch einmal vor meinem Ende mündlich unterhalten!

Sie wissen, daß Sie hier jederzeit herzlich willkommen sind bei Ihrem, mit besten Wünschen und wärmsten Grüßen von der ganzen Familie für Sie und Ihre liebe Frau

stets treu und aufrichtig ergebenen

Dr. Richard Strauss

Zum «Tannhäuser» in Bayreuth

Hochgeehrter Herr,

Im Anschluß an die vielen bedeutungsvollen Mitteilungen, die als Ergebnisse der bei den Festspielen des vergangenen Jahres gewonnenen Eindrücke Ihnen zugegangen sind, möchte ich, selbst auf die Gefahr hin, unbescheiden zu erscheinen, Ihnen einige Beobachtungen übergeben, die nur aus dem Grunde für Sie einiges Interesse haben dürften, weil sie der Feder eines Orchesterdirigenten entstammen, des Mitgliedes einer Berufsklasse, die bisher in ihrer musikalischen Einseitigkeit den wahren Kern dessen, was unser großer Meister mit seiner Tat von Bayreuth erstrebt hat, weniger als das gebildete Laienpublikum zu erkennen sich fähig gezeigt hat, da wenigstens die Mehrzahl ihrer Vertreter, in die Partitur versunken, gewöhnlich noch vor lauter Noten kein Drama zu sehen vermochte. —
In dem Unsinnswust, den ich vorigen Sommer über die Festspiele, insbesondere über die unvergleichliche Aufführung des «Tannhäuser» von Leuten, die alles besser zu wissen glauben, doch noch nie etwas besser machen oder zum mindesten *wirklich* praktische Vorschläge, wie etwas besser zu machen wäre, beibringen konnten, habe anhören oder lesen müssen, fiel es mir auf, daß die Berufskritik nach all den schönen Beweisführungen, daß der «Tannhäuser» kein Drama, daher nach den «Gesetzen» der Oper aufzuführen sei, ziemlich einstimmig die Leistung des *Festspielorchesters* als vortrefflich anerkannt hat. Es ist ja nun sehr freundlich von den Herren, daß sie an der Bayreuther Tannhäuser-Auf-

führung überhaupt noch etwas Gutes gefunden haben; doch leider verliert auch dieses Lob jede Bedeutung, wenn man bedenkt, daß dieselben Kritiker die Besprechungen der Opernaufführungen an ihren einheimischen Theatern, so z. B. des «Asrael» in Dresden, der «Manon» in Wien, der «Cavalleria» in Berlin, der «Rose von Straßburg» in München etc. ziemlich stereotyp auch mit den Worten abschließen: «Chor und Orchester unter der bewährten, umsichtigen Leitung unseres (hie und da sogar genialen) X. vortrefflich!» — Vortrefflich heißt aber doch nur vortrefflich, und in keinem deutschen Wörterbuche konnte ich bis jetzt eine komparative Bedeutung von «vortrefflich» gegen «vortrefflich» finden. Das ist nun recht fatal!

Ich kann zur Ehre unserer hohen Kritik nur annehmen, daß in diesem «vortrefflich» = «vortrefflich» nur eine kleine Nachlässigkeit im «Stil» vorliegt, denn im Ernst werden doch die Herren die Orchesterleistungen an ihren Opernbühnen nicht denen Bayreuths gleichstellen wollen? — Wenn nun die Wiedergabe des orchestralen Teils an den betreffenden Opernbühnen das Prädikat: *vor*trefflich erhielt, weil sie die Wiedergabe des szenischen Teils dort *über*troffen hat, so wäre es in unserem Falle zu untersuchen, worin *vor* den erwähnten Orchesterleistungen die instrumentale Wiedergabe der Tannhäuserpartitur im Festspielhaus das Richtige getroffen hat, nämlich *die Intentionen des Meisters in der Vollkommenheit ihres Stiles*.

Richard Wagner erkennt das höchste Problem der Oper in der zu erzielenden Übereinstimmung ihrer dramatischen und musikalischen Tendenz und nennt diese Übereinstimmung: *«Stil»!* Wenn ich nun das Wort

Tendenz hier auch auf die Reproduktion des Kunstwerks anwenden darf, so ergibt sich für eine stilgerechte Aufführung z. B. des «Tannhäuser» als notwendige Voraussetzung das Vorhandensein einer dramatischen Tendenz, einer musikalischen Tendenz, — und die Übereinstimmung beider. Nun ist es ja für einen Orchesterdirigenten an unseren Opernbühnen oft recht schwer, meistens sogar unmöglich, in seiner musikalischen Tendenz mit der dramatischen übereinzustimmen, da eine letztere meiner Erfahrung nach, außer bei den Festspielen, überhaupt fast nirgends vorliegt. Durch keine dramatische Notwendigkeit behindert musiziert man eben lustig drauf los, als ob es nie etwas anderes als nur Abonnementkonzerte im Leipziger Gewandhause gegeben hätte; die armen Darsteller auf der Bühne sind dabei nach wie vor zu bloßen Sängern degradiert. Der wundervollen Aufführung des *szenisch-dramaturgischen Teiles* in der *Bayreuther* «Tannhäuser»-Aufführung des Jahres 1891 ist es dagegen zum *ersten Male* gelungen, den poetisch-dramatischen Inhalt des herrlichen Kunstwerkes in vollster Klarheit, und darum mit so ergreifender Wirkung zum Ausdrucke zu bringen. Dies aber bildete die *Grundlage*, auf der eine *korrekte* Ausführung des musikalischen Teiles und nicht zum letzten des Orchesterparts erst *möglich* war.

Einige Beispiele mögen dies näher beleuchten! Der Meister bezeichnet im VII. Bande der Gesammelten Schriften die Oper, sobald die dramatische Tendenz nirgends nur eigentlich klar wird, als ein «Chaos der allerverwirrendsten Art», gerade der angehäuften Kunstmittel wegen. «Denn die Musik», sagt er, «kann als solche in der Oper nicht rein wirken, sobald die Aktion des Dramas ganz unklar bleibt!» — Welcher unbefangene Zuschauer hat nicht an sich selbst die musikalische Wirkung des *Bacchanales* der Pariser Bearbeitung, wenn er diese an einer unserer größeren Opernbühnen zur Aufführung gebracht *hörte*, als eines höchst unangenehmen, unklaren, wilden Geräusches empfunden. Man sah nur ein vergeblich mit der für ein viel gemäßigteres Tempo berechneten Figuration sich abquälendes Orchester, in seiner Mitte einen im vollen Glanze des Fortissimo strahlenden «Taktprofoßen» (wie Meister Liszt uns einmal genannt hat), oben auf der Bühne aber hüpfte alles seine alten, gleichgültigen, abgelegten Ballet-Pas ohne Sinn und Verstand, ein Vorgang, der heute auch das Auge des naivsten Theaterbesuchers nicht mehr zur Aufmerksamkeit zu zwingen vermag. Kurz, diese Szene machte nicht die geringste Wirkung! Dies mußte aber hinwiederum von der «Kritik» erklärt werden. Auf das Richtige, nämlich, daß die szenisch-dramaturgische Aufführung nicht den Absichten des Dichters entspreche, oder gar, daß überhaupt nicht eine einzige Intention des Dichters zur Ausführung gelangt sei, kam man natürlich nicht; andrerseits konnte man dem Komponisten des «Lohengrin», «Tristan», der «Meistersinger» auch nicht gut vorwerfen, daß er mit der *musikalischen* Umarbeitung der ersten Szene des «Tannhäuser» etwas total Verfehltes geschaffen habe. Was nun? Ein von der Berliner Hochschule her im Nachschlagen besonders gewandter Herr fand endlich ein schönes Schlagwort: *«Stilverschiedenheit»!* Also: die Musik des neuen Venusberges passe im Stil, der «tristanisch» sei, nicht zu der des alten «Tannhäuser». Wohlgemerkt: *nur die Musik!* Daß der dichterische und dramatische Inhalt des Bacchanales, sowie der nachfolgenden Szene zwischen Venus und Tannhäuser nicht *zur Dichtung* des alten «Tannhäuser» passe, einen so verwegenen Unsinn zu behaupten, ist bis jetzt auch den allerehrlichsten Leuten nicht eingefallen. Da nun aber kaum jemand behaupten wird, daß in der bisher einzigen Szene des «Tannhäuser» Dichter *und* Musiker (verzeihen Sie die Tautologie!) ausnahmsweise einmal nicht *Hand in Hand* gegangen wären, oder daß die vom «Musiker» angewandten Ausdrucksmittel nicht ganz der dichterischen Idee entsprochen hätten, so *muß*, da doch auch die Neudichtung der ersten Szene vollkommen zur alten Tannhäuser-Dichtung paßt, wohl auch die Musik der ersten Szene zur Musik des übrigen «Tannhäuser» passen, das heißt wenn — die Aufführung eine korrekte, das heißt stilgerechte ist, nämlich, wenn die Intentionen des dramatischen Dichters auf der Bühne zu deutlicher Erscheinung gelangen, und nunmehr der Dirigent des Orchesters in die Lage versetzt ist, versuchen zu können, mit ihr übereinzustimmen.

Wie unvergleichlich war die Wirkung des Bacchanales in Bayreuth!

Hier hatten wir die volle Übereinstimmung der lebendigen Gebärde im Reigen griechischer Formschönheit und ihres ergreifenden Ausdruckes durch die Sprache des modernen Orchesters, und daher eine Stilleistung allerersten Ranges. Von dieser ersten Szene des «Tannhäuser» in der Bayreuther Aufführung konnte der Zuschauer wirklich sagen: das ist *der* Venusberg, hier habe ich ein wahres Bild hellenischer Lebensfreudigkeit geschaut! Hier, wie zum Schluß des ersten und während des zweiten Aktes, wo er sich inmitten der Ritterlichkeit des mittelalterlichen Marienkultus befand, sodann zum Beginne des dritten Aufzuges, wo ihn die ahnungsvollen Schauer der christlichen Lebensanschauung in ihrer erhabensten Äußerung weihevoll durchdrangen, war er mit Auge, Ohr und Herz in gleichem Maße gebannt von dem lebensvollen Eindruck einer zur vollen Erscheinung gelangten wundervoll herrlichen dramatischen Dichtung, der eben alle von ihrem Schöpfer angewandten Ausdrucksmittel der Plastik, Malerei, Poesie und Musik vollkommen entsprachen. Wie «eitler Staub der Sonnen» waren da plötzlich alle «Stilverschiedenheiten» zersponnen; es bliebe danach wirklich nichts mehr übrig, als zu behaupten, der Venusberg gehöre überhaupt nicht in den Wagnerschen «Tannhäuser»!

Das wunderbare *Schönheitsmaß antiker Tanzkunst*, wie sie in Bayreuth vor unsere Augen trat, bedingte von selbst für die Ausführung des orchestralen Teiles das richtige, gegen sonstige Aufführungen *gemäßigte Tempo*, damit die Tanzrhythmen (in idealem Sinn) des Orchesters die volle Bedeutung erhielten, die die Bühne von ihnen forderte, und schuf damit von selbst die Notwendigkeit des richtigen Vortrags. Der Meister sagt: «Die Wahl und Bestimmung des richtigen Tempos, die uns sofort erkennen läßt, ob der Dirigent das Tonstück verstanden hat, gibt guten Musikern bei genauerem Bekanntwerden mit dem Tonstück es von selbst an die Hand, den richtigen Vortrag dafür zu finden, denn jenes schließt bereits die Erkenntnis dieses letzteren von Seite des Dirigenten in sich ein.» *

* Ich möchte bezüglich der Temponahme hier auch noch auf des Meisters Ausführungen über das «Schleppen und Herunter-

Das richtige Tempo ist also der Hauptfaktor für einen schönen, den Absichten des Komponisten entsprechenden Vortrag. Wenn ich nun von der qualitativen und quantitativen Besetzung, sowie der Schulung des Orchesters, von der Individualität des Dirigenten, dessen lebhafterer oder ruhigerer Empfindungsart, seinem rhythmischen Gefühle usw. ganz absehe, so wirken im *Drama* auf das Tempo (und den Vortrag) des Orchesters noch ganz besonders ein:

I. *Der Vortrag des Sängers;* sein Temperament, seine stimmliche Begabung, sein Gefühl für sinnvolle Deklamation, seine größere oder geringere Befähigung, scharf zu akzentuieren.

Z. B. *das gemäßigte Tempo des ritterlichen Liedes an Venus*, welches ich zum ersten Male in Bayreuth durch den Darsteller des Tannhäuser *richtig vorgetragen* hörte, ist für das Tempo der Ouvertüre so entscheidend, daß das ganze H-dur-Mittelthema des Allegros der Ouvertüre, wenn man so schnell spielt, sogar als *schlecht instrumentiert* erscheint, weil die Figuration der Bratschen und Violoncelli dann nicht mehr ausführbar ist, und man, wie es mir bei vielen anderen Aufführungen der Tannhäuser-Ouvertüre ergangen ist, nur mehr Melodie und Baß, aber keine Mittelstimmen hört. Von welch großer Bedeutung ist ferner richtiges Tempo (und Vortrag) von Elisabeths Bitte: «Ich fleh' für ihn» für das Vorspiel des dritten, ihrer Arie im zweiten Akte für das Vorspiel des zweiten Aktes!

II. *Die schauspielerische Begabung der Darsteller;* ihre

---

jagen» über den ganz andern Vortrag, den ein gemäßigtes Tempo gegenüber einem zu schnellen erfordert, im VIII. Band der Ges. Schriften S. 349 und 350 verweisen!

Fähigkeit, die Gebärdensprache des Orchesters, die schon im «Tannhäuser», mehr als man vor der Bayreuther Aufführung ahnen konnte, vorhanden ist, zur lebendigen Darstellung zu bringen. Man erinnere sich hier der szenischen wie musikalischen Ausführung der Orchestervorspiele zu den drei Liedern Tannhäusers an Venus, zu Tannhäusers: «Den Gott der Liebe sollst du preisen» im Duett des zweiten Aufzuges; man erinnere sich der wundervollen Übereinstimmung von Gebärde und ihrem Ausdruck im Orchester vor den Worten der Venus: «Wie hätt' ich das erworben»; vor Elisabeths: «So stehet auf» und «Verzeiht, wenn ich nicht weiß, was ich beginne», vor des Landgrafen Worten: «Dich treff' ich hier, in dieser Halle» und «So sei's! Was der Gesang so wunderbares —»

Alle diese Momente und noch viele andere, wie z. B. die große Aktion des Landgrafen vor seinen Worten: «Ein furchtbares Verbrechen ward begangen», waren in Bayreuth bei *korrektester dramatischer Ausführung* und *sinnvollster Modifikation im Orchester* von unbeschreiblicher Wirkung.

Bei der ungemein zarten Bewegung unter den Minnesängern im I. Aufzug vor Wolframs Gesang: «Als du in kühnem Sange uns bestrittest», wird wohl keinem mit Teilnahme dem dramatischen Vorgange folgenden Zuschauer aufgefallen sein, wie sehr das kurze Orchesterritornell von dem Dirigenten im Tempo zurückgehalten worden war, ebenso wie sich die ungeheure Breite im Orchestervortrag bei Elisabeths Pantomime im III. Akt von selbst verstand, weil die Darstellerin der Elisabeth im Stande war, sie (mit dem Orchester korrespondierend) in feierlicher Ruhe auszuführen.

III. *Größe der Bühne;* z. B. bei den Pilgerchören (die in *steter Bewegung* bleiben und *nicht* den an «sinnig» geleiteten Opernbühnen üblichen, von der Haupthandlung ableitenden Knix vor dem Muttergottesbilde machen sollen!), sowie beim Abgang der Elisabeth im dritten Akte.

IV. *Dramaturgische und musikalische Schulung der Chöre*, ihre quantitative Besetzung.

Man denke hier an die wundervolle sprachliche Ausarbeitung und rhythmische Vollendung im Begrüßungschor des II. Aktes zurück, welche dem Dirigenten richtiges Tempo und Vortrag des vorhergehenden Einzugsmarsches ohne Chorgesang ermöglichte; an den vortrefflich vorgetragenen Pilgerchor im III. Akte, der (nach Wagners eigenen Worten im V. Bande der Ges. Schriften, Seite 142) für die Phrasierung des ersten Anfangs der Ouvertüre so bestimmend ist; endlich an die *begeisterte Erhebung* der ganzen Ritterversammlung (Schluß des II. Aktes) bei: «Mit ihnen sollst du wallen», nach des Landgrafen Erlösung verheißendem Zuruf an Tannhäuser. Nur die so ungeheuer lebendige dramatische Ausführung dieses Momentes, wie sie in Bayreuth erzielt worden war, rechtfertigte Mottls starke Belebung des Tempos an dieser Stelle. —

Als interessante Ausnahme sei hier erwähnt das bedeutend langsamere Tempo des Vorspieles zum III. Akt (laut Metronom Viertel = 50) gegenüber dem Tempo der Erzählung Tannhäusers (Viertel = 60). Dies erklärt sich aber aus dem *epischen Charakter der letzteren* gegenüber dem wirklich erlebten Vorgang, den das Vorspiel, von dem Meister selbst: «Tannhäusers Pilgerfahrt» überschrieben, darstellen soll. —

Die Schwierigkeit des Vortrags der rein instrumentalen, sinfonischen Teile der Tannhäuser-Partitur ergibt sich aus den oben angeführten Beispielen von selbst. Wie bei keinem der späteren Werke tritt bei der Wiedergabe der Tannhäuser-Ouvertüre, der Vorspiele zum zweiten und dritten Aufzuge an den Dirigenten die Aufgabe heran, eine Reihe der vom Komponisten oft in schroffster Weise einander gegenübergestellten *Gegensätze* zu einem sinfonischen Ganzen zu vereinigen. Wie ich schon oben teilweise erwähnt habe, sind für die Ouvertüre *von der Bühne herab im voraus gegeben:* Tempo und Vortrag des Pilgerchores, des Bacchanals, des «hohen Liedes» an Frau Venus und der letzteren Gesang an Tannhäuser: «Geliebter, komm!». Für das Vorspiel des zweiten Aufzuges, dessen Grundtempo die Arie der Elisabeth bestimmt, außer den Themen dieser Arie, das glückstrahlende, Tannhäusers Nahen verkündende Motiv aus dem Finale des I. Aktes, sowie der sich unmittelbar an die kecke Violinfigur, in der wohl das jubelnde Treiben des Jagdzuges («die Erde hat ihn wieder!») seinen Ausdruck findet, anschließende Fluch der Venus: «Suche dein Heil und find' es nie»; für das Vorspiel des III. Aktes die Motive der Pilgerchöre, der flehenden und schließlich den Opfertod sterbenden Elisabeth, die teilweise ganz unvermittelt dem Papstthema, dem Fluche des Papstes und den Motiven des büßenden Tannhäuser gegenüberstehen. *Diese schärfsten Gegensätze in der von der Bühne herab gegebenen Bestimmtheit aufs Deutlichste hinzustellen und sie wiederum durch die Kunst seiner Übergänge und die maßvoll schöne Modifizierung seiner Tempis zu vollkommenster Einheit zu bringen,* konnte nur einem

Dirigent von der genialen Begabung *Felix Mottls* gelingen, dem zugleich in dem Festspielorchester eine Vereinigung von Künstlern zur Seite stand, welche bei absoluter Beherrschung aller technischen Anforderungen jene Feinfühligkeit besaß, die es dem Dirigenten erst ermöglicht, dem Vortrag des Sängers und dem dramatischen Vorgange auf das Lebhafteste zu folgen und die aus dem vollkommenen Durchdrungensein von den Forderungen des Dramas gewonnenen Empfindungen zum vollen Ausdrucke zu bringen.

Eine Eigentümlichkeit des «Tannhäuser»-Orchesters ist das *Hervortreten des solistischen Elementes*, welches noch teilweise aus Weberschem Geiste heraus so oft der Individualität des einzelnen Instrumentalisten die schwersten Aufgaben an gefühlvollem Vortrag und feinster Phrasierung stellt. Nur ein so ganz von dem poetischen Inhalt des Dramas erfüllter Dirigent wie Felix Mottl war imstande, mit seinen Künstlern im Orchester durch den Vortrag z. B. der Klarinettenmelodie in der Ouvertüre, der Oboensoli in dem Vorspiele des II. und III. Aktes dem Auge des Zuhörers beinahe schon *die Gestalten* hervorzuzaubern, deren Schicksal den hörenden Zuschauer dann von der Bühne herab zu innigster Teilnahme zwingen und aufs Tiefste ergreifen und erheben sollte. Nur ein Künstler von der intensiven Empfindung Mottls konnte es wagen, das Tempo des Sechsvierteltaktes im Vorspiel des III. Aktes so ungeheuer breit zu nehmen, als er es tat; weil er fühlte, daß seine eigene Glut auch den Blechbläsern die Kraft einhauchen würde, das «Papstthema» noch in dieser Breite: fff *ausgehalten*, wie es der Meister will, vorzutragen.

Fasse ich nun meine ganzen Erinnerungen der vorjährigen Bayreuther Tannhäuser-Aufführung zusammen, so finde ich in allen als charakteristisches Merkmal des unauslöschlichen Eindruckes, den sie in mir hinterlassen hat, die *absolute Vollkommenheit des Stiles* in der Wiedergabe der Tannhäuser-Partitur. Diese seltene *Übereinstimmung von dramatischer und musikalischer Tendenz*, wie sie eben nur auf dem Boden *strengster Korrektheit in der Ausführung des Willens des Meisters* zu erzielen war, schloß von vornherein jede *Willkür* von irgendwelcher Seite aus und gab durch die Schranken, die sie eben dieser Willkür (die immer mit Unverständnis vereinigt ist) zog, der ganzen Aufführung die *hohe Würde* und *ergreifende Einfachheit*, die das letzte Ziel jeder wahrhaft künstlerischen Darbietung sein soll.

Es ist sehr schwer, künstlerische Eindrücke mit Worten zu fixieren; diese Absicht lag mir auch fern, als ich diese kurzen Erinnerungen niederzuschreiben mich gedrängt fühlte. Aber — nur wenige Menschen hatten voriges Jahr wie ich das seltene Glück, durch den Besuch der Proben zu den Festspielen auch den Aufführungen selbst so wohl vorbereitet und daher so empfänglich für alle Schönheiten und Feinheiten, die auch wirklich zu erkennen unsere durch den hundertjährigen Opernschlendrian verbildeten Augen und Ohren erst wieder *geübt* werden müssen, beizuwohnen. Ich mußte oft mit aufrichtiger Betrübnis sehen, wie viele, die nur eine Aufführung ohne vorhergehende Probe hören konnten, wie vor den Kopf geschlagen waren, daß sie von diesem Altgewohnten (wenn es auch noch so dumm gewesen war) so vieles vermissen sollten, während sie auf der anderen Seite eben noch nicht fähig waren, das neue Herrliche, das in seiner ganzen Stilreinheit vor ihre Augen trat, nämlich den wiedergeborenen *echten Wagnerschen «Tannhäuser»*, völlig würdigen zu können. Die *Oper «Tannhäuser»* war als *Drama auferstanden*, und geblendet von seinem mächtigen Glanze zogen sich die «Gesetze» der Oper, die landläufigen Tempi und das herkömmliche kanonische Alter der Elisabeth mit noch vielen andern Gespenstern in die Schlupfwinkel ihrer Hof- und Stadttheater zurück. Vielleicht gelingt es dieser kleinen Niederschrift, diejenigen, die da «guten Willens» in diesem Sommer nach Bayreuth pilgern werden, wenigstens aufmerksam zu machen, worauf es bei der Aufführung des «Tannhäuser» in erster Linie ankommt: nicht auf einzelne Virtuosenleistungen (denen meistens auch noch wirkliche Virtuosität fehlt), nicht auf «große Stimmen» etc., sondern eben auf *Reinheit und Vollkommenheit des Stils* in dem oben von mir ausgeführten Sinne. Ich gebe auch die Hoffnung nicht auf, daß die Leute schließlich doch von selbst noch auf das Richtige kommen werden: *warum man nach Bayreuth geht und warum dort Festspiele veranstaltet werden.* Man muß eben nur ein bißchen Geduld haben; denn in Deutschland dauert alles etwas länger als anderswo!

Mit herzlichem Gruße
in ausgezeichneter Hochachtung
Ihr sehr ergebener

Richard Strauss

Weimar. [1892]

Zur Frage des «Parsifal»-Schutzes

Antwort auf eine Rundfrage

Garmisch, den 18. August 1912

Lieber Herr Karpath!

Für mich gibt es in der Parsifalfrage nur einen Richtungspunkt: Respekt vor dem Willen des Genies.
Leider haben aber in der Frage des Parsifalschutzes nicht Leute zu entscheiden, denen die Steigerung und Verfeinerung unserer Kultur am Herzen liegt, sondern nur Juristen und Politiker, deren Horizont nicht bis zu dem Verständnis von den unbeschränkten Rechten des geistigen Eigentümers reicht.
Ich habe seinerzeit den achttägigen Verhandlungen des Deutschen Reichstages persönlich beigewohnt, wo die Vertreter des deutschen Volkes, mit ganz wenigen Ausnahmen, in beneidenswerter Unkenntnis der Materie über Urheberrecht und Schutzfrist debattierten. Ich habe selbst gehört, daß ein Herr Eugen Richter in unverschämtesten Lügen die Rechte von armseligen zweihundert deutschen Komponisten — die Erben Richard Wagners mit eingeschlossen — zugunsten von zweihunderttausend deutschen Gastwirten zu Boden trat.
Dies wird nicht anders werden, solange das blöde Allgemeine Wahlrecht bestehen bleibt, und solange die Stimmen gezählt und nicht gewogen werden, solange nicht beispielsweise die Stimme eines einzigen Richard Wagner hunderttausend, und ungefähr zehntausend Hausknechte zusammen eine Stimme bedeuten.

Dann würde ich vielleicht auch im Goethebund nicht mehr die Phrasen hören: von den Rechten der deutschen Nation, die befugt sein soll, das Genie, das sie bei Lebzeiten verbannt und verhöhnt hatte, noch dreißig Jahre nach seinem Tode auszuplündern und sein Werk in den kleinsten Provinzbühnen zu prostituieren.
Wir Wenigen werden vergebens protestieren, und der deutsche Spießbürger wird in zwei Jahren am Sonntagnachmittag, zwischen Mittagessen und Abendschoppen statt fortwährend in den Kintopp und in Operetten zu gehen, auch für fünfzig Pfennig den «Parsifal» hören.
Und da wundern wir uns, daß uns die Franzosen und Italiener in allen Kulturfragen immer noch für Barbaren halten.

Dr. Richard Strauss

Bemerkungen zu Richard Wagners Gesamtkunstwerk und zum Bayreuther Festspielhaus

Als Richard Wagner mit der Wiedererweckung und endgültigen Erfüllung des germanischen und christlichen Mythos sein großes Reformwerk begann und in geistvollen Schriften erläuterte, fand er einen Zustand der Oper vor, in dem die Musik unserer Klassiker das niemals ebenbürtige, meist sehr bescheidene Niveau der vertonten Texte mit wenigen Ausnahmen — Glucks «Orpheus» und «Iphigenien», «Fidelio», «Figaro», «Freischütz» — weit überbot. Es war natürlich, daß sein Hauptaugenmerk, durch seine eigene große dichterische Begabung unterstützt, sich auf die Gestaltung des Dramas selbst und dessen Darstellungsmöglichkeiten richtete. Sein schöner Gedanke, daß der Chor des antiken Dramas, der die Handlung als Kritiker, Erklärer und Deuter begleitete, durch das Orchester, das unsre klassischen Sinfoniker erschaffen hatten, ersetzt sei, ist jedoch nur zum Teil richtig. Es braucht keines weiteren Beweises, daß die Ausdrucksmöglichkeiten des modernen Orchesters — seit Weber und Berlioz besonders — ganz andere sind als die eines umschreibenden, erläuternden Chors der Aeschyleischen und Sophokleischen Tragödien.

Das moderne Orchester untermalt nicht nur, erklärt nicht nur, erinnert nicht nur, — es gibt den Inhalt selbst, enthüllt das Urbild, gibt die innerste Wahrheit. Daß bei der hohen Entwicklung, die die Musik bis Beethoven gewonnen hatte, die Tätigkeit des Orchesters im Drama dem genialen Musiker eine fast selbstverständliche schien, während für die Bühne fast alles neu zu schaffen war, sollte das ihm vorschwebende (und von Goethe und Schiller bereits geahnte) Gesamtkunstwerk den Meisterwerken dieser Heroen ebenbürtig werden, wenn nicht gar durch die Mitwirkung der Musik ihre höchste Blüte erreichen, erscheint begreiflich, weshalb der Meister denn auch um das Drama selbst und sein In-Erscheinung-treten mehr besorgt war als um sein Orchester, dessen Wunderwirken dem Schöpfer selbst gar nicht so ins Bewußtsein trat wie uns.

Daher die Idee des verdeckten, unsichtbaren Orchesters, dessen Berechtigung und schönste Wirkung ich nur für den «Parsifal», außerdem noch — nach meinen eigenen Erfahrungen in Bayreuth, namentlich in den Jahren 1889-1894 — für «Tristan» und den «Nibelungen-Ring» zugestehe. Gewiß: Singstimme und Wort kommen im Festspielhaus mehr zur Geltung als im Opernhaus mit sichtbarem, oft hochliegendem Orchester. Aber von dem unendlichen Reichtum der Partituren geht doch in Bayreuth viel verloren; ich brauche nur an die «Meistersinger» zu erinnern. Und worauf konzentriert sich letzten Endes das Interesse des gebildeten Publikums mehr? Auf das Stück und den Sänger? Oder auf das Orchester? Ich glaube auf das letztere und nehme dabei nicht bloß auf mich selber als Zuhörer und Zuschauer Bezug. Wenn ich den «Wallenstein» oder die «Iphigenie» dreimal gesehen habe, kenne ich die Dichtung, und nach drei Vorstellungen auch den «Tristan»; und von da ab interessieren mich auf der Bühne höchstens noch eine gewissenhafte Neueinstudierung oder andere Sänger.

Das Orchester im «Tristan» und in den «Meistersingern» dagegen sagt mir — selbst wenn ich die Partituren zu Hause wiederholt und noch so genau studiere — immer wieder Neues: «Parsifal» und «Nibelungen-Ring» habe ich vielleicht fünfzig Male gehört (größtenteils selbst studiert und dirigiert) und ich kann mich an den Offenbarungen dieses Orchesters nicht satt hören und entdecke immer wieder neue Schönheiten und verdanke ihm jedesmal neue Erkenntnisse! Ergo: die Herren Regisseure und Bühnenbildner, die im beleuchteten Orchester und hell strahlenden Dirigentenpult (auch mit Recht) eine Schmälerung stimmungsvoll beleuchteter Bühnenbilder sehen, sind gegen mich. Mir stört's die Stimmung nicht, ein schön spielendes Orchester und einen wirklich führenden und interpretierenden Dirigenten (mit nicht allzu zappligen Bewegungen) vor mir zu sehen, wenn mir dafür kein herrliches Detail im Wunderteppich der «Meistersinger»-Partitur entgeht und ich einen idealen Zusammenklang von Bühne und Orchester genießen kann, wie ich ihn nicht nur allein in Wien und Salzburg (unter Clemens Krauß auch in München), sondern auch in Berlin und Dresden unter Leo Blech und Karl Böhm erlebt habe. Und ich kenne viele Musikfreunde, die diese Meinung teilen. Also man pilgere zu «Tristan» und «Parsifal» nach wie vor nach Bayreuth zu Ehren des großen Meisters, um die Werke in der von ihm ausdrücklich gewünschten Gestalt zu hören und zu sehen. Aber im Ganzen bin ich doch für das alte italienische Theater! Aber allerdings mit Orchestern von 80 bis 100 Mann: 16 ersten, 16 zweiten Violinen, 12 Bratschen, 12 Celli und 8 Kontrabässen! [um 1940]

R. Wagner nennt in «Oper und Drama» Musik die *unmittelbare Sprache* des Herzens. Er sagt, daß das Wesen der Musik sich nach zwei Seiten entwickelt habe in dem von ihm bestimmten Kunstgenre der Oper: nach einer «ernsten» und einer «frivolen». Auf welche Seite stellt er den «Figaro» und das von ihm merkwürdigerweise unterschätzte «Così fan tutte», dessen erster Akt mindestens zum Schönsten gehört, was Mozart geschrieben hat? Aber Wagners Buch, ganz auf das ihm vorschwebende, von ihm tatsächlich vollendete Drama gerichtet, schätzt Mozarts Opern mit ihren der Musik nicht gleichwertigen Texten doch nur als Etappe auf dem Wege zum Gesamtkunstwerk ein. Er gesteht zwar, daß Mozart das Wichtigste und Entscheidendste für die Musik unbestreitbar gerade in der Oper geleistet habe — hat er denn das g-moll-Streichquintett gekannt? — und daß Mozart das *unerschöpfliche Vermögen* der Musik dargetan habe, jeder Anforderung des Dichters an ihre Ausdrucksfähigkeit zu entsprechen ...

Dies ist zu wenig gesagt! Mozart hat von den, theatermäßig gesehen, nicht schlechten Figuren seiner Textdichter Inspirationen empfangen, die weit über das seelische und poetische Maß derselben hinausragen, indem er ihnen Melodien in den Mund legt, die unmittelbare Offenbarungen der Seele geworden sind — ich nenne sie die platonischen Ideen —, zu denen sich die darstellenden Sänger nur mehr wie Schattenbilder verhalten.

Was Wagner über die nackte, ohrgefällige, absolut melodische Melodie Rossinis schreibt, ist vollkommen

richtig, er führt nur den fundamentalen Unterschied zwischen den tiefinnerlichsten Tonsymbolen der melodischen Offenbarungen unserer Klassiker: Haydn, Mozart, Beethoven, Schubert gegenüber den Arien der Romanen nicht ausführlich durch.
Man vergleiche die Arien der Donna Anna, Gräfin, Susanne, Zerline mit den Arien einer Rosine, Gilda, Leonore! Was haben die A-dur-Arien des Ferrando, Belmonte, die G-dur-Arie des Ottavio noch mit diesen kostümierten Opernsängern zu tun? In diesen Melodien spricht Eros selbst zu einer in Tönen erlösten Menschheit! Auf jeden Fall ist «Oper und Drama» vielleicht das bedeutendste wissenschaftliche Buch der Weltgeschichte. Und das hat ein Musiker geschrieben, der allerdings gleichzeitig höchste dichterische und schriftstellerische Begabung besaß. Es ist darin ein bis dahin überhaupt kaum behandelter künstlerischer und philosophischer Stoff mit einer hellseherischen Klarheit, mit einer ungeheuren Ausdruckskraft, zu deren Dienst fast eine neue Sprache erfunden werden mußte, erschöpfend behandelt und unumstößlich überzeugend bis ins letzte Detail definiert, daß Wagners Darlegungen Offenbarungen schenken, wie sie nur ein wirklicher Dichter verleihen kann. «Oper und Drama» müßte auf jeder Universität, in jedem Konservatorium als Jahreskollegium gelesen und erläutert werden, allerdings von kongenialen Interpreten! Aber wo sind solche zu finden?
Die Philologen sind keine Musiker und diese philosophisch und musikalisch zu ungebildet. Sonst würde nicht so viel unnütze Musik, so viel ahnungslose Opern geschrieben und sogar aufgeführt werden!

Das großartige Buch hat nur eine kleine Lücke: es fehlt die *volle* Würdigung der reinen Melodie Mozarts, Beethovens, Schuberts. Es ist verständlich, daß Wagner mit dem Ziel des musikalischen Dramas die aus dem Wort geborene Versmelodie als höchste Errungenschaft der tonkünstlerischen Phantasie erklärt. Diese etwas einseitig auf sein Musikdrama zugeschnittene Würdigung schreibt sich aus der von Wagner ausführlich dargelegten Vernachlässigung und Mißhandlung des Wortes, aus der Minderwertigkeit der Operntexte her, die schließlich zur alleinigen Herrschaft einer ohrgefälligen Melodie geführt hat, welche von Rossini ab ein von der Textunterlage fast ganz unabhängiges Dasein geführt hat. Abgesehen davon sind aber der Phantasie gerade unserer Klassiker Melodien entsprungen, die als höchste Symbole der Offenbarungen der menschlichen Seele gelten müssen, die an Schönheit der Gestalt, Reinheit der Linienführung, tiefstem Gefühlsinhalt Gebilde von einer Schönheit darstellen, wie sie wenige aus dem Worte geborene Melodien aufweisen: Ich erinnere nur an die langsamen Sätze von Mozarts g-moll-Quintett, C-dur-Quartett (auch von Wagner erwähnt), Beethovens Adagio der 4. Sinfonie, des Violinkonzertes, des 4. Klavierkonzertes, der IX. Sinfonie, — Melodien, die in völliger Unberührtheit der Seele des Tondichters entsprossen, von einem wortlosen Instrument gesungen eine idealere Gestalt zeigen als fast jede Versmelodie, deren Form und Zeichnung doch mehr oder minder vom Wort beeinflußt ist. Und eine Kongruenz von Wort und Ton wie z. B. in meinem Lied «Traum durch die Dämmerung» ist nicht oft erreicht. Auf der anderen Seite gestaltet auch die Forderung des Wortes Linien, die reichere Formen schaffen als die absolute Melodie. Der Charakter und Wert der Melodie wird natürlich durch die geistige Höhe der Seele und Phantasie des Tondichters bestimmt. Wer den Unterschied einer Melodie von Mozart und Rossini, von Schubert und Gounod, von Johann Strauß und Lehár, nicht fühlt und geistig erfaßt, dem ist das «Problem» nicht zu erklären.

[um 1940?]

Mozarts «Così fan tutte»

Geschrieben anläßlich der Neueinstudierung nach dem Original in München.

Des großen Mozart letzte Opera buffa «Così fan tutte» hat mancherlei Schicksale erlebt und ist unter allen dramatischen Werken des Meisters von Bühnenleitern und Publikum bis jetzt eigentlich immer als Stiefkind behandelt worden. Das allgemeine Durchschnittsurteil über «Così fan tutte» dürfte ungefähr dahin lauten, daß diese Oper, trotzdem sie eine Reihe hervorragender schöner Musikstücke wie das berühmte Addio-Quintett, das Finale des ersten Aktes, zwei sehr beliebte Arien der Despina enthalte, im ganzen ein schwächeres Werk Mozarts sei. Sogar Richard Wagner meinte, daß an dem schlechten Textbuch Mozart besonders im zweiten Akt die sonst so elastischen Schwingen etwas erlahmt seien. Wenn ich Richard Wagners Urteil auch dahin teile, daß die Fabel an sich nicht besonders geistreich ist, so möchte ich doch darauf aufmerksam machen, daß man, von der etwas unmöglichen Voraussetzung der Handlung abgesehen, der psychologischen Entwicklung des Textbuches, besonders im Hinblick auf die damalige Zeit keineswegs jegliches Interesse absprechen kann. Werke von großen Meistern, die im dramatischen Aufbau oder im Text selbst Schwächen aufweisen, waren von jeher willkommene Opfer «denkender» Bühnenleiter und Regisseure. Die harmlosen unter ihnen begnügen sich damit, derlei Werke, die keine Kassenerfolge versprechen, einfach gar nicht zu geben, die gefährlicheren unter ihnen pflegen so ein Werk zu bearbeiten, was man in der Theatersprache «retten» nennt. Bei «Così fan tutte» speziell haben sich die Kapellmeister nach alter Theatermanier bisher meistens damit geholfen, diejenigen Nummern und Secco-Rezitative einfach wegzustreichen, die dem bei Mozartschen Opern ausnahmsweise auch das Theater besuchenden Musikfreunde als nicht auf der Höhe des eigentlichen Mozart stehend erschienen waren. Besonders in den Secco-Rezitativen, die, als nur zur Handlung gehörig, dem genannten Musikfreunde nicht den erwünschten Ohrenschmaus bereiteten, wenn sie auch gerade in «Così fan tutte» von Mozart mit der größten Sorgfalt behandelt und mit den liebenswürdigsten Feinheiten ausgestattet sind, hat der Blaustift energisch gewütet. Herr Eduard Devrient, dessen Übersetzung von «Così fan tutte» übrigens meist recht gut ist und von Hermann Levi für die Münchner Aufführung noch teilweise benützt worden ist, war oberflächlich genug, den Versuch zu machen, ob er die einzelnen musikalischen Schönheiten des Werkes für tugendhafte Musikfreunde dadurch retten könne, daß er mit einer eingreifenden Umarbeitung des Textes die anstößig frivole Rokokohandlung ins Gegenteil verkehrte. Bei Devrient erfahren zu Beginn des zweiten Aktes die beiden Damen durch Despina, daß sie das Opfer einer Wette ihrer beiden Liebhaber werden sollten, zu der sie der alte Skeptiker Alfonso (ein Philosoph, wie ihn das Textbuch benennt) durch seine steten Zweifel an der Treue des Weibes gedrängt hat, wodurch er ihre übertriebene Leidenschaftlichkeit auf ein vernünftiges Maß reduzieren wollte.

Alles schilt auf die Weiber:
Doch ich verzeihe, wenn sie auch
Zehnmal täglich sich verlieben;
Und man nenn' es nicht Laster,
Auch nicht Gewohnheit, nein, sie folgen
Nur dem Zwang des Herzens.

Und darum, wer am Ende sich betrogen sieht,
Geb' andern nicht die Schuld, nein, nur sich selber:
Denn bei Häßlichen, Schönen, bei Alten und Jungen,
S'ist einmal die Natur:
«So machen's alle!»

sagt er zum Schluß des zweiten Aktes zu den beiden Liebhabern, wie zu den beiden Damen nach stattgefundener Versöhnung:

Ja, ich hab' euch hintergangen,
Doch zum Vorteil eurer Freunde,
Weisheit sollten sie erlangen
Und ihr habt sie klug gemacht.
Gebt die Hände, seid versöhnet,
Schnell umarmt euch, seid vernünftig!
Lachen werdet ihr dann künftig
Und ich selber lache mit.

Bei Devrient spielen nun auch die beiden Damen, die von Mozart und seinem Dichter, abgesehen von einer großen Übertreibung in der Kundgebung ihrer Gefühle, doch durchaus ernsthaft behandelt sind, auch ihrerseits mit ihren Liebhabern Komödie. Daß durch diese Veränderung die ganzen Ausbrüche des sentimentalen Gewissens der Fiordiligi als Ironie herauskommen, genierte Herrn Devrient nicht. Er war leichtsinnig genug, die feine Unterscheidung gar nicht zu bemerken, die der Tondichter Mozart im Gefühlsausdruck der je nach Maßgabe ihres besonderen Charakters sich im Kampfe der Gewissen durchaus ernsthaft gebenden Damen und demjenigen der nur Komödie spielenden beiden Herren, die in hohlpathetischen Liebesschwüren und falschen Verzweiflungsausbrüchen die Treue ihrer Verlobten auf die Probe stellen und zum Schlusse, durch Despinas Künste unterstützt, wirklich zu Fall bringen, so genial durchgeführt hat. (Bei diesen hohlpathetischen Liebesschwüren sei nebenbei ganz besonders auf die höchst originelle und äußerst humoristische Verwendung der Trompeten aufmerksam gemacht.) Herr Devrient war ferner unter anderem oberflächlich genug, eine Arie der Fiordiligi («Fest wie Felsen...», B-dur) von Dorabella singen zu lassen, als ob man bei der enormen Charakterisierungskunst Mozarts einfach Gefühlsäußerungen zweier Personen beliebig vertauschen könne und als ob der feine Psychologe Mozart den Charakter der sentimentalen und gewissenhaften Fiordiligi nicht ganz genau von der munteren, leichter erregbaren und praktischeren Dorabella geschieden hätte. Dorabella ist die erste, die den falschen Schwüren des zweiten Liebhabers unterliegt, sie ist aber auch zugleich diejenige, deren Abschiedsschmerz und Kummer über den drohenden Verlust des angeblich in den Krieg ziehenden Verlobten sich gleich zu Anfang in einer von Mozart geradezu köstlich komponierten, bis jetzt natürlich stets gestrichenen Arie («Furchtbare Qualen, die mich durchtoben . . .», Es-dur) in einer Weise übertrieben kundgibt, daß der aufmerksame Zuschauer, der nicht bloß als Zuschauer, der nicht bloß als Musikfreund älterer

Ordnung im Theater sitzt und unbekümmert um seelische Vorgänge der handelnden Personen und derlei durch Richard Wagner erst in die Oper verpflanzte, den reinen Ohrenschmaus durch ihre Inanspruchnahme des Denkvermögens erschwerende Überflüssigkeiten, seinen Gehörorganen durch unaufhörliche Konsonanzen geschmeichelt wissen will — unschwer erkennt, daß eine sich derart ungeheuerlich gebärdende Leidenschaft recht leicht in ihren Zielen wankend gemacht werden und ganz umschlagen kann. Vor dem Auftreten Richard Wagners hat man unzweifelhaft neben dem Musiker Mozart, den man, wenn es wirklich ein unverrückbares Schönheitsideal in der Kunst gäbe, als den herrlichsten Schöpfer desselben in der Musik ansehen könnte, den großen Dramatiker Mozart nur so nebenher gelten lassen. Man spürte allenfalls in der herrlichen Komthurszene des «Don Giovanni» an seinen Nerven so etwas, was man in der guten alten Zeit für eine dramatische Wirkung hielt und was jedes gute Drama in derselben oder noch stärkeren Intensität bieten mußte, wollte es nicht dem Fluche verfallen, nicht dramatisch zu sein. Es ist sicher das Verdienst Richard Wagners und der von ihm durchgeführten Reform, daß jetzt Musiker und Laie auch für feinere Wirkungen in der Oper, wie wir die ganze Kunstgattung der Kürze halber nennen wollen, einen empfänglicheren Sinn mit ins Theater bringen. Eine allerdings noch kleine Gemeinde erfreut sich heute schon an dem Reiz einer intimen, psychologischen, konsequent durchgeführten und sorgfältig abgetönten Handlung ohne große Haupt- und Staatsaktionen, an der künstlerischen Bearbeitung eines ganz bestimmten Ausdrucksgebietes, wie es der von Mozart in «Così fan tutte» mit feinster Ironie behandelte humoristisch-pathetische, parodistisch-sentimentale Stil ist, der sich später erst wieder in den «Meistersingern», im «Barbier von Bagdad» und in Verdis «Falstaff» findet. Mozart die Gelegenheit zur Darstellung dieses eigentümlichen Stils gegeben zu haben, ist ein großes Verdienst Lorenzos da Ponte, des Dichters vom «Così fan tutte»-Text, der, von einigen Unwahrscheinlichkeiten abgesehen, unter den Opernbüchern seiner Zeit, wie schon Otto Jahn hervorhebt, eine ziemlich hohe Stelle behauptet und gerade nach der Seite der sorgfältigen Durchführung einer rein psychologischen Handlung die meisten anderen Texte der Mozartschen Opern, «Figaro» ausgenommen, um ein Bedeutendes überragt. In der Anwendung dieses ganz bestimmten Ausdrucks seiner Worttonsprache (hier das sehr übertrieben große, beinahe komisch wirkende, aber durchaus ernst empfundene Pathos der beiden Damen, dort die hohlen Phrasen der beiden verkleideten Liebhaber, die, während sie mit ihren besiegten Bräuten selige Liebesduette singen, innerlich vor Wut über die Untreue ihrer Verlobten beinahe vergehen) hat Mozarts Charakterisierungskunst ihre höchste Blüte erreicht. «Così fan tutte» stellt nicht nur ein Unikum der Mozartschen dramatischen Meisterschöpfungen, sondern eine Perle der gesamten Lustspielliteratur vor Richard Wagners «Meistersingern» dar. Was war wohl nun der Grund, warum «Così fan tutte» bis jetzt nicht die allgemeine Anerkennung gefunden hat wie «Figaro», «Don Giovanni» und die «Zauberflöte»? Vielleicht kam in einer Zeit, wo den rein musikalischen Bedürfnissen des Publikums zufolge die Sänger ihr ganzes Augenmerk auf die schwierige Darstellung des musikalischen Stils der Oper allein richteten, dieser eigentümlich parodistische Stil des Mozartschen Lustspiels dramaturgisch nicht in der von Ton- und Textdichter beabsichtigten Weise zur Geltung. Die diesen Stil am schärfsten ausdrückenden Nummern, die Es-dur-Arie der Dorabella im ersten Akt, die B-dur-Arie des Ferrando und die G-dur-Arie des Guglielmo im zweiten Akt, mit großen verbindenden, höchst reizvollen Rezitativen, waren stets gestrichen, man hat sie offenbar rein musikalisch für minderwertig erachtet, während sie doch nach der charakteristischen Seite hin desto interessanter und wertvoller sind. Von der im Grunde sehr naheliegenden Erkenntnis geleitet, daß der geniale Mozart doch wohl besser wußte, was er mit dem Werk gewollt hat als Herr Eduard Devrient, und daß es vielleicht bis jetzt doch mehr am Vortrage und an der szenischen Darstellung gelegen, wenn «Così fan tutte» nicht die von ihren Autoren beabsichtigte Wirkung hatte, haben die Leiter der damaligen Münchner Neueinstudierung bei Zugrundelegung des genauen Mozartschen Originals, durch eine peinlich korrekte, geradezu musterhafte Textübersetzung von Hermann Levi unterstützt, eine Aufführung zu erzielen angestrebt, die den oben erwähnten humoristisch-pathetischen, parodistisch-sentimentalen Stil möglichst vollkommen zur Darstellung brachte und nicht nur die Verehrer der absoluten Musik durch möglichst gute Ausführung der herrlichen Musikstücke erfreuen, sondern auch die Freunde reizvoller Bühnenwirkungen durch Darbietung eines in seinem musikalisch-dramatischen Stil höchst eigentümlichen Theaterstückes interessieren sollte. Die Erfolge haben uns damals recht gegeben. Wenn es an unseren Operntheatern mit rechten Dingen zuginge, müßte «Così fan tutte» im Repertoire aller deutschen Bühnen zum mindesten jetzt den Ehrenplatz erhalten, den es schon immer verdient hat. Aber wie viele Ehrenplätze stehen daselbst heute nicht leer . . .

Garmisch, 16. Dezember [1910]

Es ist Brauch geworden, diesen sublimsten aller Tonmeister als «Rokoko-Künstler» zu behandeln, seine Werke als Inbegriff des Zierlichen und Spielerischen darzustellen. Ist es gleich richtig, daß er derjenige ist, der gleichsam alle «Probleme» bereits gelöst hat, bevor sie nur aufgestellt werden, daß die Leidenschaft bei ihm alles Irdischen entkleidet ist und gleichsam aus der Vogelperspektive betrachtet erscheint, so enthält sein Werk, wenn auch verklärt, vergeistigt und von aller Realität befreit, alle Phasen des menschlichen Empfindungslebens von der monumentalen, düsteren Großartigkeit der Komthurszenen im «Don Juan» bis zur Zierlichkeit der Zerlinenarien und den himmlischen Frivolitäten des «Figaro» und den überlegenen Ironien von «Così fan tutte». Nicht in dieser Breite, aber in nicht geringerem Reichtum durchlaufen seine nichtdramatischen Schöpfungen die ganze Skala des Ausdrucks menschlichen Empfindens. Für die Wiedergabe dieser unendlich feinen und reich gegliederten Seelengebilde einen einheitlichen Mozartstil aufzustellen, ist ebenso töricht wie oberflächlich.

*

In Susannes Gartenarie, in Belmontes und Ferrandos A-dur-Arien, Ottavios G-dur spricht Eros selbst in Mozarts Melodie, die Liebe selbst in ihrer schönsten, reinsten Gestalt zu unserem Gefühl. Zerlinens zwei Arien sind doch nicht Ausdruck eines gewöhnlichen, verführten Bauernmädchens. Mit dem langsamen Teil von Donna Annas sog. Briefarie, in den beiden Arien der Gräfin im «Figaro» stehen Idealgebilde vor uns, die ich nur mit Platos «Ideen», den Urbildern der ins sichtbare Leben projizierten Gestalten vergleichen kann.

*

Fast unmittelbar [auf Bach] folgt das Wunder Mozart mit der Vollendung und absoluten Idealisierung der Melodie der menschlichen Stimme — ich möchte sie die Platonsche «Idee» und «Urbilder» nennen, nicht zu erkennen mit dem Auge, nicht zu erfassen mit dem Verstande, als Göttlichstes nur von dem Gefühl zu ahnen, dem das *Ohr* sie «einzuatmen» gewährt. Die Mozartsche Melodie ist — losgelöst von jeder irdischen Gestalt — das Ding an sich, schwebt gleich Platos Eros zwischen Himmel und Erde, zwischen sterblich und unsterblich — befreit vom «Willen» —, tiefstes Eindringen der künstlerischen Phantasie, des Unbewußten, in letzte Geheimnisse, ins Reich der «Urbilder».

[1944]

Zum Kapitel Mozart

Garmisch, den 1. September 1944

Zum Kapitel Mozart wäre nachzutragen, wie als letzte und höchste Blüte der Culturgeschichte die welterlösende Mozartsche Melodie, Beethoven, Schubert, Richard Wagner, die Offenbarung der menschlichen Seele in Erscheinung traten. Eine genaue Deutung dieses Tonsymbols Melodie gerade bei Mozart in Bezug auf ihre Linienführung, Gestalt und [ihren] *fast undefinierbaren Gefühlsinhalt*, ihre Architektur, [ihren] Periodenbau (man betrachte nur einmal die beiden Cherubin-Arien) wäre noch immer eine dankbare Aufgabe für einen hochkultivierten Musikforscher. Über den unerhörten Reiz von Mozarts Melodie, seine Grazie, seine melancholische Heiterkeit wird zu oft der Dramatiker, der Theaterblick dieses unbegreiflichen Genies übersehen, der sich nicht nur in den großen tragischen Momenten der Donna Anna-Rezitative, in der erschütternden Comturscene auch dem Laien eindrucksvoll kundgibt, sondern in jeder Gebärde des Orchesters, in der dramatischen Anlage des ganzen Verlaufs der Handlung. Es wäre interessant zu erforschen, in wieweit sich die Einwirkung des Componisten auf den Textdichter gerade bei Mozart erstreckt. Ein Brief an den Vater, gelegentlich der «Entführung aus dem Serail» gibt Richtung weisenden Aufschluß. Mozart schreibt, daß er die berühmte, höchst charakteristische erste große Arie des Osmin componiert habe, ohne daß ein Text dazu vorhanden war, den er nachträglich vom Librettisten anfertigen ließ. Stücke wie das Briefduett, das

Duett zwischen Susanne und dem Pagen: «Geschwind die Tür geöffnet», die Terzette, die beiden großen Finales im «Figaro», die Quintette der 3 Damen, das ergreifende F-dur-Quartett vor der Feuer- und Wassermusik in der «Zauberflöte», das Addioquintett, das Lachduett, die Finales in «Così fan tutte» können nur auf unmittelbare Anregung und durch Mitwirkung des Tondichters entstanden sein.
Ich greife noch ein paar markante Beispiele heraus:
Die Gestalt des Pagen:

die beim Entkleiden Susanne mit bewunderndem Blick streift und vielleicht zärtlich streichelt, ist eindrucksvoller als das hübscheste Figürchen einer niedlichen Soubrette.

Was ist das Geheimnis, daß diese einfache Phrase in Susannes Gartenarie mit dem Eintritt des «Arco» in den Streichern mir Träume entlockt, wie so manches Trio in Dur, nach einem g-moll-Menuett? Sind die 4 Ouvertüren «Figaro», «Don Juan», «Così fan tutte», «Zauberflöte», mit ihrer besonders eigentümlichen Einleitung, auf ihre sinnvolle Beziehung zur Handlung schon so genau untersucht worden, wie ein feiner Denker (sein Name ist mir entfallen) das seltsame Allegrothema der «Don Juan»-Ouverture charakterisiert als aus 3 ganz verschiedenen Teilen bestehend:

ruhelos begehrend

leichtsinnig gewissenlos abspringend
in Nichts sich verzehrend

verständig deutete oder der Vergleich der «Figaro»- mit der «Così fan tutte»-Ouvertüre [angestellt worden]? Erstere eine sinnvolle Handlung entwickelnd, die zweite ein ironisches *Nichts mit spielendem Scheingetändel vortäuschend.*

Welcher Ernst dagegen in Einleitung und Allegro der «Zauberflöte» trotz des lebhaften Fugato!

Ein unerschöpfliches Material zum Studium für einen schöpferischen Forscher ist da noch vielleicht zu erschließen.

Der große Theaterinstinkt, der Mozart bei seiner Wahl der Opernstoffe leitete (den «Figaro» hat *er* dem braven da Ponte zur Bearbeitung empfohlen) und die charakteristischen Bühnenfiguren, von denen seine Werke erfüllt sind, dürfen uns nicht hindern zu gestehen, daß dieselben zu *ewigen Typen* zu gestalten, doch nur das Verdienst der Mozartschen Melodie ist. In Susannes Gartenarie singt doch nicht ein kokettes Stubenmädchen

zu ihrem eifersüchtigen Gatten, in den Cherubin-Arien, in Zerlinens «wenn du fein fromm bist» etc. spricht *Eros selbst* zu unseren Herzen. In Ottavios Arien redet die resignierte Freundschaft selbst (nicht ein halb lächerlicher Cicisbeo), in Sarastros Arien die gütige Weisheit selbst, im Isis-Chor die Weihe einer edlen Gemeinschaft in fast überirdischen Klängen zu uns.
Soll ich an die Mitarbeit Beethovens am Text des «Fidelio», den Gefangenen-Chor, die Bratscheneinleitung des G-dur-Kanon, an die ganze Kerkerszene erinnern, wo die ergreifend vornehme Musik uns himmelhoch über Ort und Inhalt der Handlung hinaushebt. Für den Eingeweihten dürften diese kurzen Andeutungen zu weiteren Forschungen auf diesem ernsten und von Beteiligten sogar noch sehr leichtfertig behandelten Gebiete genügen. Sapienti sat!

Über Schubert

Ein Entwurf

Ich sitze ahnungslos beim Frühstück, öffne ein Telegramm: Bitten Sie zu Neujahrsnummer einen Artikel über Franz Schubert zu schreiben. N[eue] Fr[eie] Presse.

Ich bekam einen solchen Schreck, daß der Artikel eines deutschen Jusprofessors im roten «Tag», der früher schon über die Fabrikation künstlichen Düngers, deutsche Kunst in Neu-Guinea, über die schädliche Einwirkung moderner Musik auf die Sittlichkeit unserer braven Feldgrauen gekohlt hat, zur Hälfte im Hals steckenblieb. Ein Musiker soll über Musik schreiben? Ja, seit wann ist das üblich? Erster Eindruck: die ehrenvolle Einladung der N[euen] Fr[eien] Presse wegen absoluter Unwürdigkeit ablehnen! Dann mahnt die Vernunft: der N[euen] Fr[eien] Presse ein Refus geben? Geht nicht. Das hieße eine schlimme Kritik des Vaters Korngold bei der nächsten Direktion eines Wohltätigkeitskonzertes in Wien heraufbeschwören —. Also drum einmal nachgedacht! Bei näherem Nachdenken die Erkenntnis, daß ich über Franz Schubert überhaupt noch kaum ernstlich jemals nachgedacht hatte. Wenn ich melodienhungrig war, hatte ich mir wohl so und so oft ein Dutzend Schubertscher Lieder durchgespielt, wenn ich mir einen besonderen Feiertag vergönnte, die C-dur-Sinfonie dirigiert. A propos C-dur-Sinfonie! Doch, über die hatte ich einmal wirklich nachgedacht, als ich mir sagen mußte, von dieser göttlich unbefangenen, in ungehindertsten Erfinderleichtsinn geborenen Suite stammen die ganzen modernen Musiziersinfonien Schumanns, Brahms', Tschaikowskys, Goldmarks, Bruckners — nicht von [den] neun Tondichtungen Beethovens, von welchen die direkte Linie über den von der Zunft heute noch unerkannten Franz Liszt bis zu meiner Wenigkeit geht. Auch bei der Wandererphantasie machte ich einmal nachdenklich halt, um die Erfindung des Leitmotivs einer näheren Untersuchung zu unterziehen, aber sonst — nachgedacht hatte ich nicht über Schubert, wirklich nicht — nur ihn angebetet, gespielt und gesungen und bewundert! Ja beneidet: das ists! Glücklicher Schubert: Er konnte komponieren, was er wollte, wozu ihn sein Genius trieb. Da gab's noch keine Kunstgelehrte, die bei jedem Werke prophezeiten, wie die nächsten Werke aussehen müßten. Oder die jedes neue Werk mit vor zehn Jahren geschriebenen Werken, die sie seinerzeit ebenso in Grund und Boden hinein umstritten hatten, totschlugen. Hat nicht Ihr Hanslick, der beim Erscheinen den «Lohengrin» als bar jeglicher Melodie erklärt hatte, bei den «Meistersingern» erklärt, die große Erfindungskraft die im «Lohengrin» waltete, sei nunmehr völlig versiegt? Glücklicher Schubert! Bei der ersten Aufführung der C-dur-Sinfonie konnte nicht ein hochnäsiger Kritiker nach bloßem Durchlesen der Partitur das Werk zerschmettern, weil die Partitur damals noch gar nicht gedruckt war! [?]

Gustav Mahler

Gustav Mahlers Kunstschaffen gehört meines Erachtens zu den bedeutendsten und interessantesten Erscheinungen der heutigen Kunstgeschichte. Wie es mir als einem der ersten vergönnt war, für seine sinfonischen Schöpfungen vor der Öffentlichkeit einzutreten, so erachte ich es als eine meiner schönsten Pflichten, denselben auch weiterhin durch Wort und Tat zu derjenigen allgemeinen Anerkennung zu verhelfen, derer sie in so hohem Maße würdig sind. Die Plastik seiner Instrumentationskunst insbesondere ist absolut vorbildlich.

[1910]

Über Johann Strauß

Johann Strauß ist von allen Gottbegnadeten für mich der liebenswürdigste Freudenspender. Dieser erste, allgemeine Satz mag etwa als das Motto der Gefühle gelten, die ich für diese wunderbare Erscheinung hege. Insbesondere verehre ich in Johann Strauß die Ursprünglichkeit, die Urbegabung. In einer Zeit, wo sich schon alles ringsum mehr dem Komplizierten und Gedachten zugewandt hatte, erschien dieses Naturtalent mit der Fähigkeit, aus dem Vollen zu schöpfen. Er gilt mir als einer der letzten, die primäre Einfälle hatten. Ja, das Primäre, das Ursprüngliche, das Urmelodische, das ist's . . .

Ich habe ihn auch persönlich gesehen und gesprochen, machte ihm einen Besuch in München, in den «Vier Jahreszeiten». Eigentlich kennen und lieben gelernt im ganzen Reichtum seiner Weisen habe ich ihn in Meiningen durch Hans von Bülow, der in schön gebundenen Exemplaren eine Sammlung aller Strauß-Walzer besaß. Daraus spielte er mir einmal einen Abend lang vor. Mir allein, einen unvergeßlichen Walzerabend lang. Gern gestehe ich auch, etwa das «Perpetuum mobile» gelegentlich mit viel größerem Vergnügen dirigiert zu haben als manche viersätzige Symphonie. Und bei den Walzern aus dem «Rosenkavalier» . . ., wie sollte ich da nicht an den lachenden Genius Wiens gedacht haben? . . . [1925]

Nach den ergreifenden Tönen eines unsterblichen Meisterwerkes * wird es doppelt schwer, hier zu sprechen. Sie sind selten einem Würdigeren gesungen worden. Der Edle, allzufrüh von uns Geschiedene, dem wir heute tieftrauernd das letzte Geleite geben, war mein Jugendgenosse, und ein volles Menschenleben hindurch mein treuester Freund und Berater. Seiner unerschütterlichen Anhänglichkeit, seiner umfassenden hohen Bildung, seinem zähen Idealismus, seiner wahrhaft produktiven, scharfen künstlerischen Kritik verdankte ich stets reichste Erholung, Förderung und Anregung. Ohne Abschied ist der Unersetzliche von mir gegangen, und ich kann ihm mein Lebewohl und meinen allerinnigsten Dank für alles, was er mir gegeben, nur ins Grab nachrufen.

Durch seine großen Fähigkeiten, sein organisatorisches Talent, sein reiches Wissen, durch seine Charakterstärke und seine Ideengabe war Friedrich Rösch berufen, von hoher Warte aus dem deutschen Vaterlande zu dienen, denn wenn das Wort Richard Wagners gilt: «Deutsch sein heißt, eine Sache um ihrer selbst willen tun», so war er ein echter, großer Deutscher. Er hat es vorgezogen, alle diese Gaben in den Dienst der deutschen Komponisten zu stellen. Was er hier geleistet, ist nicht nur in unseren dankbaren Herzen für ewige Zeiten eingegraben, es ist in den Annalen der deutschen Musikgeschichte verzeichnet. An dieser Stelle seinem Lebenswerk volle Würdigung widerfahren zu lassen, ist

* [Beethovens «Egmont»-Ouvertüre.]

nicht möglich. In Kürze sei nur auf zwei entscheidende Momente in diesem Lebenswerk hingewiesen: Friedrich Rösch hat mit dem Gesetzgeber um die Rechte des deutschen Komponisten gerungen, ihm verdankt derselbe seine Würde und Unabhängigkeit gegenüber dem Verleger. Für sein Werk hat Rösch, ein Fanatiker der Uneigennützigkeit, ich darf wohl sagen, ein Heiliger an Aufopferung, seine ganze Arbeitskraft, sein Vermögen, seine Gesundheit und schließlich sein Leben dahingegeben. Wir können es ihm nur lohnen, indem wir hier treu geloben, sein Werk in diesem Sinne weiterzuführen, nie das Ziel aus den Augen zu verlieren, das er uns gewiesen, und nicht einen Zoll von dem Wege abzuirren, den er vorgezeichnet hat.

Mit diesem Gelöbnis, das ich hier in die Hände seiner treuen Lebensgefährtin niederlege, wird ihm — ich weiß es — die Erde leicht sein.

Lebe wohl, teurer Freund, und ruhe sanft!

[1925]

Mit der Münchener Oper und ihrem herrlichen Orchester, dem mein Vater über 40 Jahre als eine sogar von Richard Wagner gerühmte Zierde angehörte und das unter Hermann Levi dem Unterprimaner Richard Strauss seine d-moll-Sinfonie vorspielte, verknüpfen sich die schönsten künstlerischen Jugenderinnerungen. Alle großen Eindrücke der klassischen Meisterwerke vom ersten «Freischütz» an — wie entsetzlich gruselte dem Achtjährigen bei Samiels Erscheinen! — bis zu «Tristan», der von dem Fünfzehnjährigen noch mit größter Verständnislosigkeit aufgenommen und dem ersten «Siegfried», der in der qualvollen Enge des Stehparterres nur unter heftigem Stöhnen durchgestanden wurde, sind in der auf großer künstlerischer Höhe stehenden Interpretation der Künstler des Münchener Hoftheaters in meinem Gedächtnis haften geblieben.
Als ich im Jahre 1887 als Musikdirektor von Meiningen nach München berufen wurde und mir mit «Johann von Paris» und «Così fan tutte» die ersten Sporen des Operndirigenten verdiente (ich sehe heute noch Heinrich Vogl vor mir, wie er mir sagte: «Strauss, Sie machen zu große Bewegungen und dirigieren mit zu langem Arm!»), wechselten Freud und Leid in der Laufbahn des noch ziemlich unroutinierten Eigenbrötlers. Ein grandioser Umschmiß in «Zar und Zimmermann» beunruhigte mich noch des öfteren sogar im Traum, die Einstudierung von Richard Wagners «Feen», deren Leitung von Herrn von Perfall vor der Generalprobe mir abgenommen und Herrn Fischer übertragen wurde, mit dem Bemerken: eine so wichtige

Erstaufführung könne nicht vom «dritten Musikdirektor» dirigiert werden, die Nöte bei der Premiere meines «Guntram», der nach einmaliger Aufführung vom Spielplan verschwinden mußte, weil der Tenor erklärte, er könne die anstrengende Partie nur weitersingen, wenn ihm kontraktlich eine höhere Pension zugesichert würde, und so manches andere gehören zur zweiten, weniger erfreulichen Kategorie meiner Münchener Erlebnisse.

Dagegen leuchten «Tristan» und «Meistersinger», die ab 1894 schon, als Hofkapellmeister von Weimar zurückberufen, auch ich zum ersten Male an der geweihten Stätte ihrer Geburt dirigieren konnte, und die mit Possart gemeinsam inaugurierten Mozartfestspiele (nur der «Figaro» war noch von Levi einstudiert worden) als wirklich schöne Erinnerungen in meinem Leben.

Als Schaffender auf dem Gebiete der Oper nehme ich das Jubiläum der Münchener Staatsoper zum willkommenen Anlaß, freudig und dankbar der liebevollen Pflege zu gedenken, mit der unter der Aegide des Freiherrn von Franckenstein und unter der hingebenden und ausgezeichneten Leitung meines Freundes Hans Knappertsbusch meine dramatischen Werke dem Publikum meiner Vaterstadt dargeboten werden.

Mit meinem innigsten Dank und dem Ausdruck meiner wärmsten Anerkennung sei dem Münchener Staatstheater und seinen Leitern mein herzlichster Glückwunsch zum schönen Gedenktage dargebracht und die Hoffnung ausgesprochen, daß die Münchener Staatsoper auf der gleichen stolzen künstlerischen Höhe auch fernerhin den Ruhm der Kunststadt München in aller Welt verkünden möge. [1928]

Glückwunsch für die Wiener Philharmoniker

Wien, 18. Februar 1942.

Meine lieben Philharmoniker!

Zu Eurem schönen Feste kann ich heute nur mit herzlichen Worten gratulieren. Die klingende Gabe, die ich den lieben Freunden und Kunstgenossen zur seltenen Jubelfeier zugedacht hatte, kann, so eifrig ich mich darum bemühe, zum gewünschten Datum leider nicht fertig werden. Gefühl setzt sich nicht mehr so rasch in Melodien um, wie bei den großen alten Meistern. Ich bitte deshalb um Geduld, bis mein Geschenk seiner Empfänger würdig ist, auf daß es in Eurer Erinnerung der lebendige Ausdruck meiner Liebe und Bewunderung bleibe. Die Philharmoniker preisen, heißt Geigen nach Wien tragen. Doch schätze ich das Piano der Bläser, den Glanz ihrer Harfen, wie die unerbittliche Pauke nicht minder.
Eure künstlerischen Leistungen werden von den begeisterten Zuhörern der ganzen Welt bejubelt. Ich möchte mein Lob heute nur in einen kurzen Satz fassen: «Nur wer die Wiener Philharmoniker *dirigiert* hat, weiß, was sie — sind!»
Doch das bleibt unser eigenstes Geheimnis!
Ihr versteht mich schon: hier — wie am Pult!

Mit tausend guten Wünschen

Euer dankbar getreuester
Dr. Richard Strauss

Glückwunsch für die sächsische Staatskapelle

Pontresina, 25. 7. 48.

An die verehrlichen Mitglieder der sächsischen Staatskapelle!

Fern der Heimat, im Asyl Richard Wagners, trifft mich die Kunde, daß die auch von dem großen Meister geweihte Dresdner Staatskapelle das in der Musikgeschichte wohl einzig dastehende Jubiläum ihres 400-jährigen Bestehens feiert. Ich erachte es als ein seltenes Glück, daß es mir noch vergönnt ist, dieser herrlichen Künstlergemeinschaft zu diesem schönen Feste meine aufrichtigsten und herzlichsten Glückwünsche darbringen zu können.
Es dürfte über 60 Jahre sein, daß 13 hervorragende Bläser dieses Orchesters im Dresdner Tonkünstlerverein meine kleine Serenade aus der Taufe hoben, 50, daß ich in Sempers prächtigem Opernhaus unter Kapellmeister Hagen meinen «Don Juan» in vollendeter Klangschönheit genoß, bis unter des genialen Schuch unermüdlichem Zauberstab die Reihe seiner vorbildlichen Uraufführungen: «Feuersnot», «Salome», «Elektra» und «Rosenkavalier» begann, der mein Opernschaffen nicht zuletzt durch die aufopfernden Leistungen der Kapelle seine schönsten Erfolge verdankt. Aus der Fülle der herrlichsten Erinnerungen meiner künstlerischen Laufbahn rufen die Klänge dieses Meisterorchesters stets von neuem Gefühle innigster Dankbarkeit und Bewunderung wach, mit denen ich jedes Mal, zuletzt im Juni 1944, aus dem geliebten Theater schied.

Möge im neu errichteten Hause, in dem schon mein «Intermezzo» seine Uraufführung erlebte, der Staatskapelle Glück, Segen und neuer Lorbeer erblühen, ebenbürtig 400jährigem Ruhm.

In alter treuer Anhänglichkeit
Dr. Richard Strauss

Zeitgemäße Glossen für Erziehung zur Musik

Für einen befreundeten Pädagogen

Der große Confuzius hat vor ca. 2500 Jahren die Grundsätze der chinesischen Ethik in drei Fundamentalsätzen verankert:

a) Ahnenkultus, das ist ehrfurchtsvolle Bewahrung und Studium der großen Leistungen der Vorfahren.
b) Pflege der guten Sitte, das ist das Verhältnis zum Mitmenschen.
c) Pflege der Musik, das ist Ausbildung der inneren Harmonie.

Wir wissen nicht mehr, wie die chinesische Musik, die dieser Philosoph selbst so eifrig ausgeübt hat, und deren Pflege er so große Bedeutung für die Ausbildung des kultivierten Menschen zuerkennt, geklungen hat, wir sehen aber, daß die Tonkunst von Johann Sebastian Bach bis Richard Wagner die Herzen der ganzen gesitteten Welt bezwungen hat und heute ihre Ohren sogar in der problematischen Form des Radiohörens wenn nicht entzückt, so doch zum mindesten die Langeweile gedankenloser Abende überbrücken hilft.

Worin besteht aber nun für den größten Teil dieser Musikhörer der sogenannte Kunstgenuß? In rein sinnlichem, durch keinerlei Verstandestätigkeit beeinträchtigtem Ohrenschmaus? Den einen erregt der Wohllaut einer hohen Tenorstimme, den andern das Brio einer Beethovenschen Stretta, ein anderer staunt über die Kehlfertigkeit einer Koloratursängerin, er bewundert die Kraft und Geschwindigkeit des Klaviervirtuosen, er empfindet beim Klang einer Stradivari-Geige ein unbewußtes Wohlgefühl, er freut sich, wenn er aus dem sonst unerträglichen Fegefeuer einer klassischen Sinfonie eine halbwegs faßliche Melodie herausgreifen kann, er atmet auf, wenn er nach den Dissonanzen eines vierstündigen «Tristan», nach dem «Gedibbere, bis der Dampfer kommt», wie eine brave Hamburgerin einmal wehklagte, bei der Steigerung des Liebestodes mit seinem unerhörten Klangzauber (der letzte Takt gilt als der schönst instrumentierte Schlußakkord der Musikgeschichte) wenigstens mit halbwegs animalischem Wohlbehagen das Theater verläßt. Frage ich aber Dutzende von den über die wundervollen Bewegungen und Hingerissenheit des beliebten Dirigenten entzückten Konzertbesuchern, was sie denn eigentlich gehört haben, so bekomme ich in neun von zehn Fällen die Antwort: Nun ja, die Neunte, es war herrlich, aber das Soloquartett war nicht gut. Die Jupiter-Sinfonie mit der «berühmten» Fuge, das Forellen-Quintett, die Unvollendete, die Sinfonie mit dem Paukenschlag etc. Oder nach den «Meistersingern»: Was hat Ihnen am besten gefallen? Nun, «Am stillen Herd», das Preislied, allenfalls noch das Quintett und pompöse Vorspiel, — nach der «Walküre»: «Winterstürme wichen dem Wonnemond» und «Besonders der Feuerzauber». Was das liebe Publikum eigentlich gehört hat, worin der große Eindruck einer Eroica, eines cis-moll-Quartetts bestand, was es ist, das die Begeisterung über ein Mozartsches «Figaro»- oder «Così fan tutte»-Finale verdient, das werden Hörer, die nicht wenigstens einige Fertigkeit im Klavierspiel besitzen oder wie heute noch in Wien am Sonntagnachmittag als ausübende Dilettanten Kammermusik treiben und dadurch der absoluten Musik ein in lieber Gewohnheit allmählich erwachsendes größeres Verständnis entgegenbringen, nicht sagen können. Worin der volle und höchste Wert der Meisterschöpfungen unserer Musik (der letzten zur Blüte gelangten Kunst) besteht, das kann nur derjenige beurteilen, der die Disziplin der Harmonielehre, des Kontrapunktes, der Satzkunst durchgearbeitet hat, der, eine Wagnersche oder eine Berliozsche Partitur lesend, sie mit dem inneren Ohr hören kann, so daß ihm alle Valeurs einer Holzbläserbehandlung des «Lohengrin», der «Walküre», die Urweltgeheimnisse des Orchesters der Wotan-Erzählung wirklich eine Quelle höchsten Kunstgenusses sind.

Musik ist eine Sprache, die der Laie besser zu verstehen glaubt als z. B. Türkisch, da die wenigen Schriftzeichen rascher erlernbar sind als die des Koran, und da das naive Ohr eine einfache achttaktige Melodie leichter behalten kann und sie ihm wohlklingender dünkt als ein chinesischer Satz. Die Muttersprache erlernt spielend und nachahmend jedes Kind vom zweiten Lebensjahre an. Mit Verlassen der Volksschule kann es jedes Buch lesen. Das Auge übt sich schon durch täglichen Vergleich so weit, daß ein zwölfjähriger Schüler in der Pinakothek eine Madonna von einem heiligen Sebastian unterscheiden kann und durch fleißiges Lesen der Namensschilder einen Ruisdael nicht für einen Corot, einen Tizian nicht für einen Rembrandt hält. Hat er aber damit schon ein wirkliches Verständnis gewonnen dafür, wodurch sich ein wirkliches Kunstwerk vom gewöhnlichsten, in grellen Farben prangenden Kitsch unterscheidet? Kann er beurteilen, warum ein Sanssouci-Bild Menzels bessere Malerei ist als die Versailler

Kaiserkrönung Anton von Werners? Wenn er beim Betreten des Stephansdomes dieselben mächtigen, andächtigen Schauer empfindet, wie beim Anhören des Kyrie aus der Bachschen h-moll-Messe, wenn er beim Anhören eines Beethovenschen Adagios in eine wohligträumerische Stimmung versinkt, in der seine Phantasie ihn im besten Falle unbestimmte Visionen erschauen läßt, wird er ohne weiteres den gotischen Dom, die «Meistersinger»-Partitur in ihrer vollen Bedeutung als Kunstwerk erkennen und genießen können? Da er wenigstens die Sprache kennt, wird ihm immerhin die Wallenstein-Trilogie oder, da er Augen im Kopfe hat, die Sixtinische Madonna mehr ästhetischen Genuß bieten, als eines der letzten Beethoven-Quartette, deren klangliche Sprödigkeit in ihm nicht einmal dasselbe Wohlempfinden erregt, wie das Anhören des prachtvoll instrumentierten «Lohengrin»-Vorspieles mit seiner ihn instinktiv packenden grandiosen Steigerung. Jeder Laie weiß beim Anhören eines Schillerschen Gedichtes wenigstens, was er gehört hat. Bei dem Mozartschen Quartett ist dies eben einfach nicht der Fall.

Unsere humanistische Bildung gründet sich noch auf Disziplinen, deren Studium vor der Erfindung unserer Musik unerläßliche Bedingung höherer geistiger Erziehung war. Sie ist heute noch mit unnötigem Studium höherer Mathematik, Anfangsgründen der Chemie und Physik belastet, das man ruhig an den Universitäten und Fachschulen denen überlassen kann, die sich diesen Berufen widmen wollen. Zur höheren allgemeinen Bildung gehört das an unsern Mittelschulen bisher vollständig vernachlässigte Studium der Musik, wenigstens Harmonielehre, Satzkunst, Kontrapunkt bis zum

Verständnis einer Bachschen Fuge, Partiturstudium bis zur vollen Erfassung der kontrapunktischen Seelenkämpfe des III. «Tristan»-Aktes, der Architektur und Themendurchführung eines Beethovenschen Sinfoniesatzes, des symphonischen Aufbaus eines «Nibelungen»-Aktes.

Ist dieses Studium wenigstens bei all den Mittelschülern, die nicht vollständig unmusikalisch sind und womöglich auch ein Instrument spielen — die andern könnten auf das Gebiet der bildenden Künste zu einigermaßen fachgemäßem Studium verwiesen werden —, systematisch durchgeführt, so wird denselben auf ihren Gymnasien eine Quelle schönsten Kunstgenusses erschlossen. — Es wäre ein epochemachendes Verdienst, eine Reform des Mittelschulwesens in dem von mir angedeuteten Sinne durchzuführen. [1933]

Brief über das humanistische Gymnasium

An Professor Reisinger

Ich habe mit großem Interesse Ihren wertvollen Vortrag über den sprachlich-historischen Unterricht («Süddeutsche Monatshefte», 1910) gelesen und bitte Sie, Ihnen hierzu meine volle Zustimmung aussprechen zu dürfen. In einer Zeit, da in zwei Weltkriegen der «mathematisch-naturwissenschaftliche Unterricht» in der Zerstörungswut der gefeierten «Technik» — hoffentlich endgültig — sich ad absurdum gelaufen hat, ist der Mahnruf ernster Wissenschaft nach humanistischer Bildung mehr als je zu begrüßen und zu unterstützen.

Ich selbst war kein besonders guter Schüler des Münchner Ludwigs-Gymnasiums und habe, da sich frühzeitig die musikalische Begabung bei mir gemeldet hatte, schon immer mehr komponiert als präpariert, immerhin aber achtzehnjährig mit einer leidlichen 2—3-Note absolviert; nur hinter Mathematik stand «ungenügend», da ich mit der höheren Algebra auf keinen vertrauten Fuß kommen konnte. Aber die Liebe zu Griechenland und zur Antike ist mir geblieben und hat sich immer gesteigert, seit ich durch die Munifizenz meines braven Onkels, des Bierbrauers Georg Pschorr, im Jahre 1892 zur Herstellung meiner durch zwei Lungenentzündungen gefährdeten Gesundheit auf acht Monate nach Ägypten reisen durfte und vorher drei Wochen in Griechenland verbrachte. Von dem Augenblick an, als ich, von Brindisi kommend, auf dem italienischen Dampfer Corfu und die blauen Berge

Albaniens erblickte, bin ich germanischer Grieche geblieben bis heute, da ich auf künstlerische Arbeiten zurückblicken kann, die, wie «Elektra», «Ariadne», «Ägyptische Helena», «Daphne» und «Die Liebe der Danae», dem Genius des griechischen Volkes huldigen, und mit Stolz unterschreibe ich mich mit dem mir vor etwa zwanzig Jahren verliehenen Titel «Ehrenbürger der Insel Naxos» und gedenke gerne der Zuerkennung des Großkreuzes des hohen griechischen Christus-Ordens.

Chinas und Indiens Weisheit hat Jahrtausende überdauert, und künstlerischer Gestaltungstrieb des Orients tiefsinnigen Religionen in erhabenen Monumentalbauten — Babylon, Ägypten — ewige Denkmäler gesetzt. Im Anblick des blauen ägäischen Meeres, unter dem berühmten «ewig blauen, strahlenden Himmel» hat der griechische Bildner dem Menschenbild in Marmor ewiges Leben verliehen, und den genialer Phantasie entsprungenen, wie Athene aus dem Haupt des Zeus geborenen Mythos haben Hellas' Dichter in Epos und Drama zu unvergänglichen Gebilden geformt, während in tief schürfendem Forscherdrang griechische Denker der Wissenschaft für Jahrtausende den Weg gebahnt haben. Griechenland war der glückliche Boden, dem zuerst eine Kultur entwachsen konnte, die, durch die gemäßigte Kraft des mitteleuropäischen Klimas und den Reichtum und die Schönheit der Landschaft gefördert, fortzeugend in ewiger Steigerung über Dante, Michelangelo, Raffael, Grünewald, Shakespeare, Kant, Schopenhauer, Schiller und viele andere bis zum letzten Gipfel Goethe der Menschheit ewige Geisteswerte geschenkt hat.

Nach der Erschaffung der deutschen Musik durch Johann Sebastian Bach, nach der Offenbarung der von allen Philosophen seit Plato gesuchten *menschlichen Seele* in der Mozartschen Melodie — die ich Platos zwischen Himmel und Erde schwebendem Eros vergleichen möchte —, und nach den Prachtpalästen der Beethovenschen Sinfonie hat endlich der dramatische Dichter und musizierende Philosoph Richard Wagner in der Sprache des modernen Orchesters den germanisch-christlichen Mythos in vollendeten musikalisch-dramatischen Schöpfungen erlösend, eine dreitausendjährige Kulturentwicklung abgeschlossen.
Um die grandiosen Kunstwerke des Bayreuther Meisters, wie auch um die Schöpfungen der ihm vorausgegangenen Musikgenies nicht nur rein gefühlsmäßig zu erahnen, sondern in ihrer vollen Bedeutung zu würdigen, dazu ist eine musikalische Bildung erforderlich, wie sie bisher nur besonders Begabten auf den Hochschulen für Musik geboten wurde. Der übrige Teil der Menschheit sitzt als sogenanntes «kunstsinniges Publikum» in Oper und Konzert wie etwa ein zehnjähriges Kind, dem man den «Wallenstein» in chinesischer Sprache vorführt. Daß auch Musik eine Sprache geworden ist, die jedes poetischen Ausdrucks fähig ist — besonders durch die Tonsymbole des von Joseph Haydn einst mit menschlicher Seele erfüllten, geheimnisvollen Instrumentalkörpers (Orchester genannt) —, das ist, in letzter Steigerung, das Göttergeschenk der Wagnerschen Partituren. In dieses «Reich der Mütter» ganz einzudringen, dazu gehört vor allem eine lange musikalische Erziehung, ohne die auch die größten Anstrengungen des humanistischen Gymnasiums Fragment

bleiben. In seinen Büchern darf das letzte Kapitel: «Die deutsche Musik seit Joh. Seb. Bach» nicht fehlen.
Die Hauptleistung des Humanismus ist *vor* der Geburt dieser «modernen Musik» abgeschlossen. Es bleibt einer künftigen Generation vorbehalten, und einem schöpferischen Musiker sei es vergönnt, den Erziehern einer zum Wiederaufbau der heute fast gänzlich zerstörten Kulturwelt berufenen Jugend dringend ans Herz zu legen, diese ernste musikalische Bildung dem Lehrplan des humanistischen Gymnasiums anzugliedern. Wenn der Absolvent so, wie er seinen Homer und Horaz in der Originalsprache zu lesen, wie er die «Wahlverwandtschaften» oder den «Faust», der Engländer seinen «Hamlet» zu erfassen imstande ist, auch eine Beethovensche Sinfonie, ein Mozartsches Quintett, ein «Meistersinger»- oder «Tristan»-Vorspiel in seiner vollen Tiefe zu verstehen, die Architektur dieser klingenden Bauten in ihrer ganzen Größe zu ermessen und die *Sprache* dieser Tonsymbole *auch zu lesen* gelernt hat, dann wird seine geistige Vorbildung alle Grundlagen gewonnen haben, die ihn zu den höchsten Leistungen nach Maßgabe seiner Begabung befähigen. Und das humanistische Gymnasium wird dann erst seine volle Schuldigkeit als Bildnerin des geistigen und künstlerischen Menschen getan haben. Ich verweise auf einen wertvollen Essay aus dem Jahre 1848, in welchem der Wiener Ferdinand Kürnberger, der Verfasser des gehaltvollen Romans «Der Amerikamüde» bereits erklärte: wer eine Musikpartitur nicht zu lesen imstande ist, kann überhaupt nicht lesen. — Ich darf mir nicht anmaßen, die von berufener Seite gerügten Mängel des heutigen humanistischen Gymnasiums aufzuzählen;

auch mir schien aber schon seinerzeit der reine Gedächtnissport des Geschichtsunterrichts, die übertriebene Peinigung des Schülers mit Grammatik tadelnswert, und ich schließe mich vollkommen dem Vorschlag Professor Reisingers an, statt monatelanger Entzifferung Homerscher Perioden und ihrer grammatikalischen Eigentümlichkeiten in *nur einzelnen* Gesängen, lieber die *ganze* «Ilias» und «Odyssee» sowie «Orestie» und «Oedipus» durch die Schüler selbst in *guten* deutschen Übersetzungen (mit Erläuterungen durch den Lehrer) vortragen zu lassen; dies wäre zweckmäßiger, als den Absolventen (wie es mir selber erging) nur mit der Kenntnis weniger, aber selbst präparierter Gesänge zu entlassen. Auch ich bin der Ansicht, daß Vorstudien in Physik und Chemie, Geologie etc., schon des großen Umfangs dieser Spezialwissenschaften wegen, die Mittelschulen nur unnötig belasten; dagegen scheint mir der Vorschlag des Herrn Professor Cornelius betreffs einiger *juristischer* Vorstudien im höchsten Maße beachtenswert. Vorkenntnisse im Recht gehören, glaube ich, zur Grundlage höherer geistiger Bildung, wie Latein, Griechisch, Deutsch, Mathematik und Musik.
Schon die älteste chinesische Religion (Confuzius) enthält als eine der drei Hauptforderungen «die Pflege der Musik». Ich empfehle also künftighin im Lehrplan der sechs höheren Klassen wöchentlich drei Stunden — (1 Stunde Theorie, 2 Stunden Klavier) der Musik zu opfern. Dann werden zwei Drittel der Absolventen des humanistischen Gymnasiums in fünf bis zehn Jahren den Stamm eines Konzert- und Theaterpublikums bilden, dem einen «Tristan» vorzuspielen wirklich lohnt, und das eine Schubert'sche Sinfonie oder eine Fuge der

Jupiter-Sinfonie mit dem gleichen Verständnis anhören wird, wie «Nathan den Weisen» oder «Die Jungfrau von Orleans».

Man entgegne mir nicht, mein Vorschlag sei nur auf musikalisch begabte Schüler anwendbar. Das abstrakte Studium der Harmonielehre, des Kontrapunktes, selbst bis zum «Rechenexempel» der Fuge, ist leichter als Algebra und als die Grundbegriffe der Chemie und Physik, und im Endresultat für das Leben des Schülers eine Quelle höherer Freuden, als Vorkenntnisse in schweren Wissenschaften, die er nicht gebrauchen kann, falls er sich diesen nicht auf der Hochschule ganz ergibt. Demjenigen Schüler, der im theoretischen Musikstudium völlig versagt, *bevor dasselbe ins Reich unmittelbarer Klangvorstellungen* — also vor Beginn der Instrumentationslehre und des Partiturstudiums — *eintritt*, muß natürlich rechtzeitig der Übertritt zum mathematisch-naturwissenschaftlichen Studium in dem begrenzten, dem humanistischen Gymnasium angemessenen Rahmen ermöglicht werden.

Möge das humanistische Gymnasium bald unter den sorgenden Händen erfahrener Freunde und um die Musik bereichert im alten Umfange auferstehn als segensreiche Walterin europäischer Kultur.

[Sommer 1945]

Zur «Josephslegende»

Ich wollte mit «Josephslegende» den Tanz erneuern. Den Tanz, so wie er, Mutter der heutigen Künste, gleichsam vermittelnd zwischen ihnen steht. Den Tanz als Ausdruck des Dramatischen — aber nicht ausschließlich. Tanz in jener modernen Abart, in der er nur rhythmisierende oder paraphrasierte Handlung ist, führt uns leider oft allzuweit weg von jenem eigentlichen Kernwesen des richtigen, rein inspirativen, der Bewegung und der absoluten Schönheit geweihten Tanzes: des Balletts. Das wollte ich verjüngen. Auf den Gedanken haben mich, glaube ich, zuerst die russischen Tänzer gebracht. Mein «Joseph» enthält beide Elemente: Tanz als Drama und Tanz als — Tanz. Der reine Besitz des wirklich Nurgraziösen darf uns nicht verlorengehen, wie, ganz analog in der Musik neben dem Charakteristischen, Programmatischen und dem Elementaren nie die Linie des absolut Lieblichen zu kurz kommen darf. Das war, wenn man so will, meine Absicht mit «Josephslegende».

[1941]

Nicht veröffentlichtes Vorwort zu «Intermezzo»

Goethe empfiehlt einmal, daß jeder Mensch seine Memoiren niederschreiben solle. Denn in jedermanns Leben, meint er, finden sich Momente und Charakterzüge, die in ihrer Einzigartigkeit es wert sind, in der Geschichte der menschlichen Seele aufbewahrt zu werden. Wenn die nachfolgende, höchst einfache bürgerliche Komödie auch kein Interesse für alle diejenigen bietet, die auf der Bühne Zunft- und Fürstenhausdramatik, Galgen- und Kirchhofsromantik suchen, so dürften die in ihr dargestellten Charakterstudien einem gestimmten Zuhörer immerhin durch ihre Wahrhaftigkeit eine Teilnahme abgewinnen und jüngeren Autoren, welche die ausgetretenen Geleise des Opernlibrettos zu verlassen streben, einen neuen Weg weisen, auf dem auch der nicht zu höchsten Emanationen Berufene, insofern er nur mit einiger Gestaltungskraft und offenen Sinnen begabt ist, künstlerisch wertvolles und für das Theater brauchbares zu leisten im Stande sein möchte. Den künstlerischen Pionieren auf diesem Neuland: meinen lieben Sängern und Kapellmeistern sei beifolgendes kurzes Geleitwort mitgegeben: Es ist einleuchtend, daß für die reine Prosa des kleinen Stückes, sollte es überhaupt zur Vertonung verurteilt werden, ein besonderer Gesangsstil gefunden werden mußte, der einerseits das Tempo des natürlichen Dialogs nicht unnötig verlangsamt, anderseits als reines «Seccorezitativ mit Orchesterbegleitung» das Ohr nicht allzusehr ermüdet.

Während im erhabenen Drama Richard Wagners die Rezitation in einen nie allzu schroffen Wechsel von gehobenem Rezitativ und lyrischem Gesang verbleibt, nicht ohne bei besonders langen Werken mit viel Dialog, wie z. B. im 2. und 3. Akte der «Meistersinger» ab und zu den Eindruck leichter Monotonie zu erwecken, hat der göttliche Mozart (in seinen deutschen und italienischen Opern) 4 Arten der Verkündigung des Dichterwortes zur Anwendung gebracht.

In seinen Opern beginnt der Meister den Dialog gleich auf der erhöhten Stufe des Seccorezitatives, um über das pathetisch gesteigerte Orchesterrezitativ zur Arie vorzuschreiten, dem im Ensemble-Finale durch die Mischung des Cantabile mit dem rhythmisch schön gegliederten Secco als Kontrapunkt die befreiendsten Wirkungen in der Vereinigung von «Dichtung und Wahrheit» zu erzielen.

In den deutschen Singspielen herrscht die Prosa als Ausdruck alles zur eigentlichen Handlung gehörigen, sofern nicht feierliche Stimmung des getragenen Orchesterrezitativs vorherrscht. Ich denke hierbei besonders an den Dialog Taminos mit dem Priester, und frage mich hierbei umsonst, warum Mozart sich entgehen ließ, auch die 1. Szene des 2. Aktes, Sarastro mit den Priestern, in ähnlicher Weise zu vertonen, da ich mir nicht denken kann, daß ein so bewußter Meister nur dem «Finale» zulieb das Taminorezitativ komponiert hat.

Dann wäre es wieder unverständlich, warum sich Weber entgehen ließ, das so wirkungsvolle Finale des II. Aktes «Freischütz» ganz zu komponieren. Diese Meister hatten eben eine sehr feine Empfindung für zarte Unterschiede der Wirkungen des rein gesprochenen Wortes, des Melodrams, des Seccorezitatives, des Orchesterrezitatives. Bezüglich der Mischung der beiden letzten Arten des Gesangsvortrags finden sich besonders feine Züge in «Così fan tutte». Mozart hat nun als unterste Stufe stets entweder Prosa oder Secco verwendet: niemals das Secco als Zwischenglied zwischen Prosa und gehobenem Rezitativ.

Ich selbst habe zuerst im Vorspiel der «Ariadne» diese zarten Abstufungen des sprachlichen Ausdruckes mir nutzbar zu machen gesucht und dann sehr bestimmt in der «Frau ohne Schatten», im besondern in der Szene der Amme ein äußerst rasches, aber genau rhythmisiertes, im Orchester meist nur von Soloinstrumenten sehr zart begleitetes Seccorezitativ angewendet, ohne leider bis jetzt meine Versuche von dem Erfolge möglichster Deutlichkeit des also halb gesungenen, halb gesprochenen Wortes belohnt zu sehen.

R. Wagner hat in seinem Jugendwerke «Rienzi» (5. Akt, Duett zwischen Adriano und Irene) einen einzigen interessanten Versuch eines solchen Prestissimo-Dialogs gemacht, der mir besonders für die (jetzt auch schon meist gestrichenen!) ekstatischen Reden meiner Elektra vorbildlich war. Auch das schöne «Rienzi»-Duett ziert meistens das schöne Zeichen vi-de, wie alles, dessen Studium zu viel Mühe mache, in der Theatersprache unter dem Gesamttitel «Strich» figuriert. Auch ich muß bescheiden zuwarten, daß es eine spätere jüngere Sängergeneration sich zur Ehre rechnen möge, auch dieser Schwierigkeiten Herr zu werden. Eine neue gute Vorschule dafür dürfte «Intermezzo» sein.

Es ist leicht zu erkennen, daß die obengenannten vier Abstufungen gesanglichen Vortrages von gesprochener

Prosa bis zum lyrisch melodischen Ausdruck in ihm zur Anwendung kommen. Es gibt keine Möglichkeit, die feineren Unterschiede zwischen dem Secco- und dem voll gesungenen Rezitativ, wie ich der Kürze halber den musikalischen Dialog, soweit er nicht wirkliche Gesangsmelodie (Arie) genannt ist, bezeichnen will, festzustellen, geschweige denn genau zu notieren. Ich muß es daher dem sorgfältigen gemeinsamen Studium von Sänger und Kapellmeister überlassen, die Grenzen zu finden, die Übergänge auszugleichen und den musikalischen Dialog bei strengster Wahrung des Rhythmus in größtmöglicher Natürlichkeit und Leichtigkeit zu gestalten. Als wichtigste Regel sei hiebei aufgestellt, daß absolute Deutlichkeit des gesungenen Wortes nur erzielt werden kann, wenn der Stärkegrad der Stimme nicht über mezza voce hinausgeht.

Leider haben viele unserer Kapellmeister noch immer nicht gelernt, ihr Orchester (ich will nicht einmal sagen zur vorbildlichen Dresdner Diskretion Meister Schuchs), sondern auch nur zur genauen Einhaltung der in der Partitur vorgeschriebenen Vortragszeichen zu erziehen. In nur wenigen Orchestern findet man selbst heute (30 Jahre nach dem Tode Hans von Bülow's) ein präzises fp, ein Beethovensches cresc. mit korrektem p subito, ein p, das nicht zum pp herabgesäuselt, ein schönes f, das nicht zum ff verbrutalisiert ist. Brauche ich an den von Wagner ausdrücklich mit f (nicht ff) bezeichneten Höhepunkt des Tristanschlusses zu erinnern?

Diese Unfähigkeit der Dirigenten, die allzu großen Opernhäuser und leider die Geschmacklosigkeit des großen Publikums, das nur allzugern eine starke Stimme

einer schönen vorzieht, haben schönen piano- und mezza voce-Gesang zu Raritäten werden lassen.
Und doch ist volle Deutlichkeit des Wortes nur zu erzielen, wenn der Gesangston «mezza voce» nicht überschreitet. Man beachte einmal, um wie viel besser, selbst im schallenden leeren Hause, man auf einer Orchesterprobe Text versteht, wenn die Sänger nur markieren, als am Abend unter günstigeren akustischen Bedingungen, wenn mit voller Stimme gesungen wird.
Die Lebensbedingungen des kleinen «Intermezzo» sind also: ein kleines akustisches Theater zu nicht über 1000 Personen, von Seite des Orchesters genaueste Zeichendisziplin des Sängers: deutlichste Aussprache bei halbstarkem Gesangston (Konsonanten ff, Ton mf), vollständigste Beherrschung der Rhythmik und durch ihre Überwindung Erzielung eines improvisierten Dialogs von absoluter Natürlichkeit, den natürlich eine von jeglicher Opernbewegung befreite mäßige Gebärdensprache unterstützen möge. Tempi! Metronom!
Auf, liebe Sänger, greifet — fleißig zu den Klavierauszügen und laßt Euch kein Wörtchen und kein Achtelchen entgehen.
Mit dieser letzten Bitte sei nunmehr auch dieses «Intermezzo» der Öffentlichkeit übergeben.
Möge es nicht allzu schlecht aufgeführt und nicht allzu böswillig mißverstanden werden! [1924]

Die klassische Oper kennt zwei Arten, den die Handlung fortbewegenden Dialog auszuführen: reine Prosa oder das sogenannte Seccorezitativ mit Cembalobegleitung. Nur Beethoven und Marschner verwenden an bedeutsamen Stellen sehr wirkungsvoll das stimmungsvolle Melodram. In Mozarts deutschen Opern ist die eigentliche Handlung fast ausschließlich in gesprochener Prosa dargestellt, an die sich meistens als retardierendes Moment ohne Übergang Gesangsstücke in Liedform, in freieren Formen gehaltene Ensembles, die zu längeren sinfonischen Gebilden gesteigerten großen Finales und die mit einem Orchesterrezitativ (recitativo accompagnato) als Auftakt einsetzende Arie anschließen. Außer den Werken Glucks und Nicolais «Lustigen Weibern» enthält nur die «Zauberflöte» ein längeres, die Handlung wirklich bedeutungsvoll fortbildendes Rezitativ: die erhabene Szene zwischen Tamino und dem Priester: zugleich Höhepunkt in Mozarts dramatischem Schaffen. In seinen italienischen Opern übernimmt Mozart von der Opera buffa das Seccorezitativ, in «Così fan tutte» mit dem erheblichen Fortschritt, daß in Momenten, wo der Dialog mit lyrischen Zügen durchsetzt ist, das Orchester vorübergehend die Begleitung übernimmt.

Diese kurzen Andeutungen dürften jedem Fachmann in Erinnerung bringen, welche Sorgfalt unsere großen Meister dem Dialog als Träger der Haupthandlung zugewandt haben, wobei es allerdings auffällt, daß keiner unserer Klassiker der feinen Nuancen bedurft hat, die sich aus der Entwicklung von reiner Prosa über Melo-

dram, Seccorezitativ, Recitativo accompagnato bis zur breit ausströmenden Gesangsmelodie ergeben können.
Vielleicht ist es doch der eigentümliche, ganz aus dem realen Leben geschöpfte, von nüchternster Alltagsprosa durch mancherlei Dialogfarbenskalen bis zum gefühlvollen Gesang sich steigernde Stoff, der mich — nach vieler in meinen bisherigen Werken auf natürliche Formung des Dialogs gerichteter Mühe — mit zwingender Notwendigkeit zu dem Stil führte, der in «Intermezzo» Gestalt gewonnen hat.
Sinnvoller Deklamation und lebhaftem Tempo des Gesprächs habe ich immer, mit von Werk zu Werk sich steigerndem Gelingen, die größte Aufmerksamkeit angedeihen lassen. Ist in meinem ersten dramatischen Werke «Guntram» die von Richard Wagner genau durchgeführte Scheidung der rein rezitierten und rein lyrischen Partien fast vollständig vernachlässigt, so wurde in «Salome» und «Elektra» der Dialog von der Überflutung durch das sinfonische Orchester wesentlich befreit. Er ist jedoch leider noch immer genügend mit instrumentaler Polyphonie belastet, wenn nicht die sorgfältigste Ausarbeitung der allerdings peinlich genau bezeichneten Dynamik dem Orchester diejenige Durchsichtigkeit verleiht, die ich bei der Komposition vorausgesetzt und bei vollendeten Aufführungen auch erzielt gesehen habe.
Da jedoch beim Theater nur selten mit solchen Idealaufführungen zu rechnen ist, sah ich mich immer mehr gezwungen, den Ausgleich zwischen Sänger und Orchester von vornherein so sicherzustellen, daß auch bei weniger vollkommener Ausführung vor allem die Handlung wenigstens in ihren wesentlichen Grund-

zügen sichtbar und gemeinverständlich, das Werk also nicht direkt entstellt oder mißverständlich zur Darstellung gelangen werde. Zeugen dieser Bemühungen sind die Partituren der «Frau ohne Schatten» und der «Ariadne».

In ersterer ist der Versuch gemacht — besonders in der Partie der Amme — unter Begleitung eines großenteils solistischen, nur fein untermalenden Orchesters den Stil und das Tempo des alten Seccorezitativs neu zu beleben, bisher leider nicht mit dem Erfolg, daß der gerade in diesen Szenen äußerst wichtige Dialog restlos zu absoluter Deutlichkeit gebracht wurde.

Sei es nun, daß infolge einer fehlerhaften Veranlagung meinerseits selbst dieses so ganz dünne und durchsichtige Orchester sich immer noch zu polyphon gebärdet, zu unruhig figuriert ist und das gesprochene Wort auf der Bühne behindert, sei es, daß die mangelhafte Sprechtechnik des Durchschnittes unserer Opernsänger oder die bei uns Deutschen leider oft gaumige Tonbildung und zu starke Tongebung auf unseren großen Bühnen daran Schuld tragen.

Orchesterpolyphonie, und sei sie in den zartesten Farben, im schwächsten Pianissimo, ist nun einmal der Tod des auf der Bühne gesprochenen Wortes, und der leidige Satan hat uns Deutschen den Kontrapunkt in die Wiege gelegt, damit es uns auf der Opernbühne nicht allzu wohl ergehe.

Selbst unserem größten dramatischen Meister sind «Idealrezitative», wenn ich mich so ausdrücken darf, nur in «Lohengrin» und «Rheingold» gelungen, während keine Abdämpfung des Orchesters in den großen polyphonen Sinfonien des II. «Tristan»-, des III. «Siegfried»-Aktes dem Zuhörer den Genuß des Dichterwortes vermitteln kann.

Wer meine späteren Opernpartituren genau kennt, wird zugestehen müssen, daß bei deutlicher Textaussprache durch den Sänger, bei strengster Genauigkeit in der Beachtung der Orchesterzeichen — bis auf wenige Stellen, in denen sie zugunsten einer notwendigen großen Steigerung der Sänger von dem zu äußerster Kraftentwicklung anwachsenden Orchester überflutet werden dürfen — die Textworte vom Zuhörer deutlich aufgefaßt werden müssen. Ich höre kein Lob wohlgefälliger, als wenn mir als Dirigenten meiner «Elektra» die Anerkennung gespendet wird: «Heute abend habe ich mal jedes Wort verstanden». Ist dies nicht der Fall, so kann mit Sicherheit der Schluß gezogen werden, daß der Orchesterpart nicht in der von mir genau vorgeschriebenen Weise wiedergegeben wurde.

Bei dieser Gelegenheit sei auf die ganz besondere Art meiner Orchesterdynamik hingewiesen, die sich oft nicht mehr darauf beschränkt, die Stärkegrade pp, p, f, ff für das ganze Orchester anzufordern, sondern die gleichzeitig einzelnen Gruppen, ja sogar Instrumenten die verschiedensten Zeichen vorschreibt, deren genaue Innehaltung — das Haupterfordernis für den richtigen Stil des Orchestervortrags meiner Partituren — allerdings eine heute noch etwas ungewohnte Orchesterdisziplin voraussetzt, aber die Grundbedingung dafür ist, daß meine Partituren auch wirklich so erklingen, wie sie von mir gedacht sind. Besondere Aufmerksamkeit erfordert ein peinlich ausgeführtes fp und jedes espressivo, das einer einzelnen Stimme ein, wenn auch oft kaum merkliches Übergewicht über die Nebenstimmen zu verleihen fordert. Feingliedrige Polyphonie kann nur so zu klarer Darstellung gelangen. Eine vorlaute Stimme kann wichtige Nebenfäden zerstören. Je polyphoner und komplizierter eine Partitur ist, desto notwendiger erscheint es, daß jeder Instrumentalist, unbekümmert darum, welche Stärkegrade seinen Nachbarn im Orchester vorgeschrieben sind, genau die Zeichen spiele, die in seiner Stimme stehen. Es seien zur Erläuterung hier einige Monumentalaussprüche Hans von Bülows eingeflochten: «Crescendo heißt pp, diminuendo = ff!!» «Die meisten Kapellmeister können keine Partituren lesen». Einem berühmten Tenor schrieb er ins Album: «Mein lieber Wachtel, ein Viertel ist kein Achtel». Auf einer Orchesterprobe in Meinigen rief er dem ersten Hornisten zu: «Forte!» Der blies stärker. Bülow klopfte ab und sagte sanft verweisend: «Ich habe Ihnen doch gesagt, forte». Der Hornist blies noch stärker. Bülow zum dritten Male abklopfend, mit merklich erhobener Stimme: «Erstes Horn, forte!» Der Hornist antwortet verzweifelt: «Aber Herr von Bülow, ich kann nicht mehr stärker blasen». Bülow, mit mephistophelischem Lächeln und äußerster Süßigkeit im Ton: «Das ist es ja gerade. Ich sage Ihnen die ganze Zeit forte, und Sie blasen fortwährend fortissimo». Großes Hallo! Von diesem Tage an war der Unterschied zwischen f und ff endgültig festgestellt. — Viele traurige Erfahrungen mußten den Wunsch in mir immer dringender machen, auf alle Fälle zu verhindern, daß ein Pultvirtuose mit die Blechinstrumente begeistert anfeuernden Fäusten, im Vertrauen auf die Unzerstörbarkeit einer «Tristan»- oder «Meistersinger»-Partitur, den Sänger zum bloßen Mundöffner degradiere.

Keine noch so glanzvoll dröhnende Darstellung des orchestralen Teils durch viele unserer heute leider auch Opern dirigierenden Konzertkapellmeister kann die berechtigten Klagen über derlei Ohrenschmäuse auf Kosten des Verständnisses der Handlung und des Dichterwortes verstummen machen.

Diesem Bedürfnis verdankt die Partitur der «Ariadne» ihre Entstehung. Ohne daß das Orchester hier zu einem bloßen Begleitungsinstrument verurteilt ist, *müssen* in jeder Aufführung bei aller Ausdruckskraft des «Kammerorchesters» Ton und Wort des Sängers immer verständlich bleiben, sei der amtierende Dirigent noch so herzlos.

Im ersten Aufzug der «Ariadne» ist bei abwechselnder Anwendung von reiner Prosa, Secco- und pathetischem Rezitativ mit voller Sicherheit der Gesangsstil angeschlagen, der nunmehr im «Intermezzo» bis zur äußersten Konsequenz durchgeführt wurde. In keinem anderen meiner Werke ist aber auch die Bedeutung, die dem Dialog zukommt, größer als in dieser, der sogenannten Kantilene nur wenig Entwicklungsmöglichkeiten bietenden, bürgerlichen Komödie. Das sinfonische Element ist in sorgfältiger, häufiger Durcharbeitung und Ausfeilung oft nur mehr auf Andeutungen reduziert und kann selbst bei ungenauer Dynamik kein Hindernis mehr bieten, daß der ganz natürliche, dem Alltagsleben abgelauschte und nachgebildete Gesprächston, im Zusammenhang wie im einzelnen Textwort, nicht nur gehört, sondern auch genau verstanden werde; das lyrische Element, die Darstellung der seelischen Erlebnisse der handelnden Personen gelangt hauptsächlich in den längeren Orchesterzwischenspielen zu voller

Entfaltung. Eigentlich erst in den beiden Schlußszenen des ersten und zweiten Aktes ist dem Sänger die Möglichkeit zu ausgedehnter Kantilene gegeben.

Wo in den anderen Szenen der Dialog mit lyrischen Elementen durchsetzt ist, ist von Sänger und Kapellmeister gesanglicher und rezitierender Vortrag genau auseinanderzuhalten, der Zuhörer muß dem natürlich fließenden Gespräch ununterbrochen folgen können und die im Stücke dargestellten Charaktere in ihren feinsten Regungen deutlich sich entwickeln sehen, soll nicht unerträgliche Langeweile die Wirkung einer Aufführung sein, in der einerseits durch ungenügendes Textverständnis die Handlung nicht in allen Details aufgefaßt werden kann, andererseits das musikalische Ohr in sinfonischen Orgien keinen genügenden Ersatz findet.

Der Sänger im besonderen sei daran erinnert, daß nur der regelrecht gebildete Konsonant jedes, auch das brutalste Orchester durchdringt, während der stärkste Gesangston selbst auf dem besten Vokal a von einem auch nur mezzoforte spielenden Klangkörper von 80 bis 100 Instrumentalisten mühelos übertönt wird. Für den Sänger gibt es gegen ein polyphones und indiskretes Orchester nur eine Stoßwaffe: den Konsonanten. Ich selbst habe besonders in Wagnerschen Tondramen, z. B. in der Wotanserzählung und in der Erdaszene des «Siegfried» erlebt, daß Sänger mit großen Stimmen und schlechter Aussprache ohnmächtig in den Orchesterwogen versanken, während Künstler mit kleineren Stimmen und scharfer Konsonantenaussprache bewußt phrasierend ohne Anstrengung das Wort des Dichters gegen die Tonfluten der Orchestersinfonie behaupten konnten.

An den Dirigenten hinwiederum ergeht die Bitte, bei

der Einstudierung des «Intermezzo» seine größte Aufmerksamkeit all den zarten Übergängen vom rein gesprochenen bis zum gesungenen, halbgesprochenen Wort zuzuwenden, all den feinen Gesprächswendungen, wo Prosa zwischen Seccorezitativ und dem Stil des recitativo accompagnato schwankt und sich schließlich in den sogenannten Bel Canto steigert, bei welchem endlich sogar die absolute Deutlichkeit zugunsten schöner Tongebung etwas zurücktreten könnte. Als Hauptregel für die praktische Ausführung des «Intermezzo»-Dialogs wäre zu beherzigen, daß alle rein dialogischen Partien — wo sie sich nicht vorübergehend zu lyrischen Gefühlsergüssen erheben —, also alles Seccorezitativische durchwegs *mezza voce* vorzutragen ist. Die praktische Erfahrung lehrt, daß bei voller Tongebung die Deutlichkeit der Textaussprache, insbesondere die Konsonantenbildung, erheblich leidet. Dies wird durch die wohl jedem Theaterfachmann bekannte Tatsache erhellt, daß bei Orchesterproben — sogar in dem akustisch unvorteilhaften leeren Hause — von «markierenden» Sängern gewöhnlich jedes Wort, am Abend von mit voller Stimme singenden kaum die Hälfte des Textes verstanden wird. Also, meine lieben Sänger: wenn ihr auch gute Schauspieler sein wollt, *mit halber Stimme singen* und *deutlich aussprechen*, und das Orchester wird von selbst euch feiner begleiten und das Publikum wird euch in dieser harmlosen Komödie mit mehr Vergnügen zuhören, als wenn ihr in vergeblichem Kampfe gegen einen stärkeren Feind eure Kehle nutzlos anstrengt für ein Werk, in dem doch keine Arienappläuse zu holen und für die arme Claque nicht mal ein Abendbrot zu verdienen ist.

Den verehrlichen Bühnenleitern die ergebene Bitte, bei der Verteilung der Rollen keinerlei Ansprüche der Primadonna assoluta oder des ersten Baritons zu berücksichtigen. Wie in diesem «Intermezzo» keine Opernhelden agieren, sondern wirkliche Menschen darzustellen sind, kann die Auswahl der Sänger für das «Intermezzo» nur mit Rücksicht auf vorhandene glückliche Begabung für leichten Gesprächston, sowie auf besondere musikalische und figürliche Eignung für die in «Intermezzo» zu verkörpernden Individualitäten erfolgen.
Der Regisseur sehe darauf, daß die Darsteller in den Klavierproben den rein musikalischen Teil derart beherrschen lernen, daß sie die Arrangier- und besonders die Orchesterprobe bereits vollständig unabhängig vom Taktstocke des Dirigenten betreten und sich ausschließlich der zwanglosen Darstellung eines modernen Konversationsstückes widmen können.
Für den Kapellmeister zum Schluß noch die kurze Bemerkung, daß die von mir angegebenen metronomischen Bezeichnungen auch in diesem Werke Idealmetronome darstellen, die nach dem künstlerischen Ermessen jede Modifikation gestatten, die nötig ist, um dem Sänger, je nach seinen sprachlichen und musikalischen Fähigkeiten, ungehindertes deutliches Aussprechen der Textworte zu ermöglichen, und die, je nach der Größe und Akustik des Theaters, der Entfernung des Darstellers vom Zuhörer die genügende Rechnung trägt.
Dieses neue Werk eröffnet in seiner Abkehr von den altbewährten Liebes- und Mordaffären des landläufigen Opernlibrettos, mit seinem vielleicht allzu kühnen

Griff «ins volle Menschenleben» dem musikalisch-dramatischen Schaffen einen neuen Weg, den andere nach mir vielleicht mit mehr Talent und Glück gehen mögen. Ich bin mir klar, daß auf diesem bisher unbetretenen Wege sich der korrekten Ausführung meiner Absichten gewiß heute von mir noch nicht geahnte Schwierigkeiten entgegenstellen werden. Mein Geleitwort möge den lieben und opferfreudigen Vermittlern meiner künstlerischen Ziele, braven Sängern und arbeitsfreudigen Kapellmeistern bei der Lösung dieser Probleme ein nicht unwillkommener Führer und Helfer sein.

Garmisch, 28. Juni 1924.

Interview über «Die ägyptische Helena»

Sie wünschen, lieber Freund, von mir etwas über die «Helena» zu hören. Über die Musik ist wenig zu sagen; sie ist, fürchte ich, melodiös, wohlklingend, und bietet für Ohren, die über das neunzehnte Jahrhundert hinausgewachsen sind, leider keinerlei Probleme. Probleme: das beliebte Schlagwort der immer Halbfertigen, gleichbedeutend mit einer Sache, die nicht ganz gekonnt ist. Bei Mozart, zum Beispiel, gibt es keine Probleme, oder man könnte sagen, sie sind gelöst, bevor sie gestellt sind. Im übrigen bemüht sich die Musik einer edlen griechischen Haltung, etwa in der Art, wie Goethe die Griechen in seiner «Iphigenie» vorgeschwebt sind. Was nun die Dichtung betrifft, so hoffe ich, daß sie den Lesern und Beurteilern nicht die Schwierigkeiten bietet, die man merkwürdigerweise in der «Frau ohne Schatten» gefunden hat. Meines Erachtens war es auch dort kein so großes Kunststück, einige Symbole zu deuten, die allerdings nicht gerade alltäglich waren. Bei einer Operndichtung besteht ja immer die Gefahr, daß sie beurteilt wird, bevor die dazugehörige Musik gehört ist, man kann somit sagen, daß sie eigentlich nur derjenige, der sie zu komponieren vermag, auch von vornherein richtig zu werten in der Lage ist. Ich habe mir oft gedacht, ob irgend ein Musiker des vorigen Jahrhunderts das Buch der «Meistersinger», mit Ausnahme der drei Gesänge des Walter, für überhaupt komponierbar erklärt hätte. — Sie haben inzwischen das Textbuch gelesen und möchten, glaube ich, einige Fragen an mich richten.

Aus welchen Quellen hat Hofmannsthal geschöpft?
Aus sehr wenigen. In Betracht kommt die kurze Stelle im Vierten Gesang der Odyssee, wo beim Besuch des Telemach in Sparta vor dem längst versöhnten Gatten Helena, die göttliche Tochter Kronions, den Trank mischt, der Befreiung von Kummer und Sorge, und Auslöschen allen Gedächtnisses bewirkt. Diesen Trank, Lethe, verabreicht Helena bei Homer ihrem Gatten Menelaos jedesmal, wenn auf Troja die Rede kommt. Dieses antike Motiv hat Hofmannsthal aufgenommen. Er läßt die zweite weibliche Hauptgestalt der Oper, die Nymphe Aithra, den beiden Gatten einen Becher von dem Tranke Lotos kredenzen, und gibt ihnen den Trank in die Einsamkeit der Wüste mit, damit Helena ab und zu Lotos, das liebliche Kraut des Vergessens, dem Gatten in den Becher mische.

Aber ich glaube nicht, daß es nötig ist, die gebildete Leserwelt darauf aufmerksam zu machen, daß Tränke des Vergessens und des Erinnerns ebenso wenig von Homer, wie der Todes- und Liebestrank im «Tristan» von Richard Wagner erfunden worden sind. Sie sind uralte Requisiten der Dichter, Abkürzungen dramatischer Situationen und finden sich vor Homer und der Edda in den ältesten indischen, keltischen und germanischen Sagen.

Einen der reizvollsten Gedanken der Hofmannsthalschen Dichtung erblicke ich darin, daß sich Helena nicht begnügt, mit Hilfe des Vergessenheitstrankes und eines von der Nymphe Aithra klug erdachten Märchens ihren Gatten wieder gewonnen zu haben, sondern daß sie im zweiten Akt nach neuen tragischen Zweifeln und Erlebnissen darauf besteht, selbst gegen und ohne Zaubertränke zu siegen, allein durch die göttliche Macht der Schönheit und ihr schicksalbewußtes dämonisches Wesen.

Ich las in der Osternummer der «Neuen Freien Presse», daß Hofmannsthal sich auch auf Euripides stützt. Oder nicht? Was hat es damit für eine Bewandtnis?

Aus der Euripides'schen «Helena» stammt die Idee des «Gespenstes», das angeblich an Stelle der wirklichen Helena von den Göttern nach Troja geschickt wurde, um die Trojaner zu verderben, während die wirkliche Helena Menelaos für die Zeit nach der Beendigung des Krieges unberührt aufbewahrt geblieben ist. Aber dieses Motiv ist nur gestreift. Es dient als Gewebe für die Erzählung, durch die Aithra die Helena zu retten sucht.

Alles wesentliche ist also die Erfindung Hofmannsthals?

Jawohl. Es ist dabei merkwürdig, daß gerade dieser psychologisch sehr interessante Stoff seit so und soviel tausend Jahren niemals von einem Dichter behandelt worden ist. Es war von dem Stoff natürlich nichts anderes vorhanden, als die wenigen hier angedeuteten Motive, daß nach dem trojanischen Krieg die beiden Gatten Menelaos und Helena wieder vereint in Sparta leben. Die Seelenvorgänge, durch die diese Versöhnung bewirkt wurde, sind der Inhalt der Hofmannsthalschen Dichtung, und sie boten dem Musiker die dankbarste Aufgabe. — Die «Ägyptische Helena» in ihrer menschlichen Tragik wird jetzt zum erstenmal dramatisch gestaltet, denn die Goethesche Helena im zweiten Teil

«Faust» ist mehr ein Symbol für die Antike selbst, verkörpert durch die sprichwörtlich schönste Frau der griechischen Sage, und die eigentliche Lösung des Konflikts umgeht Goethe, da er Helena aus ihrem Lebenskreis herausnehmen und auf das Schloß des Faust entführen läßt. — Ich möchte nur hoffen, daß diese gefährliche Helena, die den männermordenden trojanischen Krieg hervorgerufen und auch mir vor ihrer Neugeburt schon so manchen Ärger bereitet hat, von den Freuden, die sie nach der Sage zu spenden hatte, auch den beiden Autoren dieser Oper, den Deutern ihrer nachtrojanischen Schicksale, etwas zu Teil werden läßt. [1928]

Geleitwort zu «Capriccio»

Motto: «Der Arie ihr Recht!
Auf die Sänger nimm Rücksicht!
Nicht zu laut das Orchester . . .»

La Roche, der Theaterdirektor.

Mit der Befolgung dieser Mahnung seines Chefs glaubt der normale Theaterkapellmeister seine Pflicht gegenüber Individuen erfüllt zu haben, deren Beruf es ist, gegen den Arm eines unerbittlichen Taktstockrhythmikers und sein behaglich im Mezzoforte plätscherndes Orchester eine menschliche Singstimme so viel als möglich zur Geltung zu bringen. «Man hat heute abend die Sänger sehr gut gehört und auch ab und zu den Text verstanden» . . ., dies ist ein Lob, auf das der herrschende Generalmusikdirektor stets besonders stolz ist. Und mit Recht — denn es ist dies immerhin schon eine ganz hübsche Etappe auf dem Wege zu einer halbwegs erträglichen Opernaufführung —, außer dem Erraten der richtigen Zeitmaße ist es ja auch tatsächlich nicht leicht für den mitten im Orchester sitzenden Dirigenten, umgeben von 34 bis 64 Streichern, die er fortwährend dämpfen zu müssen glaubt, während die entfernter von ihm sitzenden Bläser (sogar schon das Holz) den eigentlichen Sängermord vollführen, den richtigen Ausgleich zwischen Bühne und «sinfonischer Begleitung» zu finden, wie ihn nicht nur Parkett und Logen, sondern auch die oberen Ränge zu fordern berechtigt sind.
Der Schutzpatron dieser theoretischen Komödie, deren

erster Anlaß der Titel eines vergessenen Opernlibrettos des Abbé de Casti: «Prima le Parole, dopo la musica» war, der große Reformator des Kompositionsstils, Gluck, hatte seiner «Alceste» ein Vorwort gegeben, das ein Jahrhundert lang richtunggebend war für die Entwicklung des musikalischen Dramas, an deren Ende mir als kleiner Epilog der Rat einer 50jährigen Dirigentenerfahrung gestattet sein möge, der den verehrten Pultkollegen, die sich der dankenswerten Mühe unterziehen, sich ernsthaft mit dem Studium meiner Opernpartituren zu befassen, gerade für dieses «Capriccio» von Nutzen sein dürfte. Bei der Gewissenhaftigkeit des musikalischen Studiums, deren sich wohl an allen Opernbühnen Dirigenten, Solorepetitoren und singende Darsteller in rühmenswerter Weise befleißigen, dürfte (bei der Wichtigkeit, die in diesem Werke dem gesprochenen Worte ganz besonders zukommt) der Rat nutzbringend sein, daß vor Beginn des Notenstudiums der Regisseur mehrere gründliche Leseproben mit Berücksichtigung deutlichster Konsonantenaussprache: z. B. Anfangs-s, Schluß-ss — (nur an der Hand der Textbücher) abhalten möge, die allenfalls vor den letzten Bühnenproben (etwa zwei bis drei Tage vor der Generalprobe) zu wiederholen wären (ohne Noten!).
Was das Orchesterstudium betrifft, so ist über die Selbstverständlichkeit gründlicher Korrekturproben für Streicher, Holzbläser, Blech allein heute wohl kaum mehr ein Wort zu verlieren. Es empfiehlt sich aber besonders, daß die Gesamtproben für das ganze Orchester allein so genau durchgeführt werden, daß beim Hinzutreten der Sänger an einzelnen Gruppen und Instrumenten im Orchester kein Detailstudium mehr nötig wäre.

Denn für diesen Moment tritt mein Vorschlag in Kraft, daß der Dirigent nach einigen Gesamtbühnenproben einem mit dem Werk ebenfalls eng vertrauten Kollegen den Taktstock anvertraue und mehrere Proben hindurch von den verschiedensten Plätzen des Hauses den Gesamtklang beurteile, über den er, bei größtem Können und mit feinstem Ohr begabt, niemals den ganz richtigen Eindruck von seinem Pult aus gewinnen kann. Bevor ich nun auf die letzte Stufe der Probenskala meiner Opern trete, sei nochmals etwas weiter ausgeholt:

Es ist kein Zweifel, daß ein homophon begleitendes Orchester des früheren und mittleren Verdi (schon dieses von dem großen Meister mit besonderer Delikatesse und einfallsreich gehandhabt) dem Sänger der liebste Gefährte auf dem Wege zum Herzen des «Bis» jauchzenden Publikums ist.

Das Seccorezitativ (nur von Streicher- und Cembaloakkorden unterbrochen) ist die primitivste Kunstform, in der eine einigermaßen komplizierte Komödienhandlung immerhin deutlich zur Darstellung kommen kann.

Sobald im Orchester auch nur eine Stimme dagegen singt, beginnt schon das Unglück! Bei Mozart sind Arien, Duette, Quartette nicht mehr rein lyrische Gefühlsergüsse, während die Handlung völlig still steht, sondern (von seinen genialen Finales ganz zu schweigen) sie sind stark von dramatischem, die Handlung vorwärtstreibendem Leben erfüllt, und schon in «Figaro» und «Così fan tutte» finden sich im Orchester Kontrapunkte, wo gegenüber liegenden Holzbläsern, hohen Hörnern und *figuriertem* Streichquartett in bewegten Zeitmaßen rasch deklamierende Singstimmen Mühe haben, das Wort bis zur 4. Galerie hinaufzubefördern.

Das ideale Verhältnis zwischen Singstimme und Orchester weisen Richard Wagners Werke auf. Verse, aus reinstem Gold der deutschen Sprache geschmiedet, mit feinster Wortwurzelempfindung deklamiert und zu ausdrucksvollsten Gesangsperioden gestaltet, sind in meisterhaftem Wechsel von Rezitativ und Kantilenen, in schönstem Ebenmaß der Melodie auf und vor der Bühne, geführt und gestützt von einem in plastischer und motivischer Arbeit und niemals überflüssiger Polyphonie erklärenden und erregenden Orchester der Inhalt von tiefsinnigen und erhebenden Werken, in denen eine richtige Abschätzung der Distanz von Bühne und Zuhörer vorwaltet, wie sie vorbildlich nur noch in Schillers dramatischen Gedichten sich findet.

In klarer Erkenntnis, daß die Vollendung des Wagnerischen Gesamtkunstwerkes ein einmaliges Wunder ist, sei meinem redlichen Kunstbemühen immerhin gestattet, an die obigen Ratschläge für die Aufführungen meiner eigenen dramatischen Arbeiten auf eine Eigentümlichkeit ihres Stils aufmerksam zu machen, die, nicht sorgfältig beachtet, in die Wiedergabe derselben viel Unklarheit bringen und Mißverständnisse schaffen kann, für die der Autor allein nicht verantwortlich sein möchte. Ich weiß wohl, daß mein viel in hoher Lage spielendes Orchester der Singstimme mehr Schwierigkeiten bereitet als der dunkle Samtteppich des Wagnerschen Streichquintettes, daß eine über dem Sopran selbständig musizierende Flöte schon die Verständlichkeit des Textes behindern kann, — ich weiß wohl, daß

die Klarlegung meiner stark verästelten Polyphonie einerseits und die Diskretion derselben bei Begleitung des Sängers andererseits dem Dirigenten schwere Aufgaben stellt; um so mehr verlangt die von mir vorher angeratene Kontrolle der Beziehungen von Singstimme zu Orchester die peinlichste Sorgfalt!
Ich kenne Fälle, wo eine konzertierende Solovioline (Mozartarie, erste Szene «Daphne») gegenüber einer »allzuviel Ton» gebenden Sängerin sich kaum behaupten kann, während umgekehrt etwas höher liegende Streicher und Holzbläser selbst im pp eine in der Mittellage sich bewegende Sopranstimme decken können! Wie oft muß von Takt zu Takt im Augenblick, vom Dirigenten sowohl wie vom Sänger, durch plötzliches Hervortreten oder Zurücktreten des einen oder anderen Elementes ein Ausgleich geschaffen werden, soll das dem Komponisten vorschwebende Tonbild zur richtigen Erscheinung gelangen, d.h. die in die verschiedensten Gruppen und einzelne Instrumente verteilte führende Stimme mit thematischen Teilen in der Gesangsstimme zu einer geschlossenen Melodie verschmolzen werden.
Im Sinne obiger Ausführungen sei besonders jedem «espressivo» in den Orchesterstimmen besondere Aufmerksamkeit geschenkt.
Als vor 70 Jahren in München die «Walküre» einstudiert wurde, fragte mein alter Klavierlehrer, der Harfenist Tombo, bei Richard Wagner an, was er mit der Harfenstimme des Feuerzaubers anfangen solle: sie sei unspielbar! Wagner antwortete: «Ich bin kein Harfenist. Sie sehen doch, was ich haben will. Ihre Aufgabe ist es, die Stimme so einzurichten, daß es klingt, wie ich es mir vorstelle.» Dies gilt mehr oder

minder für jede Opernaufführung. Die Theater haben verschiedene Größen und Akustik. Die Singstimmen sind von verschiedener Qualität und Durchschlagskraft! Die Orchester haben verschiedene Besetzung (fast überall ist das Streichquartett zu schwach). Felix Mottl, der jahrelang in Karlsruhe eine Vermehrung von 10 ersten Violinen auf 12 vergebens beantragt hatte, sagte mir einmal traurig: «Bis zu 10 ersten Geigen ist halt Kammermusik!»

«In der Partitur steht es genau, wie ich es haben will!» Die Aufgabe von Dirigent und Regisseur, ein solches Textbuch und Partitur in die der Absicht des Autors entsprechende Wirklichkeit umzusetzen, ist eine so große und vielfältige, wie sie bei einer vollgelungenen Vorstellung von Publikum und Kritik nicht hoch genug eingeschätzt werden kann.

Noten- und wortgetreue Interpretation und kongeniale Improvisation sind «Bruder und Schwester» wie Wort und Ton!

Wien, 7. April 1942.

Meine Werke in guter Zusammenstellung

Couperin-Suite
Also sprach Zarathustra
Symphonia Domestica

Don Quixote
Ein Heldenleben

«Bürger als Edelmann»-Suite
II. Hornkonzert
Macbeth
Don Juan
Tod und Verklärung

Aus Italien
Eine Alpensinfonie
Festliches Präludium

Heiterer Abend:
Divertimento
«Schlagobers»-Suite
Walzer und Träumerei aus «Intermezzo»
Potpourri-Ouvertüre zu «Die schweigsame Frau»
Till Eulenspiegel

[1941]

Vom melodischen Einfall

Die Melodie, wie sie sich in den höchsten Kunsterzeugnissen unserer Klassiker und bis hinauf zu Richard Wagner uns offenbart, gehört zu den erhabensten Geschenken, die eine unsichtbare Gottheit der Menschheit gemacht hat.

Mozarts Gesangsmelodien, das g-moll-Quintett für Streicher, Beethovens Sinfonien, Sonaten, Quartette (As-dur-Adagio des Es-dur-Quartetts op. 127), Schuberts Lieder, der II. und III. Akt des «Tristan» (um nur wenige Höhepunkte zu nennen) sind Symbole, die die edelsten Wahrheiten der Seele künden, die nicht «erfunden», sondern den damit Begnadeten «im Traum verliehen» sind. Woher sie stammen, weiß niemand, auch ihr Schöpfer, das unbewußte Sprachrohr des Weltengeistes, nicht.

Der melodische Einfall, der mich plötzlich, direkt aus dem Äther kommend, überfällt, der auftaucht, ohne daß eine sinnliche Anregung von außen vorliegt oder eine seelische Emotion — letztere ist auch am ehesten ein direkter Anlaß, wie ich es bei Aufregungen ganz anderer, nicht künstlerischer Art oft an mir selbst erfahren habe —, erscheint in der Phantasie unmittelbar, unbewußt, ohne Einfluß des Verstandes. Es ist das höchste Geschenk der Gottheit, und mit nichts anderem zu vergleichen.

Der dichterische Einfall kann noch einen Zusammenhang mit dem Verstande haben, schon weil er sich durch Worte äußern muß, — der melodische ist absolute Offenbarung letzter Geheimnisse. Darum trifft auch das berühmte Wort Goethes zu Eckermann am 6. Mai

1827: «Ich empfing in meinem Innern Eindrücke und zwar Eindrücke sinnlicher, lebensvoller, lieblicher, bunter, hundertfältiger Art, wie eine rege Einbildungskraft es mir darbot; und ich hatte als Poet nichts zu tun, als solche Anschauungen und Eindrücke in mir künstlerisch zu ründen und durch eine lebendige Darstellung so zum Vorschein zu bringen, daß andere dieselben Eindrücke erhielten, wenn sie mein Dargestelltes hörten oder lasen», nur einen (eigentlich handwerklichen) Teil der dichterischen Tätigkeit. Der *Einfall* selbst (und besonders der musikalische, die Melodie) wird davon gar nicht berührt. Goethes Worte sind eine sehr bescheidene Formulierung der dichterischen Arbeit und wahrscheinlich nur zufällig für Eckermanns Fassungsvermögen berechnet, nicht erschöpfend, sie treffen nicht den Wesenskern künstlerischen Phantasiewirkens.

Auch Goethes Wort: «Ich habe all mein Wirken und Leisten immer nur symbolisch angesehen» ist nur eine Umschreibung jener unbewußten Schöpferkraft, die sich am reinsten und unmittelbarsten im melodischen Einfall kundgibt, soweit er wirklich «Einfall» ohne jede fördernde Verstandesarbeit ist.

Was ist «Seele»? Wo ist der Sitz der Phantasie? Ist diese eine Steigerung des Verstandes? die höchste Blüte der menschlichen Seele? Sitzt die Phantasie im Gehirn und arbeitet sie nur bei einer besonderen Befruchtung durch das Blut? Nach meiner eigenen Erfahrung, daß bei großen Erregungen, Ärger, eine besonders lebhafte Tätigkeit der künstlerischen Phantasie einsetzt — bei mir nicht, wie oft geglaubt wird, nach sinnlichen Eindrücken, Anschauung von großen Naturschönheiten, feierlichen Stimmungen in poetischer Landschaft (die Übersetzung derartiger Wirkungen in Tonbilder geht eher durch Verstandesarbeit, also übertragen, nicht direkt) —, möchte ich fast glauben, daß im menschlichen Blut chemische Elemente liegen, die, wenn sie gewisse Nerven durchströmen oder mit gewissen Teilen des Gehirns zusammenströmen, diese Höchststeigerung seelischer Geistestätigkeit hervorbringen, der die größten Kunstleistungen entspringen. Deren höchsten Gipfel stellt das Entstehen der Melodie dar. Daß solche Einfälle sehr oft des Morgens beim Erwachen kommen, also in dem Moment, wo das in der Nacht vom Blut entleerte Gehirn wieder mit frischem Blut gefüllt wird, möchte dafür sprechen, daß dem Blut bei der Tätigkeit der Phantasie eine größere Einwirkung zuzugestehen ist, als einer einseitigen Gehirnarbeit.

Gehirn, Nerven, Blut, — welches ist der stärkste Faktor?

Was ist ein Einfall? Im allgemeinen nennt man einen musikalischen Einfall ein Motiv, eine Melodie, die mir plötzlich «einfällt», ungerufen vom Verstand, besonders des Morgens unmittelbar nach dem Erwachen oder im Traume, — Sachs in den «Meistersingern»: «Glaubt mir, des Menschen wahrster Wahn wird ihm im Traume aufgetan». Hat die Phantasie des Nachts selbständig, ohne mein Bewußtsein gearbeitet, ohne an eine «Erinnerung» (Plato) anzuknüpfen?

Meine eigene Erfahrung: Wenn ich des Abends beim Komponieren an einer Stelle stecke und trotz eifrigen Nachdenkens keine ersprießliche Weiterarbeit mir möglich scheint, klappe ich das Klavier oder das Skizzenbuch zu, lege mich schlafen, und des Morgens beim Er-

wachen *ist die Fortsetzung da.* Durch welchen geistigen oder physischen Prozeß?
Oder soll man nach landläufigem Sprachgebrauch einen Einfall nennen, was so neu und packend, so zwingend und eindringend «bis in die Tiefe des Herzens» (Leonore) ist, daß es mit nichts Vorangegangenem verglichen werden kann? Qualität? Woher stammen die unbeschreiblichen Melodien unserer Klassiker (Haydn, Mozart, Beethoven, Schubert), für die keine Vorbilder vorhanden sind? Auch in Johann Sebastian Bachs Adagios und in den Werken seines Sohnes Philipp Emanuel finden sich kaum Ansätze, die mit den weitgeschwungenen unendlichen Melodien Mozarts — nicht nur in den Arien seiner dramatischen Werke, sondern auch in seinen Instrumentalwerken (ich erinnere nur an sein g-moll-Streichquintett) — verglichen werden können. Was ist nun an diesen göttlichen Gestalten unmittelbarer Einfall, primäre Erfindung, was Verstandesarbeit? Wo ist die Grenze zwischen der Tätigkeit des Verstandes und der Phantasie?
Bei unsern Klassikern ist die Frage besonders schwer zu entscheiden, der Reichtum ihrer Melodien ist so ungeheuer, die Melodie selbst so neu, so originell und dabei so individuell verschieden, daß es schwer fällt, die Grenze zwischen dem ersten unmittelbaren Einfall und seiner Fortführung, seiner Erweiterung bis zur fertigen ausgedehnten Gesangsphrase festzustellen. Besonders bei Mozart und Schubert, die in jungen Jahren von dieser Erde geschieden sind und dabei ein Lebenswerk von einem so gewaltigen Umfang geschaffen haben! (Mein Vater sagte immer: Was Mozart bis zu seinem 36. Jahr gearbeitet, d.h. komponiert hat, kann

der beste Kopist in dieser Zeit nicht schreiben.) Es muß — nach dem hübschen Schlußbild von Pfitzners I. «Palestrina»-Akt — einer fliegenden Feder von Engeln eingeblasen worden sein. Denn eine Arbeit, wie sie selbst an den Skizzenbüchern Beethovens zu ersehen ist, kann da kaum vorliegen. Alles erscheint da als unmittelbare Eingebung!

Nach meiner eigenen Erfahrung bei schöpferischer Tätigkeit zu urteilen, fällt mir ein Motiv oder eine zwei- bis viertaktige melodische Phrase unmittelbar ein. Ich bringe sie zu Papier und erweitere sie gleich zur 8-16- oder 32taktigen Phrase, die selbstverständlich nicht unverändert bleibt, sondern nach kürzerem oder längerem «Abliegen» allmählich zu der endgültigen Gestalt ausgearbeitet wird, die auch der strengsten, blasiertesten Selbstkritik standhält. Diese Arbeit geht nun in der Weise vor sich, daß es in erster Linie darauf ankommt, den Zeitpunkt abzuwarten, in welchem die Phantasie fähig und bereit ist, mir weiter zu dienen. Aber die Bereitschaft wird doch meistens bei größerer Muße, nach längerem Nachdenken, auch — wie ich schon bemerkte — durch seelische Erregungen (auch Zorn und Ärger) hervorgerufen und gefördert. Diese geistigen Prozesse gehören nicht allein in das Gebiet angeborener Begabung, sondern der Selbstkritik und Selbsterziehung. «Genie ist Fleiß» soll Goethe gesagt haben. Aber auch Fleiß und die Lust zur Arbeit sind angeboren, nicht nur anerzogen. — Nur wo der Inhalt und die Form in höchster Vollendung sich decken, wie bei unsern ganz Großen, ist vollkommene Kunst erreicht.

Unsere Musikgelehrten — ich nenne die beiden Hauptnamen: Friedrich von Hausegger («Musik als Ausdruck») und Eduard Hanslick («Musik als tönend bewegte Form») — haben Formulierungen gegeben, die seither als feindliche Gegensätze gelten. Dies ist falsch. Es sind die beiden Formen musikalischen Gestaltens, die sich gegenseitig ergänzen. Die Ausgangspunkte unserer heutigen Musik sind verschiedener Art. Die tönend bewegte Form hat wohl ihren Ursprung im Tanz, — Musik als Ausdruck im Schmerzensschrei und im Bedürfnis, religiöser Anbetung eine künstlerische Form zu geben (im gregorianischen Gesang, in Palestrinas Messen und J. S. Bachs Chorälen). Zugleich entwickelte sich von Monteverdi ausgehend der rezitierende Gesang, der dann in die Arie und mit derselben in die heutige Oper mündete.

Tönend bewegte Form können wir die meisten Allegrosätze der Bachschen und Händelschen Instrumentalwerke nennen, in deren langsamen Sätzen bereits tiefere Empfindung nach Ausdruck ringt, — eine Empfindung, die dann in allen Gefühlsskalen mit formvollendeter Logik in den Werken Haydns, Mozarts, Beethovens, Schuberts unmittelbar zu unseren Herzen spricht. Die sogenannte Sonatenform, die sich von Haydn bis zum letzten Beethoven so in Eins mit dem Gefühlsinhalt der Werke verschmolzen hat, ist von keinem der Epigonen dieser Heroen, z. B. Brahms, Bruckner, wieder erreicht worden, in deren an sich tüchtigen Kompositionen die Sonatenform zu einer konventionellen Formel geworden ist, innerhalb derselben man willkürliches Musikmachen oft peinlich empfindet, während man bei einem Haydnschen Quartett Mund und Ohren vor Entzücken aufsperrt.

Tönend bewegte Formen kann man auch wohl diese Instrumentalwerke der Klassiker nennen, aber sie sind eben nicht mehr rhythmisch bewegtes Tonspiel wie bei Bach und Händel, sondern schon heiter oder leidenschaftlich belebter Ausdruck edelsten Seelenlebens. In der bis heute noch beliebten, zuletzt oft recht öde gewordenen (in meinem «Don Quixote» ad absurdum geführten und tragikomisch persiflierten) Variationenform findet man das gesamte von den Klassikern erfundene und immer mehr bereicherte Figurenmaterial vereint. Richard Wagner schließlich hat alle Arten von reichem Figurenmaterial zugleich mit der gefühlvollsten Gesangsmelodie in den Dienst des dramatischen Ausdrucks gestellt. «Tristan», «Der Ring des Nibelungen», «Die Meistersinger», «Parsifal» bilden den Gipfel, dem alle Erscheinungsformen der «tönend bewegten Form» und des «musikalischen Ausdrucks» zustreben. In Wagner hat die Musik ihre höchste Ausdrucksfähigkeit erreicht. [um 1940]

Über die Generalprobe der Oper «Die Liebe der Danae»

Ein Brief an Dr. Willi Schuh

Garmisch, 25. 9. 44.

Lieber Freund!

[...] Schade, daß Sie nicht dabei waren! Es war wirklich ein «einmaliges» Ereignis von kulturhistorischer Bedeutung. Schon die beispiellose Energie, mit der Krauß im Verein mit Hartmann allen äußern und durch das Werk selbst bedingten Schwierigkeiten zum Trotz es bis zur Generalprobe trieb, ist ein Persönlichkeitsdokument, das ganz großen Beispielen der Vergangenheit würdig gleichzustellen ist. Eine ausgewählte Besetzung: *drei* erstklassige junge Tenöre in Haupt- und Nebenrollen ihr Bestes gebend, die große Künstlerin Ursuleac, ihren zehn Straussrollen gleich als letzte Uraufführung, in ungeminderter Stimmpracht, inniger und stylvoller Darstellung auf alter Höhe, und zuletzt das ganz große Erlebnis: überragend Hotter, ein wirklicher Jupiter von göttlicher Größe, erhabener Weihe und erschütterndem Zorn — die vier Königinnen bezaubernd, die verstärkten Chöre von Wien und München vollendet. Die von Krauß' Alles beherrschendem, die letzte polyphone Mittelstimme zum Singen bringenden Zauberstab zum höchsten Klangrausch getriebenen und doch mit letztem Feingefühl die Sänger begleitenden und stützenden Wiener Philharmoniker — Hartmann, von Preetorius' schönen Bildern unterstützt, die großen szenischen Schwierigkeiten meisternd und Sänger und Chor mit überlegener Hand führend und die Dichtung deutend — das wären so die Hauptschlagworte, eine Aufführung zu charakterisieren, die in dieser Vollendung auf der deutschen Bühne nicht so bald wieder erscheinen wird. Die Wirkung war denn auch außerordentlich und die etwa tausend Personen, die der Generalprobe beiwohnten, in heller Begeisterung, die sich zum Schluß zum Gefühl tiefer Ergriffenheit und Bewunderung für das Werk steigerte, das ich selbst mit dankbarer Rührung und Genugtuung nun doch selbst noch genießen konnte, wobei ich konstatieren mußte, daß es kein Abstieg ist, sondern sich in ungeminderter Schöpferkraft nicht nur seinen Vorgängern würdig an die Seite stellt, und im III. Akt auch Töne anschlägt, die ich meinen besten Eingebungen in «Rosenkavalier», «Ariadne», «Arabella» an die Seite stellen kann. Doch nun genug des Eigenlobes. Sie wollten aber doch einen sachlichen «Bericht». Warum sollte er diesmal, statt in der Presse, nicht aus der Feder dessen kommen, der das Stück nächst Krauß und Hartmann doch am besten kennt?

Also die Kritik des Autors: sehr lebendiger Anfang: plastische Chorszenen in graubraunem Kolorit, hierauf in stärkstem Kontrast der Goldzauber mit Jupiters strahlendem Trompeten- und Posaunenglanz und das in schönstem Goldglanz flimmernde, sehr glückliche Frauenduett, mündend in den originellen 5/4-Takt-Aufmarsch der vier Königinnen und ihrer Gemahle, der den Hörer in seinem schwankenden Rhythmus bis zum Erscheinen des Schiffes kaum zur Besinnung kommen läßt — alles dramatisch sehr gut gestaltet und guter Kontrast, frisch in Tempo und Erfindung. Hierauf ein kleines Zurückgehen nach dem Auftritt des Midas — vielleicht dramaturgisch bedingt und als Exposition neuer, für späterhin wichtiger Themen notwendig, aber mir selbst mit Ausnahme der Goldkleid-Stelle nicht zur Zufriedenheit ausgefallen. Vielleicht ist hier der etwas trockene Text schuld. Hofmannsthal würde mir da wahrscheinlich eine anregendere Unterlage geschaffen haben. Ich reagiere eben sehr stark auf glückliche Worte — siehe Terzett «Rosenkavalier», Duette «Arabella», Schlußverse «Helena». R. Wagner behauptet, auch Mozarts Genius habe dem schwachen Textbuch von «Così fan tutte» gegenüber versagt. Das ist aber nicht richtig. Zugegeben, daß der spielerische Vorwurf in Diderot'scher Manier nicht nach dem Geschmack des Titanen war, — die Musik, wenigstens des I. Aktes, ist das sprühendste, geistreichste, reifste und poetischste, was Mozart geschrieben hat. — Ich fahre fort: in der Zwiesprache Danae-Midas ist mir trotz «zwangvoller Müh und Plag» nichts besseres eingefallen. Aber auch dies ist, vielleicht dank dem schönen Tenor, niemand anderem als mir selbst aufgefallen, ging rasch vorüber; so wollen wir also die strenge Kritik des Komponisten für uns Auguren behalten.

Der Schluß des Aktes dagegen ist, fast gegen meine Befürchtung, wieder sehr wirkungsvoll, schon dank der imponierenden Erscheinung Hotters und dem von intensiver Spannung erfüllten Spiel von Frau Ursuleac. Jedenfalls als Aktschluß und Erwartung auslösend recht apart.

Vom II. Akt an hätte ich kritisch an mir selbst nichts mehr auszusetzen. Jupiters Szenen mit den vier Göttinnen, von Hartmann meisterhaft geführt, weisen, gegen meine eigenen Bedenken, keinerlei Längen auf, sind sehr amüsant, und der Gott und Schwerenöter Jupiter wächst allmählich zu einer schönen und bedeutenden Gestalt empor, die großen Eindruck machte. Auch hier sind alle Szenen in glücklichem Gegensatz und die dramatische Steigerung bis zum Schluß in ununterbrochenem Aufbau. Szenisch sehr hübsch war der kleine Hochzeitszug mit nach Vasen gestellten Fackelträgern. Die Verwandlung in die Goldstatue besonders geglückt und wirkungsvoll. Am III. Akt hätte ich selbst nun auch nichts mehr auszusetzen, sondern möchte mir doch das (wohl von Allen gebilligte) Lob spenden, daß er zum Besten gehört, was ich je geschrieben habe. Für einen 75jährigen ein recht hübscher Stolz. Schöne poetische Melodie fließt den ganzen Akt in reifer Jugend: das orchestrale Vorspiel, das B-dur-Zwischenspiel nach der ersten, sehr stimmungsvollen Szene und besonders das Nachspiel nach Jupiters Versöhnung mit Merkur dürfte auf die besten Ehrensockel der Musikgeschichte placiert werden. Die Wirkung des letzten Bildes, von Danae und Jupiter ergreifend gespielt und gesungen, kann schon aus dem Klavierauszug allein deutlich erkennbar sein. Zuletzt noch die Anerkennung des «Malers», daß die Farben meines Orchesters noch einmal in altem Glanz aufleuchteten, und damit wollen wir die eitle Epistel des «greisen Altmeisters» für diesmal beenden in der Hoffnung, daß sie von objektiveren und nüchterneren Beurteilern nicht allzu sehr desavouiert werde. Jedenfalls hatte ich selbst diesmal ungetrübte Freude.

Gregors Buch sehr unterhaltend und von echtem griechischem Geist erfüllt!
[...]
Sonst nichts von Bedeutung, bin vollständig untätig.

Mit herzlichen Grüßen auch von meiner Frau für Sie Beide

Ihr
Dr. Richard Strauss.

Betrachtungen zu Joseph Gregors «Weltgeschichte des Theaters»

4. Februar *[1945]* Geburtstag meiner lieben treuen Frau.

Gedanken über die «Weltgeschichte des Theaters» und Entwurf eines Briefes an Josef Gregor, den Verfasser. Durch Zufall ist Ihr wertvolles Buch, das Sie mir zum 80. Geburtstag schenkten, *in Wien liegen* geblieben und erst vor 8 Tagen mit einem Gelegenheitstransport von dortigem Hausrat in meine Hand gekommen. Nach der Lektüre des asiatischen (besonders indischen Theaters) und des Jahrhunderts der griechischen Tragödie über den schönen Regenbogen nachdenkend, der sich (von der Bibel und Homer) speziell von Äschylos, Sophokles und Euripides bis zu Goethes und Gerhart Hauptmanns Iphigenien, die trotz ihrer Bedeutung — *ohne Musik* aber die Erlösung des Mythos nicht bringen konnten, bis zu Glucks Iphigenien, meiner Salome, Elektra, Helena, Frau ohne Schatten, Daphne-Apollo, Ariadne-Bacchus, Danae-Jupiter spannt, komme ich immer wieder auf meinen alten Gedanken zurück, daß mit der Geburt der Mozartschen Melodie der Ring geschlossen werden konnte, der die gesamte europäische Kultur in sich schließt.
Alle Philosophen von Confucius über Plato, Spinoza, Kant, Schopenhauer haben seit Tausenden von Jahren nach der menschlichen Seele geforscht, am nächsten kam dem Rätsel Plato mit seinem zwischen Erde und Himmel schwebenden Eros (soweit ich seine Ideenlehre zu verstehen glaube), aber schließlich konnte das letzte

Kapitel aller Weltweisheit, vor dem bis jetzt noch alle großen Denker Halt machten, erst geschrieben werden, als mit J. S. Bach (wie ein aus Träumen des 30jährigen Krieges auftauchendes Wunderbild) die moderne deutsche Musik mit Bachschem Contrapunkt in die Welt trat, als Joseph Haydn das heutige Orchester, die Instrumente zu sprechenden Individuen schuf, die Berlioz, Weber und Richard Wagner zu den höchsten Ausdrucksmöglichkeiten und Farbengebungen entwickelten, und vor allem als der göttliche Mozart in seinen Melodien *Offenbarungen der innersten Seele* der Welt schenkte, die mit dem Melodienschatz Beethovens, Schuberts, Webers das höchste Gut der Menschheit darstellen.

Diese bahnbrechende, aber leider nur einmalige Bedeutung besonders der Tonsymbole, in denen sich die Mozartsche Melodie dem Hörer darbietet, letzten Endes aber nur vom teilnehmenden *Gefühl* ganz aufgenommen und sympathisch erwidert werden kann, ist bisher nicht zu voller kulturhistorischer Würdigung gelangt. Die edle Menschlichkeit, die in Goethes Iphigenie die höchste Form darstellt, die den Ausdrucksmöglichkeiten der menschlichen Sprache gegeben ist, durch den vermittelnden Verstand auf das Gefühl zu wirken, wird nie in dieser Unmittelbarkeit erfaßt werden, mit dem sich bei Gluck Agamemnons Qualen, des Orest Wahnsinnsfoltern uns einprägen. Agathens und Euryanthens Unschuld, Leonorens aufopfernde Gattenliebe konnte sich nur in Tönen aussprechen. Der Schlüssel, der das «Reich der Mütter» erschließt, ist die Musik. Und Goethe selbst bekennt, daß das Reich der Musik beginnt, wo das Incommensurable dem Verstande unerreichbar ist. Mozarts «Don Juan» erklärte er als ein einmaliges Wunder.

Melodische Gestalten wie Ottavios G-dur-Arie, die Brief-Arie der Anna, die sog. Garten-Arie der Susanne, die A-dur-Arien Belmontes und Ferrandos, Cherubins, die Adagios aus dem C-dur-Quartett, dem g-moll-Quintett sind die höchsten Gipfel menschlicher Phantasie und Seelenreinheit. Daß nach den Griechen innerhalb zweitausend Jahren die dramatischen Oasen der Spanier und vor allem Shakespeare als höchstes Phänomen des recitierten Dramas vor unseren deutschen Klassikern in kurze Erscheinung traten, daß nach Mozart und Weber und der Entwicklung des modernen Orchesters der als Dichter, Dramatiker und Musiker gleich begabte Richard Wagner den germanisch christlichen Mythos, ich möchte schon sagen, fast *frei erschuf* * und für alle Zeiten erschöpfend zu höchsten Kunstwerken gestaltete, brauche ich wohl kaum zu erwähnen. Unnachahmlich, unerreichbar, anbetungswürdig — der letzte Gipfel 3000jähriger Kunstentwicklung.

Ich weiß wohl, daß meine sinfonischen Werke weder an Beethovens Riesengenius reichen, ich kenne genau den Abstand meiner Opern (in Größe der Conception, primärer melodischer Erfindung, kultureller Weisheit) gegenüber Richard Wagners Ewigkeitswerken — aber die in *Ihrer* Weltgeschichte gegebenen Daten der Entwicklung der theatralischen Kunst, berechtigen mich, glaube ich, doch zu dem bescheidenen schönen Bewußtsein, daß in der Vielseitigkeit meiner dramati-

* Das primitive Nibelungenlied mit seinen nebelhaften Gestalten ist doch mit Homer nicht zu vergleichen!

schen Stoffe, in der Form ihrer Behandlung meine Opern in der Weltgeschichte gerade in ihrer Beziehung zu allen früheren Schöpfungen des Theaters (Richard Wagner bei Seite lassend) einen ehrenvollen Platz am Ende des «Regenbogens» behaupten werden, und wenn Neuland auf dem Gebiete der Oper noch zu erreichen ist, gute Bausteine auf dieser «Allee der Sphinxe» gesetzt sind. Besonders meine griechischen Opern haben in Scenen wie Klytämnestras Traum, Erkennung der Schwester, Erlösung im Tanz, der seelischen Wandlung des Menelas, im Kusse Apollos (in Daphne), in Jupiters Abschied von der Welt den Menschen Tonsymbole geschaffen, die als letzte Erfüllung griechischer Sehnsucht gelten dürfen. Diese Beziehungen zum Griechentum dürften eingehender kritischer Behandlung würdig sein. Wie das Mozart'sche Schaffen in jedem Werke einen besonderen Typus der Oper aufweist, von der Opera seria «Idomeneo» über die grandiose Gestalt des «Don Juan» über die Vollendung des «Figaro», die besondere Form der Komödie der Ironie («Così fan tutte») bis zum Bühnenweihfestspiel der «Zauberflöte», so dürfte auch die Vielgestaltigkeit meiner 15 Opern vom III. Akt des «Guntram» an, bis zum «Capriccio» einen bescheidenen Platz auch neben dem «Einzigen» in Anspruch nehmen dürfen.

Nebenbei: Rossini wurde einmal gefragt, wen er für «größer» hielte, Beethoven oder Mozart! Er antwortete: Oui, Beethoven est le plus grand, Mozart c'est le «Seul».

Eine kleine Episode zum Kapitel Melodie. Wir waren etwa 1891 in Wahnfried zum Frühstück geladen. Es kam die Rede auf Bruckner, und Felix Mottl rühmte dessen «schöne Melodien». Da fuhr Cosima wütend auf, schlug auf den Tisch und rief: Was — Melodie? Wer hat Melodie? Mozart hatte Melodie, Beethoven, Schubert, «die Werke» haben Melodie, *sonst Niemand!!!*

Zum Abschluß eines 80jährigen arbeitsreichen und ehrlichen (jawohl Ihr Herren Schillings und Pfitzner! «ehrlichen») und gut deutschen Künstlerlebens seien hier auch einmal einige Worte der Verteidigung meines Werkes gesprochen, die sich nicht gegen unverständige und böswillige Kritik, auf die ich niemals reagiert hatte, richten soll, aber wohlwollenden, anerkennenden, begeisterten Freunden doch als Richtlinien für die kritische Beurteilung meiner dramatischen Arbeiten dienen können. Ich kann jetzt wohl die Anerkennung der unschätzbaren Mitarbeit meines treuen, zu früh entrissenen «Dichters» Hofmannsthal übergehen, an dessen edlen Schöpfungen (die ersten künstlerisch und literarisch hochstehenden «Libretti» seit Richard Wagner) zu mäkeln die Zeitungskritik seit seinem Tode wenigstens aufgehört hat, wenn gleich die volle Würdigung seiner Dichtungen nur vereinzelt (ich greife hier Willi Schuh besonders dankbar heraus) das hohe Maß der Anerkennung erreicht hat, die sie in der Tat verdienen. Der noch nicht veröffentlichte Teil unseres Briefwechsels[1] wird zur weiteren Aufklärung dienen, in wie weit schöpferisch, anregend, meinen oft nicht ganz einwand-

---

[1] Die Gesamtausgabe des Briefwechsels ist inzwischen, herausgegeben von Willi Schuh, erschienen (Atlantis Verlag, Zürich und Freiburg i. Br., 1952, 1955, 1964, 1970, 1978).

freien Geschmack bildend, er an den Werken beteiligt ist.

Zu meiner Arbeit übergehend möchte ich mit Genugtuung erwähnen, daß mein durch viele Umstände über 50 Jahre liegen gebliebener «Guntram» in verdienstvollen Aufführungen in Berlin (unter Heger) und zuerst in Weimar (unter Sixt) den Beifall gefunden hat, als wichtiger erster Baustein an meiner dramatischen Leistung wenigstens richtig eingeschätzt zu werden. Gewiß ist der (auch sprachlich nicht einwandfreie) Text kein Meisterstück, gab aber doch dem Gesellenstück des sich zur Selbständigkeit durchhäutenden, frisch gebackenen Wagnerianers den Anlaß zu sehr viel frischer, melodiöser, saftig klingender Musik, die schon damals (ich nehme die letzten Meisterwerke Verdis, besonders den «Falstaff» und Humperdincks «Hänsel und Gretel» aus) doch Alles schon überragt hat, was neben und nachher an Opernmusik mit oder ohne teutsche «Gesinnung» verzapft wurde. Aber Alles in Allem: schlechter als der Text des berühmten «Troubadour» und vor allem der Verunstaltungen klassischer Dramen («Räuber», «Luise Miller», «Jungfrau von Orleans», «Macbeth», «Othello») durch den braven Verdi, des «Faust» durch den Liebling der grand opéra, Gounod, der «Butterfly» des guten Puccini, der armen «Euryanthe» ist er auch nicht und von der zweiten Hälfte des II. Aktes ab auch für verwöhnte Ohren noch heute sehr gut anhörbar. Wer die Aufführungen des besonders glänzend instrumentierten Werkes nicht gehört hat, und den III. von Völker besonders schön gesungenen Aktschluß, sowie die Freihild-Arie am Ende des II., der überall noch wirklich zündete und auch mir selbst

gefiel, kann (wie [über] alle meine Opern) nur aus dem Klavierauszug darüber nicht urteilen.
Nach der Absage an die Tradition:

«mein Leben bestimmt
meines Geistes Gesetz;
mein Gott spricht
durch mich selbst zu mir!»,

die selbst den treuen Freund (Friedhold) Alexander Ritter dem von ihm lange geförderten und gebilligten Werke entfremdete, war eben doch der Weg frei für unbehindert selbständiges Schaffen. Und diese unbekümmerte Subjektivität hat schon der folgenden «Feuersnot»-Opposition einen Stempel aufgedrückt, der außer in dem großen Kulturmonument «Meistersinger» in der Opernliteratur bis dahin unbekannt war.
Die neuen Momente (wenigstens gegenüber der normalen Operntradition mit ihren Rittern, Banditen, Zigeunern, Türken, sicilianischen Bauern, Troubadours, Hofnarren) lagen zuerst im neuen Genre einer Dialektoper, im Mut, darin persönliches, polemisches Bekenntnis des Autors abzulegen, in ihrem leicht satirischen Charakter, rein musikalisch in der Abkehr von dem noch in «Guntram» geübten prunkvollen 4-Hörner-Orgelklang des Wagnerschen Orchesters, besonders nach der Seite meiner noch differenzierteren Holzbläserbehandlung, die für den etwas spröden Klang meiner späteren Instrumentation entscheidend geworden ist. — Man hat der «Feuersnot» stets die Stilvermischung der harmlosen Posse mit Kunrads Strafpredigt zum Vorwurf [gemacht]. Die Richtigkeit dieses Einwandes zugegeben — ohne diese wäre das Ganze doch zu simpel geworden, und mir war doch die Kunradrede die Haupt-

sache und die übrige Handlung lustiges Beiwerk, und immerhin müßte doch zum mindesten die Courage eines bis dahin erfolglosen Operncomponisten anerkannt werden, seinen eigenen Landsleuten eine kleine Strafpredigt gerade über ihr Verhalten gegenüber Richard Wagner zu halten. Daß die kleinen spöttischen Anklänge an des großen Meisters oft etwas schwulstige Lyrik kein Versehen des Textdichters sind, brauche ich wohl nicht eigens zu betonen.

Jedenfalls sind «Guntram» und «Feuersnot» zwei naturnotwendige Bausteine bezüglich des dramatischen Styls, der Behandlung des Orchesters und aller bei den Aufführungen und Anfeindungen gemachten Erfahrungen, auf denen das böse Kind «Salome» erwachsen konnte, das die erste schöne Vertreterin all der Frauengestalten werden sollte, deren feiner differenzierter Psychologie alle nervösen Contrapunkte und alle diffusen Farben meiner späteren Partituren dienen sollten: vom Kuß der Salome, den Träumen der Klytämnestra bis zu Danaes goldenen Nächten, Helenas Trank der Erinnerung, Ariadnes Verwandlung und Apollos und Daphnes Umarmung!

Aus dem Keime der «Feuersnot» entsprangen zudem auch die Confessions des «Ariadne»-Vorspiels, des «Intermezzo»-Experiments und des «Capriccio»-Testaments! «Frau ohne Schatten» knüpft direkt an die «Zauberflöte» an, auf der andern Seite des Regenbogens, sie und «Helena» bedürfen vielleicht noch am meisten freundschaftlich bedeutender Nachfolge, während immerhin die «Frau ohne Schatten» die Bewunderung der Besten sich erworben hat.

Zu «Elektra» und «Helena» ist zu bemerken, daß mir

bei der ersten die Schilderung der dämonischen Griechen des 5. Jahrhunderts v. Chr. vorschwebte, während der Styl der «Helena» dem geläuterten Schönheitsideal des Goethe-Winckelmannschen Griechentums des 4. Jahrhunderts sich nähern sollte.

Bei der Würdigung der Hofmannsthalschen Helenadichtung vergesse man nicht, daß der Schöpfer der Marschallin des «Rosenkavalier» seit fast 3000 Jahren der Erste war, der das von allen Dichtern (sogar von Euripides und selbst Goethe) gemiedene Problem: Helena und Menelas *(allerdings nur mit Musik zu lösen)* einer endgiltig sittlichen Lösung entgegen zu führen gewagt hat.

Zu Kunrads überflüssiger Strafpredigt ist zu bemerken, daß alle die, die in alten Opern die längsten Arien (horribile dictu — Händel) mit pietätvollen Ohren anhören, dieselben, die Jahre lang die «unerträgliche» Wotanerzählung nur mit wütenden Unterbrechungen schlafend über sich ergehen lassen mußten, weil der Meister sie vorsichtiger Weise weder an den Anfang noch am Schluß eines Aktes gesetzt hatte, am ersten das Maul halten sollten.

Nebenbei bemerkt: antwortete Cosima Wagner nach dem I. Akt «Walküre» einem begeisterten Bewunderer: «den *I. Akt* ‹Walküre› schön zu finden, ist weiß Gott keine Kunst!» Um dieses ganze Elaborat zu schließen: Die Blüte der griechischen Tragödie dauerte genau ein Jahrhundert, das große spanische Theater wohl kaum viel mehr, Shakespeare wenig über 20 Jahre. Sollte die große deutsche Musik nach 200 Jahren zu Ende sein?

Letzte Aufzeichnung

19. Juni 1949

In den biografischen Abhandlungen, die ich jetzt reichlich zu lesen bekomme, vermisse ich fast überall die richtige Einstellung gerade auch zum Textbuch der «Feuersnot». Man vergißt, daß dieses gewiß nicht vollkommene Werk (besonders in der allzu ungleichen Orchesterbehandlung) doch gerade zu Anfang des Jahrhunderts ein neuer subjektiver Styl im Wesen der alten Oper ist, ein Auftakt!
Gerade bei Goethe forschen alle Literaturhistoriker fast in jedem Werk und in jedem Satz nach den Beziehungen der Persönlichkeit, des Erlebnisses zum Kunstwerk — warum sieht man nicht das Neue an meinen Werken, wie in ihnen, wie nur noch bei Beethoven der Mensch sichtbar in das Werk spielt — dies beginnt im 3. Akt Guntram schon (Absage an den Collektivismus), Heldenleben, Don Quixote, Domestica — und in der «Feuersnot» ist bewußt der Ton des Spottes, der Ironie, der Protest gegen den landläufigen Operntext das individuelle Neue. Darum die heitere Persiflage der Wagnerschen Diktion, wegen der nicht zu streichenden Anrede Kunrads ist ja gerade das ganze Nichtoperchen entstanden! Das Bekenntnis in «Intermezzo», «Capriccio» ist doch das, warum sich meine dramatischen Werke von den landläufigen Opern, Messen, Variationen unterscheiden in direkter Beethoven-, Berlioz-, Lisztnachfolge. Musik des 20. Jahrhunderts. Der griechische Germane!

Wer ihn einmal Beethoven spielen oder Wagner dirigieren hörte, wer je einer seiner Klavierstunden beiwohnte oder ihm bei einer Orchesterprobe lauschte, für den mußte er das Vorbild aller leuchtenden Tugenden des reproduzierenden Künstlers sein, und seine rührende Sympathie für mich, sein Einfluß auf die Entwicklung meiner künstlerischen Fähigkeiten war, außer der Freundschaft Alexander Ritters, der zum Kummer meines guten Vaters einen Wagnerianer aus mir machte, das einschneidendste Moment in meiner Laufbahn. Was ich an Verständnis für die Kunst der Interpretation mein eigen nenne, verdanke ich außer meinem Vater, dem «Joachim auf dem Waldhorn», wie ihn Bülow zu nennen pflegte, dessen grimmigem Gegner Hans von Bülow. Nicht daß sich diese beiden Männer wie Kämpfer auf dem Schlachtfelde haßten, nein, wenn sie zusammen musizierten, herrschte eitel Eintracht. Mein Vater blies die Kantilenen der «Meistersinger» und des «Tristan» so schön, daß (er hat mir dies selbst mit wohlgefälligem Schmunzeln erzählt) selbst Wagner bekennen mußte: «Der alte Strauss ist zwar ein unausstehlicher Kerl, aber wenn er Horn bläst, kann man ihm nicht böse sein», und Bülow wiederum hatte, wenn ihm auch damals in München die landläufige Routine des Theaterkapellmeisters fehlte, doch seinen «Tristan» so fest im Kopf und Herz, daß auch mein Vater sich den Launen seines Taktstockes fügte, wenn er mit Feuer und Schwert, d. h. mit endlosen Proben und norddeutscher Schärfe, dem nur an die bajuvarischen Grobheiten eines alten Franz Lachner gewöhnten Mün-

chener Orchester seinen geliebten Wagner einpaukte. Nur wenn das Musizieren vorbei war, dann platzten die Geister wütend aufeinander, und das Gemisch aus gegenseitiger Bewunderung und aus dem Gegensatz der künstlerischen Überzeugung bestimmte den weiteren Verlauf des Verhältnisses dieser beiden Männer oft auf das wunderlichste.
So kam es, daß Bülow in seiner Großmut die erste Gelegenheit ergriff, auf das Haupt des verhaßten alten Strauss feurige Kohlen zu sammeln, als mein erster Verleger, Bülows Freund Eugen Spitzweg, dem Führer der Meininger meine Bläserserenade op. 7 übersandte. Er nahm das Stück, das weiter nichts als eine anständige Konservatoristenarbeit ist, in sein Reiseprogramm auf. Bei einer solchen Aufführung im Winter 1883 zu Berlin lernte ich ihn kennen. Er gab mir den Auftrag, für die Meininger noch ein solches Stück zu schreiben. Ich machte mich sofort an die Arbeit (schöne Jugendzeit, damals ging es noch auf Kommando!) und übersandte ihm im Sommer meine viersätzige Bläsersuite in B-dur. Im Winter 1884 kam Bülow nach München und überraschte mich, als ich ihm meinen Besuch machte, mit der Mitteilung, daß er dem dritten offiziellen Konzert eine Matinee vor geladenem Publikum folgen lasse, welche als zweite Programmnummer die Bläsersuite unter meiner eigenen Leitung enthalten sollte. Ich dankte hochentzückt, vermeldete aber, daß ich noch niemals einen Taktstock in der Hand gehalten habe, und frug, wann ich probieren könnte. «Proben gibt's nicht, dazu hat das Orchester auf der Reise keine Zeit.» Sein Befehl war so kategorisch, daß ich gar nicht dazu kam, über meinen Schrecken nachzudenken. Der Vor-

mittag kam. Ich holte Bülow im Hotel ab; er war scheußlicher Laune. Als wir die Treppe des Odeon hinanstiegen, tobte er förmlich gegen München, das Wagner und ihn hinausgetrieben, gegen den alten Perfall, nannte das Odeon ein Mittelding zwischen einer Kirche und einer Börse, kurz, er war so reizend unausstehlich, wie er nur sein konnte, wenn er auf etwas wütend war. Die Matinee nahm ihren Verlauf. Ich dirigierte mein Stück in einem leichten Dämmerzustand; ich weiß nur mehr, daß ich nicht umgeschmissen habe. Wie es sonst gewesen, könnte ich nicht mehr sagen. Bülow hörte sich mein Debüt gar nicht an; eine Zigarette nach der anderen rauchend, rannte er wütend im Musikzimmer herum. Als ich dasselbe wieder betrat, kam mein Vater von der anderen Seite herein, um tief gerührt Bülow zu danken. Das war's, worauf Bülow gewartet hatte. Wie ein wütender Löwe sprang er auf meinen Vater los: «Sie haben mir gar nichts zu danken», schrie er, «ich habe nicht vergessen, was Sie seinerzeit hier alles mir angetan haben, hier in diesem verdammten München. Was ich heute tat, habe ich getan, weil Ihr Sohn Talent hat, nicht für Sie.» Wortlos verließ mein Vater das Musikzimmer, aus dem alle anderen Anwesenden, als sie Bülow losbrechen sahen, schon geflüchtet waren. Mir war natürlich durch diese Szene mein Debüt gründlich versalzen, nur Bülow hatte plötzlich die allerbeste Laune. Den Affront, den er meinem Vater damals angetan, hat er später reichlich wettgemacht, und mein Vater hat's dem Wohltäter seines Sohnes nicht nachgetragen. Kurz darauf ernannte mich Bülow zum zweiten Kapellmeister in Meiningen, als Nachfolger Mannstaedts, und eröffnete mir damit

eine unter seinem Segen inaugurierte, vom Glück begünstigte Laufbahn.
Am 1. Oktober 1885 begann ich in meiner neuen Stellung eine Lehrzeit, wie sie interessanter, eindrucksvoller und — amüsanter nicht zu denken ist. Täglich von 9 bis 12 Uhr vormittags fanden die denkwürdigen Proben statt, wie sie nur Bülow halten konnte. Das Bild der Werke, die er damals (alle auswendig) probierte, steht seit dieser Zeit unverrückbar vor meiner Seele. Besonders die Art, wie er den poetischen Gehalt der Werke Beethovens und Wagners ausschöpfte, war absolut überzeugend. Da war nirgends ein Zug von Willkür, alles zwingende Notwendigkeit, aus Form und Inhalt des Werkes selbst heraus; sein hinreißendes Temperament, stets von strengster, künstlerischer Disziplin und einer Treue gegen den Geist und — Buchstaben des Kunstwerkes (beides ist mehr identisch, als gemeinhin geglaubt wird) regiert, brachte in peinlichsten Proben die Werke zu einer Reinheit der Darstellung, die für mich heute noch den Gipfel der Vollkommenheit der Wiedergabe von Orchesterwerken bedeutet. Nicht zu vergessen die Grazie, mit der er den Stab führte, die reizvolle Art, mit der er zu probieren pflegte — die Belehrung oft in Form eines witzigen Epigramms —; wenn er sich plötzlich vom Pult weg an den die Partitur nachlesenden Schüler mit einer Frage wandte, mußte derselbe rasch bei der Hand sein, um für seine Antwort nicht eine spöttische Abfertigung des Meisters vor versammeltem Orchester zu ernten. Er war der geistreichste Conferencier, der je im Gewande eines genialen Schulmeisters gesteckt hat. Als Pädagoge konnte er von unerbittlicher Pedanterie sein, und sein Wahlspruch:

«Lernt erst die Partitur einer Beethovenschen Sinfonie *genau* lesen, und ihr habt auch schon die Interpretation», kann heute noch die Eingangspforte jeder Hochschule zieren. Alle künstlerische Nonchalance haßte er. Hierfür ein Beispiel: Ich dirigierte auf seine Einladung 1892 in Berlin meinen «Macbeth», und Bülow wohnte der Probe bei. Ich hatte das Stück selbst lange nicht mehr gesehen und (in diesem Punkte immer etwas nachlässig, mich auf meine leidliche Gewandtheit im Partiturlesen verlassend) auch vor der Probe mich nicht mit der Partitur beschäftigt, so daß ich den braven Philharmonikern das Schauspiel eines fest an den Noten klebenden Komponisten bot. Das ärgerte den gewissenhaften Bülow und er machte mir nachher die größten Vorwürfe: «Die Partitur im Kopf und nicht den Kopf in der Partitur, so gehört sich's» (meinen Einwand abschneidend), «auch wenn man die Sache selbst komponiert hat.» In derselben Probe monierte Bülow in der Breitkopf-Ausgabe einer Beethovenschen Sinfonie einen Druckfehler im zweiten Horn. Ein berühmter Kritiker, der der Probe beiwohnen durfte, stürzte nach Beendigung der Probe voller Eifer zu Bülow und bat, ihm den interessanten Druckfehler nochmals zu zeigen. Bülow schlägt eine x-beliebige Seite auf und deutet auf eine x-beliebige Stelle in den Hörnern: «Sehen Sie da.» — «Ganz richtig, natürlich, natürlich», bestätigte der Kritikus. Ein spöttisches Lächeln Bülows, der richtig damit gerechnet hatte, daß die Wissenschaft des Ästhetikers doch nicht bis zu den transponierenden Hörnern vorgedrungen war, quittierte über den Reinfall der Autorität. Gott, was gäbe es da nicht zu erzählen! Von der Doppelaufführung der IX. Sinfonie in Berlin, wozu ich mit Alexander Ritter eigens von München gekommen war und bei unserer Antrittsvisite in Bülows Zimmer *Johannes Brahms* vorfand, den uns Bülow von neuem mit den Worten vorstellte: «Meine Herren, Sie kommen zur Neunten? Hier finden Sie den Komponisten der Zehnten!» Das wütende Gesicht, das der fanatische Lisztianer Ritter dazu schnitt, sehe ich heute noch. Auch Brahms war etwas verlegen. Hat er doch später einmal die Bemerkung gemacht: «Die Lobsprüche, die mir Hans von Bülow spendete, beißen wie Salz in den Augen, so daß mir die Tränen herauslaufen.» Nicht, daß ich bezweifeln möchte, als habe Bülows starker Kunstverstand Brahms' Meisterschaft nicht aufrichtig bewundert, aber nach welcher Seite im Tiefsten sein Herz wirklich schlug, darauf dürfte beifolgendes Erlebnis doch ein grelles Schlaglicht werfen. In einem populären Konzert der Philharmoniker hatte Bülow die «Tannhäuser»-Ouvertüre in der stolzen und hinreißenden Art, wie ich sie nur von ihm kenne, gespielt, ohne daß sein Jugendfreund und Schulkamerad Ritter, der sie mit ihm zusammen in den vierziger Jahren in Dresden unter Wagner selbst gehört hatte und auf dessen Urteil er immer etwas gab, ihm darüber ein Wort der Anerkennung gesagt hatte. Auf der Treppe des Hotels begegneten sie sich am nächsten Morgen. Bülow stürzte auf Ritter los: «Wie war gestern die ›Tannhäuser‹-Ouvertüre?» Und der alte Starrkopf gab ihm zur Antwort: «O, es war über alle Maßen herrlich. Ich mußte lebhaft der Zeit gedenken, wo wir beide einem Ideal huldigten, dem *ich* treu geblieben bin.» Da fiel Bülow dem Freunde um den Hals, die Tränen stürzten ihm aus den Augen und er rannte auf sein Zimmer ohne ein Wort der Erwiderung.

Um auf den Oktober 1885 zurückzukommen: Ich hatte mir in den vierzehn Tagen täglicher Proben unter Bülow schon einen ganz hübschen Grundstock zu meiner Dirigentenwissenschaft, wenigstens theoretisch, gelegt, als mir Bülow eröffnete, daß er auf einen Tag verreise und ich mit dem Orchester zu proben habe, nämlich Brahms' A-dur-Serenade. Ich war mitten in der Arbeit, als die Frau Erbprinzessin mit Gefolge in die Probe kam. Ich war bereits so weit hoffähig, daß ich die Probe unterbrach und die hohe Frau nach ihren Befehlen frug. Sie erwiderte: «Ich möchte die ‹Holländer›-Ouvertüre hören.» Neue Verlegenheit für mich. Zum zweitenmal am Dirigentenpult, und gerade von der «Holländer»-Ouvertüre hatte ich damals noch keine Partitur zu Gesicht bekommen. Mit der ganzen Schüchternheit meiner 20 Jahre erwiderte ich: «Aber ich habe die ‹Holländer›-Ouvertüre noch nie dirigiert.» Die Prinzessin mochte denken: «Das ist ein schöner Kapellmeister!» und sagte spöttisch: «Na, die ‹Freischütz›-Ouvertüre werden Sie doch kennen.» Nun raffte ich mich aber auf und erwiderte: «Dann wollen wir doch schon die ‹Holländer›-Ouvertüre machen», und es ging ganz gut, da das Orchester sicher war und ich mit dem Mute der Verzweiflung meinen Takt schlug. Acht Tage darauf folgte mein öffentliches Debüt, für das mir Bülow als Aufgabe Mozarts Klavierkonzert c-moll gestellt hatte. Hatte ich auch den ganzen Sommer fleißig daran geübt, so zitterte ich, als keineswegs durchgebildeter Pianist, doch höllisch davor, das Stück unter Bülows Leitung zu spielen. Nachdem der erste Satz leidlich gelungen war, ermunterte mich der liebenswürdige Meister mit den Worten: «Wenn Sie nicht was

Besseres wären, könnten Sie auch Klavierspieler sein.» Nahm ich das Kompliment auch nicht für voll verdient, so war ich in meinem Selbstvertrauen doch so weit gehoben, daß ich in den beiden letzten Sätzen mich freier geben konnte. Hierauf dirigierte ich meine f-moll-Sinfonie. Unter den Zuhörern befand sich kein Geringerer als *Johannes Brahms*, und ich war äußerst begierig, sein Urteil über meine Sinfonie zu hören. In seiner wortkargen Art sagte er zu mir nur ein «Ganz hübsch», fügte aber eine beherzigenswerte Lehre bei: «Junger Mann, sehen Sie sich genau die Schubertschen Tänze an und versuchen Sie sich in der Erfindung einfacher und achttaktiger Melodien.» Ich verdanke es hauptsächlich Johannes Brahms, daß ich seitdem nicht mehr verschmäht habe, eine populäre Melodie (so gering eine solche von der Schulweisheit der hohen Kritik heutzutage auch eingeschätzt werden mag, fallen sie einem doch sehr selten und nur zu guter Stunde ein) auch wirklich in meine Arbeiten aufzunehmen. Ein weiterer Vorwurf des großen Meisters: «Ihre Sinfonie enthält zuviel thematische Spielereien. Dieses Übereinanderschachteln vieler nur rhythmisch kontrastierender Themen auf einen Dreiklang hat gar keinen Wert», ist mir deutlich haften geblieben. Damals habe ich eingesehen, daß Kontrapunkt nur berechtigt ist, wenn eine poetische Notwendigkeit zwei oder mehrere nicht nur rhythmisch, sondern gerade harmonisch aufs stärkste kontrastierende Themen zu vorübergehender Vereinigung zwingt. Das leuchtendste Beispiel für diese Art poetischen Kontrapunktes findet sich im dritten Akt des «Tristan».

Wenige Tage darauf fand die Uraufführung der

IV. Brahmsschen Sinfonie statt. Bülow hatte fabelhaft probiert, und sein Eifer und seine rührende Gewissenhaftigkeit hatten oft in seltsamem Gegensatz gestanden zu der Gleichgültigkeit, die Brahms selbst bezüglich der Dynamik und des Vortrags seiner Werke ganz offen zur Schau trug. Das Fest wurde von der «Akademischen Festouvertüre» beschlossen, in der, um Brahms eine persönliche Huldigung zu bringen und um die wenigen Streicher des Meininger Orchesters nicht noch mehr zu dezimieren, Bülow die Becken und ich die große Trommel übernommen hatte, wobei sich das ergötzliche Schauspiel ergab, daß keiner von uns beiden Pausen zählen konnte. Ich war in der Probe schon im vierten Takt 'raus und half mir schließlich damit, daß ich mir eine Partitur aufs Pult legte. Bülow aber, dessen Aufmerksamkeit fortwährend von seiner gleichfalls meistens aus Pausen bestehenden Stimme abgelenkt wurde, hörte immer nach acht Takten kräftigen Zählens auf und rannte jeden Augenblick zum Trompeter: «Bei welchem Buchstaben stehen wir?» und dann ging's von neuem los: «Eins, zwei, drei vier.» Ich glaube, am Schlagwerk ist nie so viel gepatzt worden, als an dem Abend, da die beiden Herren Kapellmeister mitwirkten.

Zum Schlusse dieser zwanglosen Plauderei noch ein paar amüsante Zwischenfälle aus Bülows Proben. So sicher des Meisters Gedächtnis war, hie und da irrte er sich doch. Einmal stürzte er plötzlich auf den ersten Hornisten los und überschüttete ihn mit einer Flut von Vorwürfen. Nun war die Parole bei den Meiningern: wenn der geliebte Meister wütend war, nicht mucken, sondern ihn einfach austoben lassen. Als Bülow geendet hatte und sich verpustete, erwiderte der Hornist ruhig: «Ja, Herr von Bülow, ich warsch ja gor nicht gewäsen, die Stelle stäht im dritten Horn.» Nun mußte sogar Bülow lachen, und die Probe ging in ungetrübter Freude zu Ende. Ein andermal war Bülow mitten im Studium von Berlioz' «Harold»-Sinfonie, als der Herzog Georg, gefolgt von seinem Adjutanten, Herrn von Kotze, das Theater betrat. Bülow klopfte sofort ab und frug nach des Herzogs Befehl. Der leutselige Fürst wollte nur zuhören und fragte, was gespielt wurde. «Eine Sinfonie von Berlioz», erwiderte Bülow, bedauerte aber zugleich, daß er das Werk dem Herzog nicht vorführen könne, da er erst im Beginn des Studiums stände. Der Herzog: «Das macht nichts, ich höre zu.» Bülow: «Ich bedaure lebhaft, Hoheit, die Aufführung ist zu unreif, ich kann sie Eurer Hoheit nicht präsentieren.» Herzog: «Aber Bülow, seien Sie nicht komisch, es ist mir egal, wie es geht, ich höre gern zu!» Bülow mit einer dritten steifen Verbeugung: «Hoheit, ich bedaure zum drittenmal. So weit, wie wir jetzt in der Sinfonie sind, reicht's höchstens — für Herrn von Kotze.» Oben das grinsende Orchester, dazwischen Bülow in musterhafter Hofhaltung, unten der Herzog mit dem armen Opfer. Es war eine hübsche Gruppe.

Meine schöne Lehrzeit in Meiningen ging am 1. April 1886 zu Ende. Bülow hatte nach dem Konflikt mit Brahms über die Aufführung der e-moll-Sinfonie in Frankfurt a. M. schon im November seine Demission eingereicht; ich folgte einem Rufe nach München, nachdem ich, vier Monate lang Alleinherrscher über das Orchester, in täglichen Proben alles durchgespielt und durchgeübt hatte, was es an Konzertliteratur überhaupt gab. Gerade in diesem Winter war auch das berühmte Meininger Schauspiel nicht auf Reisen, und ich fehlte natürlich keinen Abend bei den herrlichen Aufführungen. Als ich mich bei den hohen Herrschaften verabschiedete, spendete mir Frau von Heldburg, die auf Bülow und der Kapelle Ruhm immer etwas eifersüchtig gewesen war, die huldvollen Abschiedsworte: «Seine Hoheit der Herzog und ich bedauern sehr, daß wir Sie so bald schon wieder verlieren (ich setzte bereits zur ersten geschmeichelten Verbeugung an), Sie waren — der beste Claqueur, den wir seit langem im Schauspiel besessen haben.» [1909]

Mein Vater, der in der Oberpfalz auf dem Basaltfelsen Parkstein bei Weiden als Sohn eines Türmers geboren wurde, war, nach seinem Gesichtstypus zu schließen, der mit seiner hohen Stirn, seiner Adlernase eher an einen Tscherkessenführer erinnerte (hohe hagere Figur), nach meinem Vermuten — ohne daß ich einen direkten Beweis führen könnte — vielleicht böhmischen Ursprungs. Er war ein sogenannter Charakter. Er hätte es für ehrlos gehalten, ein einmal als richtig erkanntes künstlerisches Urteil jemals zu revidieren und war einer Belehrung meinerseits bis ins höchste Alter unzugänglich. Sein musikalisches Glaubensbekenntnis galt der Trinität Mozart (über allen), Haydn, Beethoven. Ihnen schlossen sich der Liederkomponist Schubert, Weber und, in Abständen, Mendelssohn und Spohr an.

Der letzte Beethoven vom Finale der Siebenten Sinfonie war schon nicht mehr «reine Musik» (da roch man schon den Mephisto Richard Wagner darin). Den ersten Klavier-Schumann bis Opus 20 ließ man gelten, der spätere wurde, als unter Mendelssohns Einfluß stehend, mit seinen rhythmischen Monotonien und seinen Periodenwiederholungen als «Leipziger Musik» etwas geringer eingeschätzt. (Man vergleiche die interessante Rhythmik des 6/8 Themas im ersten Satze von Beethovens 7. Sinfonie: der Unterschied ist evident.) Wo die Musik von einem Tonspiel zur Musik als Ausdruck sich bewußt entwickelt, da ging mein Vater nur mehr bedingt mit. Er anerkannte noch den «Tannhäuser»; «Lohengrin» war ihm zu süßlich, vor dem späteren Wagner versagte er vollständig, trotzdem die Hornsoli in «Tristan» und «Meistersingern» keiner so seelenvoll vortrug wie er. Er hatte einen herrlichen, großen Ton, phantasierte wie Bülow, der ihn sehr bewunderte, trotzdem sie sich mit ihren Kunstanschauungen stets in den Haaren lagen. In den Kampftagen der ersten «Tristan»- und «Meistersinger»-Aufführungen ging es scharf her. Bülow probierte rücksichtslos. Am Schluß einer endlosen «Meistersinger»-Probe schlug meinem Vater fast jeder Ton um. Bülow klopfte immer wieder ab. Endlich erklärte mein Vater: «Ich kann nicht mehr», worauf ihn Bülow anschrie: «So gehen Sie in Pension.» Einmal ging Wagner an dem verdrossen im Orchester dasitzenden Hornisten vorbei mit den Worten: «Immer finster die Hornisten.» Mein Vater hierauf: «Wir haben auch allen Grund dazu.» Die Hornstimmen der «Meistersinger» erklärte er für Klarinettenstimmen, blies sie aber trotzdem so schön, daß Wagner ihm das Lob spendete: «Dieser Strauss ist zwar ein unausstehlicher Kerl, aber wenn er bläst, kann man ihm nicht böse sein.» Einmal kamen Wagner von der Bühne herab, mein Vater vom Orchester hinauf so in Streit, daß Wagner nicht mehr reden konnte vor Zorn und wütend davonrannte, was mein Vater triumphierend mit den Worten bekräftigte: «Ich habe ihn in die Flucht geschlagen.» Nach der ersten «Tristan»-Probe im kleinen Residenztheater traf beim Musikalienhändler Halbreiter mein Vater mit Frau Cosima, Bülow und Wagner zusammen, der noch ganz erfüllt ausrief: «Erste ‹Tristan›-Probe! Hat herrlich geklungen!» Mein Vater: «Das finde ich gar nicht, in dem kleinen unakustischen Residenztheater klang es ‹wie in einem alten Topf›.» Wagner fertigte ihn ergrimmt ab:

«Nichts da, es hat herrlich geklungen.» Der letzte Zusammenprall der beiden Gegner ereignete sich 1882 in Bayreuth, wo mein Vater, Hermann Levi zu Gefallen, noch den «Parsifal» blies. Vor einer Probe hielt mein Vater eine Ansprache an das Münchner Hoforchester, dessen Obmann er war, des Inhalts, daß er auf Wunsch vieler Herren einen Mittagstisch zu einer Mark im Bürgerverein ausfindig gemacht habe. In diesem Augenblick erschien Wagner auf der Brücke überm Orchester und unterbrach meinen Vater sofort mit den Worten: «Aber ich habe doch eigens im Theater-Restaurant einen gemeinsamen Mittagstisch ausgemacht.» Mein Vater: «Das paßt aber unsern Herren nicht, die nach der Probe gern nach Hause gehn und in der Stadt essen wollen.» «Na, dann freßt Eure sauren Gurken, wo Ihr wollt!» Dies ist das letzte Wort des großen Meisters an seinen alten Gegner, der dann noch einmal unter ihm spielte, als Richard Wagner in der letzten «Parsifal»-Vorstellung des Jahres 1882 persönlich die Schlußszene des dritten Aktes dirigierte. Am 13. Februar [des folgenden Jahres] schloß er zum letzten Male seine Augen vor dem undankbaren Deutschland.

Mit Bülow jedoch blieb mein Vater, trotz der sachlichen Gegnerschaft, auch nach Bülows Weggang auf gutem Fuß. Bülow erzählte mir selbst, daß, ein Jahr nach seinem Weggang von München, er auf der Durchreise sich wieder von seinem alten Münchner Barbier rasieren ließ, der ihn mit den Worten begrüßte: «Ja, Herr von Bülow, wollen Sie denn gar nicht mehr zu uns zurückkommen?» Bülow: «Nein, in das verfluchte Nest niemals!» «Ja, schaun's, Herr von Bülow, wie haben's denn aber auch sagen können ‹dreißig Schweinehunde mehr oder weniger›, das norddeutsche Wort ‹Schweinehund› können die Münchner net vertragen. Hätten Sie beim Rausnehmen der Parkettreihe im Hoftheater gesagt ‹es ist doch egal, ob da dreißig Sauprotzen mehr oder weniger sitzen›, hätte niemand etwas dabei gefunden.» Bülows Noblesse vermochte die Bewunderung für meines Vaters (der seinen ebenbürtige) Kunst über die kleinen persönlichen Differenzen zu stellen. Ihr verdanke ich auch das Interesse und die Förderung, die Bülow meiner Person und meinen ersten Jugendarbeiten (Bläserserenade, op. 7, von ihm auf allen Konzertreisen der Meininger gespielt) entgegenbrachte. Gefördert durch meinen ersten Verleger Eugen Spitzweg (Johann Aibl, München), den Neffen des großen Genremalers, veranlaßte dieses Interesse meine Berufung nach Meiningen (am 1. Oktober 1885) als zweiter Kapellmeister. Den Winter vorher gab es allerdings ein peinliches Zusammentreffen: Ich hatte für die Meininger Bläser die viersätzige B-dur-Suite geschrieben und sie Bülow nach Meiningen geschickt, ohne daß derselbe eine Notiz davon nahm. Da kam er 1884 zu drei Konzerten nach München und überraschte mich mit der Mitteilung, daß er nach dem dritten Konzert eine Matinee einschieben werde, in der außer Rheinbergers* Wallenstein-Sinfonie auch meine Suite aufgeführt werden sollte, ich solle sie selbst dirigieren! Ich frug, wann ich Probe halten könnte, worauf Bülow

* Rheinberger war ein Hauptgegner Richard Wagners; letzterer sagte von ihm: «Sähn Sie, dieser Professor Rheinberger ist ein großer Künstler, der komponiert täglich von 5—6 Uhr nachmittags. Ich bin nur ein Dilettant, ich kann nur komponieren, wenn mir was einfällt.»

schroff erwiderte: «Proben gibt's nicht, das Orchester ist sowieso überanstrengt.» Ich fügte mich seufzend und dirigierte, ohne je einen Taktstock in der Hand gehabt zu haben, das von Bülow natürlich gut probierte Stück mit viel Glück zu Ende. Bülow war den ganzen Vormittag schon sehr aufgeregt gewesen. Ich hatte ihn im Hotel abgeholt, er schimpfte auf München, auf den Intendanten Perfall, den er Baron «Durchfall» nannte, hieß das Odeon «ein Mittelding zwischen einer Kirche und einer Börse» — und hörte sich schließlich mein Stück gar nicht an, sondern rannte, Zigaretten rauchend, im Künstlerzimmer auf und ab. Nach der Suite kam mein Vater zu ihm, um sich zu bedanken, da brach der Sturm los: «Sie brauchen sich gar nicht zu bedanken, ich habe nicht vergessen, was Sie mir seinerzeit alles angetan haben, was ich für Ihren Sohn tue, tue ich, weil er Talent hat, nicht für Sie!» Es war eine schreckliche Explosion. Mein Vater verließ wortlos und tieferschüttert das Zimmer. Ein Jahr darauf — nachdem er Meiningen verlassen hatte — besuchte Bülow meinen Vater wieder und alles war gut. —

Mein Vater war sehr jähzornig: mit ihm zu musizieren war immer ein etwas aufregendes Vergnügen. Er hatte einen untrüglichen Sinn für richtiges Zeitmaß. Seinem Chef Hermann Levi machte er zum Vorwurf, daß er immer erst im dritten Takt eines Stückes ins rechte Tempo hineinfinde. Er hielt streng auf Rhythmus, wie oft schrie er mich an: «Du eilst ja wie ein Jude.» Aber gut musizieren habe ich von ihm gelernt, wenn ich ihm unzählige Male die schönen Mozartschen Hornkonzerte und Beethovens Hornsonate begleiten mußte. Er bereitete mich würdig für die hohe Schule des Vortrags und der Auffassung der klassischen Meisterwerke durch Bülow vor, als ich im Juli 1885 im Raff-Konservatorium zu Frankfurt dessen Vortragskursus für Beethovens Klavierwerke mitmachte und im Oktober die täglichen Orchesterproben zum gesamten Repertoire der Meininger Hofkapelle miterlebte. Bülow digirierte auch die Proben auswendig, hatte mir die jeweilige Partitur in die Hand gegeben und unterbrach die Probe oft durch Belehrungen an mich und prüfende, verfängliche Fragen.

Für meinen Vater war die Mitwirkung in Oper und Konzert stets eine feierliche Handlung. Auf die schweren Hornsoli der Beethovenschen Sinfonien, «Freischütz», «Oberon», «Sommernachtstraum» bereitete er sich wochenlang vor. Ich erinnere mich aber noch sehr gut, welch tiefen Eindruck es stets auf das Münchner Publikum machte, wenn mein Vater im ersten Satz der Eroica die F-dur-Stelle, im Adagio der «Neunten» die feierliche Ges-dur-Stelle wirklich zelebrierte. Er war auch ein guter Violinspieler, wirkte zur Zeit, als seine geschwächte Lunge ihn am Hornblasen hinderte, jahrelang als Bratscher im Münchner Solo-Streichquartett. Das schwere Asthma, das ihm zurückgeblieben, hinderte ihn aber nicht, bis zu seinem 69. Lebensjahr erster Waldhornist im Münchner Hoforchester zu bleiben, als welcher er noch 1889 den ungestrichenen «Siegfried» (allerdings ohne das Solo) blies.

Der oben genannte Baron Perfall, der seinerzeit bei Richard Wagner und Bülow wie ein Almosenempfänger antichambrierte, bis diese bei ihrem Weggang von München ihn dem König als Intendanten des Theaters vorschlugen, da sie in ihm einen getreuen Sachwalter zurückzulassen glaubten, entpuppte sich, kaum hatte Wagner München verlassen, als neuer Intendant prompt als Gegner Wagners. Er ekelte auch Bülow hinaus, kurz, er war ein abgefeimter Schurke. Auch gegen mich hat er sich so benommen: übertrug mir die Einstudierung von Wagners «Feen», um mir vor der Generalprobe zu erklären, daß nunmehr Hofkapellmeister Franz Fischer — nebenbei bemerkt einer der talentlosesten Musikanten, die mir begegnet, am Dirigentenpult ein wahrer Verbrecher — die Oper übernehmen würde, da er eine so wichtige Novität nicht vom «dritten» Musikdirektor leiten lassen könne. Ich nahm daraufhin meine Entlassung. Am Tage, da ich das Münchner Hoftheater zum ersten Male verließ, war am schwarzen Brett die Pensionierung meines Vaters angeschlagen, der 45 Jahre lang das hervorragendste Mitglied des Hoforchesters gewesen war, ohne daß der Frei- (von allem Anstand) Herr von Perfall ihn vorher verständigt hatte. Kurz, er war eine der besonderen Zierden Münchens aus dieser für meine Vaterstadt nicht sehr ehrenvollen Zeit.

Durch eine schwere Jugend war mein Vater im Charakter verbittert worden. Früh Waise geworden, kam er zu einem Onkel Walter in Nabburg, der dort Türmerdienste versah und ein harter, strenger Mann gewesen sein muß. Mein Vater mußte viele Nachtwachen für ihn versehen, während welcher er für sich ein wenig Latein betrieb. Zu Hause war er sehr heftig, jähzornig, tyrannisch, und es bedurfte der ganzen Milde und Güte meiner zarten Mutter, um das Verhältnis meiner Eltern, trotzdem es stets von aufrichtiger Liebe und Wertschätzung getragen war, in ungetrübter Harmonie

verlaufen zu lassen. Wie weit allerdings die sehr empfindlichen Nerven meiner Mutter darunter wirklich gelitten haben, kann ich heute nicht mehr entscheiden. Meine Mutter mußte von jeher ihre Nerven derart schonen, daß sie, obwohl sehr poetisch veranlagt, wenig lesen konnte und Theater- und Konzertbesuche oft mit schlaflosen Nächten büßen mußte. Aus ihrem Munde kam nie ein böses Wort, und am glücklichsten war sie, wenn sie mit ihrer Handarbeit (Stickerei) beschäftigt, die Sommernachmittage still und einsam in dem hübschen Garten der Villa meines Onkels Pschorr verbringen konnte, wo auch wir Kinder nach Schulschluß uns einfanden und gewöhnlich die Sommerabende im Freien oder bei einer Kegelpartie zubrachten.
Unter der strengen Obhut meines Vaters wuchs ich bis zum 16. Jahre nur in klassischer Musik auf, und dieser Schule verdanke ich, daß mir bis heute die Liebe und Bewunderung für die klassischen Meister der Tonkunst ungetrübt verblieben ist. Als ich allmählich mit Richard Wagners Werken bekannt wurde, erinnere ich mich nur, daß mir im «Tannhäuser» die Verwandlung vom Venusberg zum Wartburgtale den größten Eindruck gemacht hatte, und daß ich den ersten Aufführungen des «Tristan» und «Siegfried», trotzdem ich damals schon ein leidlich ausgebildeter Musiker war — ich hatte einen dreijährigen Kontrapunktkursus bei meinem vortrefflichen und gütigen Lehrer Wilhelm Mayer schon hinter mir — vollständig verständnislos gegenüberstand. Die dramatische Ader in mir reagierte also früher als die musikalische. Durch Erziehung eingeflößtes Vorurteil mag hier stark beeinflußt haben. Jedenfalls bin ich erst durch verbotenes Studium der

«Tristan»-Partitur in dieses Wunderwerk und später auch in den «Ring» eingedrungen, und ich erinnere mich noch sehr wohl daran, wie ich, etwa 17jährig gleichsam wie im Fieber die Partiturseiten des «Tristan» verschlang und in einen Rausch der Begeisterung geriet, der erst eine Abkühlung erfuhr, als ich von neuem versuchte, in der lebendigen Aufführung die Eindrücke verstärkt zu sehen, die Auge und geistiges Ohr bei der Lektüre erhalten hatten. Neue Enttäuschung und Zweifel, neue Zuflucht zur Partitur — bis ich mir endlich klar geworden, daß die Diskrepanz zwischen einer mittelmäßigen Aufführung und den von mir im Partiturbild rein erschauten Intentionen des großen Meisters es war, die mir das Werk nicht so erklingen ließ, wie ich es innerlich schon gehört hatte. (Übermenschliche Idealgestalten, — wie wenige in meiner fünfzigjährigen Bühnenerfahrung kamen den Anforderungen nahe! Rosa Sucher als Isolde, van Dyck als Parsifal, meine Frau als Elisabeth, die Jeritza als Sieglinde, Bohnen als Wotan, Richard Mayr als Marke . . .) Nach dieser Erkenntnis wurde ich (trotz aller Warnung meines alten Onkels vor dem «Schwindler von Bayreuth») «Voll-Wagnerianer», und eine halbwegs meinen Wünschen entsprechende Aufführung des «Lohengrin» (dessen Instrumentationswunder mich stets von neuem entzücken), des «Tristan» oder eine mit den Wiener Philharmonikern «improvisierte» «Ring»-Direktion sind mir heute noch die größte Freude. Wie Antäus von der Erde, so tauche ich neugestärkt aus dem Vollbade des Wagnerschen Orchesters wieder zum Leben empor.

Aus meinen Jugend- und Lehrjahren

Von meiner ersten Jugend berichtet meine Mutter, daß ich auf den Klang des Waldhorns mit Lächeln, auf den Ton einer Geige mit heftigem Weinen reagierte. Mit viereinhalb Jahren bekam ich den ersten Klavierunterricht durch meines Vaters Freund Tombo. Derselbe war erster Harfenist im Münchener Hoforchester und der erste, der die Harfenstimme der «Walküre» bewältigt hat. Er kam damit zu Richard Wagner, um zu erklären, daß der Feuerzauber unspielbar sei. Dieser erklärte, er sei kein Harfenist. Daher solle Tombo die Stimme nach Gutdünken einrichten; was er (Wagner) gewollt habe, sei ja ersichtlich. — Violine studierte ich beim «Vetter» Benno Walter, Klavier später bei Niest. Ich war aber immer ein schlechter Schüler, da das notwendige «Üben» mir immer wenig Spaß machte, dagegen habe ich gerne vom Blatt gelesen, um möglichst viel Neues kennen zu lernen. Habe später auch gut Partitur gespielt. «Tristan» und Liszts Faustsinfonie (für den guten Alexander Ritter) waren meine Paradestücke. Ich habe es daher auch nie zu einer reinlichen Technik (besonders der linken Hand) gebracht. Freund Thuille, der «Pädagog», witzelte: aus dem Nebenzimmer kann ich Richards Fingersätze angeben. Dagegen habe ich — in etwas freier Weise, nie notengetreu — gut Lieder begleitet, da man mir einen guten Anschlag nachrühmte. Auch mein Kammermusikspiel war ordentlich. Vor dem schwierigen Chopin und Liszt mußten meine ungeübten Finger Halt machen. Als mir Bülow auftrug, zum Einstand der Meininger ein Mozartsches Konzert (c-moll) zu spielen, mußte ich an dem an sich nicht schwierigen, aber mit seiner simplen Skalentechnik für mich und meine linke Hand doch sehr peinlichen Stuck ein halbes Jahr büffeln, ohne es jedoch einwandfrei zu bewältigen. Dazu kam die Angst vor Bülow, der selbst dirigierte, aber so nachsichtig war, mir nach dem ersten Satz — zu dem ich auch eine Kadenz geschrieben hatte — zu sagen: «Wenn Sie nichts Besseres wären, könnten Sie auch Klavierspieler werden.» Dazu war es natürlich zu spät, aber Bülows gütige Aufmunterung brachte mich doch glücklich über die beiden letzten Sätze weg.

Meine ersten Kompositionsversuche (als Sechsjähriger) waren ein Weihnachtslied, zu dem ich zwar selbst die Noten «malte», aber meine Mutter schrieb den Text darunter, da ich noch nicht so klein schreiben konnte, ferner die sog. «Schneiderpolka». Dann folgten Klaviersonaten, Lieder, Stücke für Waldhorn und Klarinette, später auch Chöre und Orchesterstücke, nachdem ich bei Mayer etwas instrumentieren gelernt hatte. Nach der von Levi 1881 im Odeon gespielten d-moll-Sinfonie folgte noch eine nicht üble (von der «Coriolan» beeinflußte) c-moll-Ouvertüre, bis ich dann mit dem Es-dur-Festmarsch langsam «in Druck» überging.

Nachdem das von Benno Walter aus der Taufe gehobene A-dur-Quartett von Breitkopf & Härtel abgelehnt worden war, trat in mein Leben Eugen Spitzweg, der sich um die Förderung und Drucklegung manches anerkannte Verdienst erwarb, wenn er auch stets jammerte, daß die Sachen «nicht gingen» und deshalb mit Honoraren nicht gerade freigebig war. Zu den Druckkosten der f-moll-Sinfonie steuerte mein guter Vater noch 1000 Mark bei, die aber bald zurückerstattet wurden. Aus Chronistengewissenhaftigkeit nenne ich hier die Honorare für meine ersten Werke: Ein Heft zu fünf Liedern 200 Mark, «Aus Italien» 500 Mark, «Don Juan» 800 Mark, «Tod und Verklärung» 1600 Mark, «Guntram» 5000 Mark (dazu «Eulenspiegel» 1000 Mark), «Zarathustra» 3200 Mark, «Don Quixote» 5000 Mark, alle inklusive Originalmanuskript.

Meine erste Konzertreise ging nach Wien, wo ich Benno Walter mein (in Unterprima in ein Klassenheft hineingeschriebenes) Violinkonzert begleitete und von Hanslick das erste und einzige Lob erhielt. Als ich zwanzig Jahre später mit meiner lieben Frau dort einen Liederabend gab, nannte er meine Frau meine «bessere Hälfte». Sie hat auch meine Lieder mit einem Ausdruck und einer Poesie vorgetragen, wie ich sie nie mehr gehört habe. «Morgen», «Traum durch die Dämmerung», «Jung Hexenlied» hat ihr niemand auch nur annähernd nachgesungen. 1883 spendierte mir Papa während des Winters einen Aufenthalt in Berlin. Auf der Heimreise besuchte ich mit einer Empfehlung von Levi den alten Reinecke, der aber schon eine Aufführung der c-moll-Ouvertüre mit höflich sächsischem Lächeln ablehnte. Der brave Radecke hat sie dann in Berlin dirigiert, in demselben Konzertsaal des Opernhauses, in dem ich von 1898 an 37 Jahre meine Proben abhielt. In Berlin besuchte ich, mit einer von Hülsen bewilligten Freikarte, fleißig die Oper, hörte dort noch den alten, stimmlich schon ziemlich ruinierten Niemann als Tristan, ward von Klindworth freundlich aufgenommen und verkehrte angenehm beim Bildhauer Reinhold Begas, dessen liebenswürdiger Frau ich viele angenehme Plauderabende verdanke, und in den Häusern der Maler Carl Becker und Anton von Werner, wo ich Streichquartette mitspielte und auch den alten Menzel noch kennenlernte. Auch bei dem Dichter Friedrich Spielhagen, der drei besonders charmante Töchter hatte, war ich eingeladen. Dank der Berliner Gastfreundschaft war es eine angenehme Zeit. Ich schrieb damals die f-moll-Sinfonie.

1886 bescherte mir mein Vater die erste Italienreise: Verona, Bologna, Rom, Neapel, Florenz. Resultat: die italienische Suite. — Auf einer späteren Italienreise [1888] nach Venedig erfand ich in Padua im Klosterhofe von S. Antonio die ersten Themen zu «Don Juan».

Am ersten Oktober [1885] traf ich als Kapellmeister in Meiningen ein und übernahm, nachdem Bülow infolge des Zerwürfnisses mit Brahms seine Demission gegeben, von November bis 1. April [1886] allein die Hofkapelle. Mein Dienst bestand darin, täglich um 10 Uhr mit dem Orchester zu «proben», welche Lehrzeit ich dazu benützte, mir das gesamte Konzertrepertoire vom Orchester vorspielen zu lassen, und im ganzen vier Konzerte abzuhalten. Auch der Damengesangverein war meiner Obhut anvertraut. Der Prinzessin Marie gab ich Klavierstunden. In den Oktober fällt auch meine Begegnung mit Brahms, der gekommen war, seine von Bülow einstudierte e-moll-Sinfonie aus der Taufe zu heben. Bei den Proben gab es folgendes merkwürdiges Ereignis. Bülow war bei einer ungenau bezeichneten Stelle im Zweifel, ob sie crescendo und accelerando oder diminuendo und calando gespielt werden sollte und verlangte Brahmsens Entscheidung, nachdem er ihm die Stelle zweimal auf verschiedene Art vordirigiert hatte. Bülow: «Also, wofür entscheidest Du Dich?» Brahms: «Ja, man kann sie einmal so, einmal auf die andere Weise spielen.» Allgemeine Verblüffung — Bülow schnitt eine Fratze! Das nennt man «Musik als Ausdruck».

Während des Oktobers mußte Bülow auf drei Tage verreisen und ich war allein mit Brahms, täglich im «Sächsischen Hof». Er war ganz angenehm, besonders belesen, ohne durch besondere «Genialität» zu glänzen. Ich verdanke ihm immerhin die Anregung, daß er nach Anhören der f-moll-Sinfonie, die ihm ganz gut gefallen hatte, mir riet, auf kontrapunktische Spielereien, die sich auf dem Dreiklang aufbauen, zu verzichten. Dies war mir ein wertvoller Wegweiser fürs ganze Leben.

Die Ergebnisse meiner damaligen Brahmsschwärmerei (unter Bülows suggestivem Einfluß) sind «Wanderers Sturmlied» und die «Burleske«, die Bülow als unklaviermäßig und für ihn zu weitgriffig (er konnte mit seiner kleinen Hand kaum eine Oktave spannen) mit Entrüstung ablehnte. In einem Brahms zu Ehren gegebenen Konzert, in dem er seine Akademische Ouvertüre dirigierte, schlug Bülow Becken, ich große Trommel. Wir beiden kamen, da wir das Pausenzählen nicht gewohnt waren, beständig heraus. Bülow rannte immer wieder zu den Trompeten: «Wo sind wir?» Ich legte mir abends die Partitur aufs Pult und las mit.

Bülow-Scherze: Als er bei einer Probe der IX. Sinfonie einmal die zuhörende Hofgesellschaft loswerden wollte, ließ er den Kontrafagott die tiefe Stelle im 6/8 des Finale so lange üben, bis der «Hof» verschwunden war. Als er einst eine Berlioz-Sinfonie probte, erschien der

Herzog mit seinem Adjutanten, Herrn von Kutzleben. Nach dreimaliger Weigerung Bülows, weiterzuprobieren, da die Sinfonie noch ganz unfertig sei, erklärte er endlich: «Ich kann die Sinfonie Hoheit nicht präsentieren, so weit, wie wir jetzt mit dem Studium sind, reicht es höchstens für — Herrn von Kutzleben.» — Ich hatte im Februar zum Witwen- und Waisenkonzert Bülow eingeladen, noch einmal zu spielen und zu dirigieren. Programm: Eroica, d-moll-Konzert von Rubinstein, «Nirwana» von Bülow, welches schöne und nie gewürdigte Stück (eigentlich Ouvertüre zu einem Selbstmorddrama von Carl Ritter) ich eigens für ihn einstudierte. In der ausverkauften Generalprobe erschien der durch Bülows Abgang beleidigte Herzog nicht. Nur Prinzessin Marie saß in einer Proszeniumsloge des II. Ranges. Bülow (ärgerlich): «Der Herzog ist nicht da, es ist also eigentlich unnötig, daß wir probieren!» Ich: «Aber die Prinzessin ist da, und das ganze Publikum wird sich freuen.» Bülow geht über das ganze Podium hinweg zur Loge der Prinzessin und ruft hinauf: «Hoheit, S. H. der Herzog sind nicht da, es ist also eigentlich überflüssig, daß wir probieren, — aber wenn Hoheit einen Wunsch haben . . .» Darauf hatte Mariechen die Ungeschicklichkeit, zu sagen: «Ich möchte die Eroica hören!» Bülow (grimmig): «Na, dann wollen wir das Klavierkonzert von Rubinstein machen!»

In Bülows Hause verlebte ich schöne Stunden! Einmal spielte er mir Johann Straußsche Walzer vor. Zu einem Kammermusikabend begleitete ich ihn nach Weimar. Gereizt, wie er dort immer war, schnauzte er den ihn am Bahnhof erwartenden Kapellmeister Müller-Hartung an: «Dieses verfluchte Nest Weimar, wo nie eine Sinfonie von Brahms gespielt wird!» «Doch, Herr Doktor, ich habe alle Brahms-Sinfonien hier gemacht!» Bülow (bissig): «Aber wie!!!»

Der Meininger Aufenthalt gewann auch dadurch Bedeutung, daß diesen Winter das Schauspiel nicht auf Reisen war und ich Gelegenheit hatte, die prachtvollen Klassikerabende des Herzogs Georg, deren besonderer Vorzug sorgfältigst durchgearbeitete Massenregie und stilgetreue Inszenierung war, zu bewundern. Der erste und der Krönungsakt der «Jungfrau von Orleans», der Auftritt der Kürassiere im «Wallenstein» und «Julius Cäsar» werden mir stets in Erinnerung bleiben. Ein Beispiel, wie der Herzog arbeitete: an einem Sylvesterabend dauerte die Probe bis 9 Uhr, 10 Uhr, endlich schlug es Mitternacht, der Herzog steht auf, alles atmet beglückt auf. Der Herzog: «Ich wünsche allen Herrschaften ein recht gutes neues Jahr, die Probe kann weitergehen!» Damals gab es noch keinen Achtstundentag! — Ich saß stets in der ersten Reihe, das Herzogspaar in der Proszeniumsloge links. Als ich, nach München engagiert, nach Erhalt meines ersten Ordens mich von den Herrschaften verabschiedete, sagte die Freifrau, die als alte Schauspielerin auf den Ruhm des Orchesters unter Bülow, der sie nicht mochte, eifersüchtig gewesen war: «Wir bedauern sehr, daß Sie uns verlassen, Herr Musikdirektor (ich machte schon eine andeutende Dankesverbeugung), Sie waren — der beste Claqueur, den wir je hatten.» Das Hauptereignis des Meininger Winters war für mich die Bekanntschaft mit Alexander Ritter, der im Orchester an der ersten Geige mitspielte. Er war der Sohn jener edlen Julie

Ritter, die jahrelang Richard Wagner unterstützt hatte, und der Gatte von Franziska, geb. Wagner, Nichte des Meisters. Er lud mich in sein Haus, in dem ich geistige Anregung fand, die den entscheidenden Ausschlag gab für meine künftige Entwicklung. Durch die Erziehung hafteten mir noch immer manche Vorurteile gegen das Wagnersche und besonders das Lisztsche Kunstwerk an, ich kannte kaum Richard Wagners Schriften. Mit ihnen und Schopenhauer machte mich Ritter in erklärender Ausdauer bekannt und vertraut, bewies mir, daß der Weg von dem «Ausdrucksmusiker» Beethoven («Musik als Ausdruck» von Friedrich von Hausegger contra «Vom musikalischen Schönen» von Hanslick) über Liszt führe, der mit Wagner richtig erkannt hatte, daß mit Beethoven die Sonatenform bis aufs Äußerste erweitert worden — bei Anton Bruckner, dem «stammelnden Zyklopen», platzt sie tatsächlich, besonders in den Finales — und bei seinen Epigonen, besonders bei Brahms, ein leeres Gehäuse geworden war, in dem bequem Hanslicks tönende Floskeln Platz hatten, deren Erfindung nicht allzu viel Phantasie und wenig persönliche Gestaltungskraft erfordern. Daher bei Brahms und Bruckner besonders in den Übergangsperioden so viel Leerlauf.

Neue Gedanken müssen sich neue Formen suchen — dieses Lisztsche Grundprinzip seiner sinfonischen Werke, in denen tatsächlich die poetische Idee auch zugleich das formbildende Element war, wurde mir von da ab der Leitfaden für meine eigenen sinfonischen Arbeiten. In der Suite «Aus Italien» geschah durch Verschiebung der Sätze, und, wie im dritten Satz («Sorrent»), der einzelnen Satzteile selbst, der erste, schüchterne Versuch. «Macbeth» mußte auf Bülows Rat erst umgearbeitet werden, um richtigen Stilprinzipien des echten Programmusikers zu entsprechen. Es gibt nämlich gar keine sog. Programmusik. Dies ist ein Schimpfwort im Munde aller derer, denen nichts Eigenes einfällt. Ebenso wird das Wort Kitsch mit Vorliebe von denen gebraucht, die, wie der Fuchs nach den Trauben schielend, neidisch über den «Effekt» sind, den so eine «Tannhäuser»- oder «Oberon»-Ouvertüre oder Schillers «Räuber» machen. Bülow war schon über die Dissonanzen des «Macbeth» entsetzt, bemerkte aber bei dem ersten Schluß(D-dur-Triumph)marsch des Macduff sehr richtig, das sei Unsinn! Eine Egmont-Ouvertüre könne wohl mit einem Triumphmarsch des Egmont schließen, eine sinfonische Dichtung «Macbeth» aber nicht mit dem Triumph des Macduff. Ein poetisches Programm kann wohl zu neuen Formbildungen anregen, wo aber die Musik nicht logisch aus sich selbst sich entwickelt, wird sie «Literaturmusik». Als ich 1894 in einem Berliner Konzert den «Macbeth» selbst dirigierte, klopfte Bülow mir nachher freundlich auf die Schulter mit den Worten: «Es ist doch ein recht gutes Stück.» Ritter verdanke ich die Aufmunterung zum «Guntram»-Text, der allerdings der Grund unserer inneren Entzweiung wurde. Als ich in Ägypten mit Nietzsches Werken bekannt geworden, dessen Polemik gegen die christliche Religion mir besonders aus dem Herzen gesprochen war, wurde meine seit meinem fünfzehnten Jahr mir unbewußte Antipathie gegen diese Religion, die den Gläubigen vor der eigenen Verantwortung für sein Tun und Lassen (durch die Beichte) befreit, bestärkt und begründet. Die Abkehr von der

Gemeinschaft (III. Akt, Szene Guntram-Friedhold), wo Guntram über sich selbst Gericht hält und dem Bund das Recht abspricht, ihn zu strafen, hat mir Ritter nie ganz verziehen.

Im Oktober 1886 trat ich als dritter Musikdirektor in München an. Meine ersten Opern waren «Johann von Paris» und merkwürdigerweise schon damals «Così fan tutte», wobei Heinrich Vogl mir den guten Rat gab, nicht mit «zu langem Arm» zu dirigieren. Hab mir das bis heute gemerkt. Vogl schonte gerne seine Stimme, liebte flüssige Tempi und fühlte sich mit Recht durch den langen Hebel am Schultergelenk des Dirigenten behindert. — Ich war kein besonders guter dritter Kapellmeister! Wenn auch gewandt im Einspringen — ich übernahm schon damals eine Rheinbergersche Oper — war doch mein Mangel an «Routine», in der mir viel untalentiertere Kollegen lange überlegen waren, mein Eigensinn im Durchsetzen «eigener Tempi», der geforderten glatten Erledigung der Opernangelegenheiten oft hinderlich. Es gab daher so manchen Schmiß, die bekannten Unstimmigkeiten zwischen Sänger und Orchester, um so mehr, als die Opern, die ich damals zu dirigieren hatte, mich nicht genügend interessierten, um sie genau zu studieren, und viel sorgfältigere Vorprobenarbeit erfordert hätten, — eine Arbeit, die mich bei Werken wie «Nachtlager» und «Martha» viel zu sehr langweilte.

Von München versuchte ich schon einmal in Hannover anzukommen. Eine Empfehlung dahin lehnte Bülow mit den Worten ab: «Warum wollen Sie die Hannoveraner des Südens mit den Bayern des Nordens vertauschen?» 1889 engagierte Bülows Freund Hans von

Bronsart mich als II. Kapellmeister neben dem braven Eduard Lassen nach Weimar.
Es war eine schöne Zeit! Dort gewann ich meine geliebte Pauline, die mir als Schülerin nachgereist war, nach einem Jahr als jugendlich-dramatische Sängerin engagiert wurde, außer einer vortrefflichen Pamina, Elvira, Elsa, Elisabeth, Evchen sogar kühn bis zu Fidelio und Isolde (natürlich zu früh, aber durch ihre Jugendlichkeit und ihr großes Spieltalent in mancher Hinsicht besonders reizvoll) heranwuchs und durch Kreierung des Hänsels und der Freihild Humperdinck und mir große Autorenfreude bereitete. Damals fing auch Cosima Wagner, mit der mich dann langjährige Freundschaft verband, an, sich für uns zu interessieren, und als sie zu einem von mir dirigierten «Lohengrin» nach Weimar kam, erwählte sie Pauline zu einem Blumenmädchen und Hirtenknaben, woraus sich dann Elisabeth bei den Festspielen 1891 entwickelte, nachdem sie Pauline bei einem Bayreuther Konzert als Lisztsche Elisabeth näher kennengelernt hatte. Ich war als Dirigent des «Tannhäuser» ausersehen, mußte aber infolge einer im Frühjahr 1891 im Park von Tiefurt geholten schweren Lungenentzündung darauf verzichten. Zu meiner vollständigen Erholung wurde ich, als sich ein Jahr darauf nochmals eine leichte Rippenfellentzündung einstellte, durch die Güte meines Onkels Georg Pschorr mit einer Reisekasse von fünftausend Mark nach Ägypten geschickt. Der vorangehende November-Aufenthalt in Corfu, Olympia, Athen war entscheidend für mein ganzes Verhältnis zur griechischen Kulturwelt und besonders zu ihrer Kunst des vierten und fünften Jahrhunderts v. Chr. In Luxor instrumen-

tierte ich den I. Akt des «Guntram», der im Mai 1894 in Weimar zur ersten Aufführung kam. Der Theaterzettel weist die besten Künstler auf, mit denen ich arbeitete: besonders den braven Tenor Heinrich Zeller. Außerdem sangen noch die hochdramatische Naumann-Gungl und der jugendliche Denis Stavenhagen, sowie die Soubrette Kayser. — Für mich war das erste große Erlebnis «Lohengrin», dem noch «Tannhäuser», «Holländer» und endlich «Tristan» folgten. Außer den Sinfoniekonzerten (IX. Sinfonie!), Mozarts «Don Juan», «Zauberflöte», «Fidelio», den von Cosima Wagner neu eingerichteten «Rienzi», «Das eherne Pferd» von Humperdinck-Auber, «Freischütz», «Euryanthe», «Iphigenie in Aulis», — was mir Veranlassung gab, auch die Tauridische zu bearbeiten. Verschiedene Novitäten von R. Metzdorff, Mottl und schließlich Alexander Ritters «Fauler Hans» und «Wem die Krone?».

Kompositorisch war außer «Guntram» und ein paar guten Liedern («Cäcilie», «Heimliche Aufforderung») die Weimarer Zeit nicht sehr ergiebig, da das Theater und Kartenspielen, außer meiner Braut, mich fast ganz in Anspruch nahmen. Man war (Bronsart, Lassen, Hof) im allgemeinen sehr gut zu mir; ich habe mir durch jugendliches Draufgängertum und Übertreibungen manche Sympathie verscherzt, so daß man mich und Pauline, als ich 1894 von Possart einen zweiten Antrag als I. Kapellmeister nach München (als Ersatz für den kränklichen Hermann Levi) erhielt, nicht ungern ziehen ließ.

Mein zweites Münchner Engagement krankte vor allem an dem Gegensatz Possart (Hoftheater), der mir wohlgesinnt, und Perfall (Hofmusikintendanz), der mir umso feindlicher gesinnt war, je mehr neue Werke («Eulenspiegel», «Zarathustra») von mir erschienen. Meinen Witz in der «Jugend» — das Lied, das einen halben Ton höher schloß, als es begonnen hatte — hat er immer wieder entrüstet kolportiert. Ich dirigierte zwei Jahre lang die Akademiekonzerte, wurde aber nach zwei Jahren wegen der zu modernen Programme — besonders die zwei Seestücke von Schillings erregten damals noch das Entsetzen des konservativen Philistertums — durch Erdmannsdörfer ersetzt. Zu dieser Verstimmung kam noch der Mißerfolg des «Guntram», gegen den schon während der Proben das Orchester (an der Spitze mein biederer Vetter Benno Walter) gegen die «Gottesgeißel» protestiert hatte. Vogl und Ternina hatten ihre Rollen als «zu hoch» zurückgeschickt, Mikorey bis zur Aufführung die Rolle nicht bewältigt, nur Pauline bot als Freihild eine hervorragende Leistung. Da Mikorey schon die erste Wiederholung verweigerte, und eine höhere Pension forderte, verschwand das Werk in der Versenkung. Immerhin dirigierte ich in München «Tristan» und «Meistersinger», vervollkommnete meine Technik, wurde allerdings noch reichlich, besonders von den Wagnerianern in den «Münchner Neuesten Nachrichten» und den Zöpfen im «Sammler», bemängelt, hatte aber Gelegenheit zu ausgedehnten Reisen ins Ausland (Paris, Barcelona etc.), und verbrachte meine wertvollsten Stunden in Gesellschaft von Friedrich Rösch und Alexander Ritter. Abends 6—7 Uhr in Leibenfrosts Weinstube und oft abends in Ritters Hause.

Als mir 1898 eine lebenslängliche Anstellung in München geboten wurde, wobei Perfall in letzter Minute

die vereinbarte Gage reduzieren wollte, ergriff ich, da Weingartner in Berlin retirierte, die Gelegenheit, fuhr nach Berlin und wurde von Hochberg und Pierson sofort neben Muck mit 20 000 Mark Gage engagiert und hatte niemals Grund, diese Beziehungen zu Berlin zu bereuen; habe eigentlich nur Freude erlebt, viel Sympathie und Gastlichkeit gefunden. 15 Jahre Sinfoniekonzerte der Kgl. Kapelle waren reine Stunden schönster künstlerischer Arbeit. Diese Beziehungen zur Berliner Staatsoper haben alle anderen Wechselfälle (Wien) überdauert. — Nachdem in Dresden unter dem mutigen, ausgezeichneten Schuch die «Feuersnot» ihre Uraufführung mit Erfolg bestanden hatte, kam sie im Herbst darauf unter meiner Leitung mit Berger und Destinn in Berlin, wurde jedoch nach der 7. Aufführung nach Beanstandung durch die Kaiserin vom Kaiser verboten, worauf der brave Hochberg — es sei ihm nochmals gedankt — demissionierte. Georg von Hülsen hat dann mit Erlaubnis des Kaisers das Werk anstandshalber noch ein paar Mal gegeben, aber auf allerhöchsten Wunsch langsam einschlafen lassen. Durch liebevolle Pflege meiner späteren Werke hat er aber dieses erste Malheur wieder reichlich wettgemacht.
Schon von München aus hatten zahlreiche Konzertreisen stattgefunden, nachdem ich von Weimar aus fast jährlich im Leipziger Lisztverein viele Werke dieses großen, auch heute (besonders von der Zunft und der von ihr beeinflußten Kritik) ebenso wenig verstandenen, wie nicht-gewürdigten Meisters dirigiert hatte. «Don Juan» dirigierte ich zuerst in Weimar, «Tod und Verklärung» auf dem Musikfest 1890 in Eisenach. Im gleichen Konzert hob Eugen d'Albert meine «Burleske»

prachtvoll aus der Taufe. Ich hatte sie in Meiningen für Bülow geschrieben, der sie aber ihrer Weitgriffigkeit wegen — er hatte eine so kleine Hand, daß er die Oktave leicht arpeggieren mußte — wütend ablehnte: «Jeden Takt eine andere Handstellung, glauben Sie, ich setze mich vier Wochen hin, um so ein widerhaariges Stück zu studieren?» Bei der ersten Aufführung von «Aus Italien» war in München noch starke Opposition. Der Pianist Giehrl machte den Witz: man merkt am Finale, daß Strauss gleich nach der Cholera in Neapel gewesen ist. In der Zeit war es auch, daß im Odeon noch Berlioz' «Fee Mab» ausgezischt wurde, wegen zu reichlicher Verwendung des «Kuchelgeschirrs», wie mein Vater das Schlagzeug nannte. Was würde er heute sagen! «Aus Italien» hat Bülow dann selbst noch in Italien dirigiert, ich folgte dann mit «Don Juan», «Tod und Verklärung» und «Macbeth». Nach dem frühen Tode des herrlichen Menschen und Künstlers übernahm ich 1894 seine Philharmonischen Konzerte [in Berlin], wo ich mich, zwar frühreif, aber auch als Dirigent spätfertig, nach dem Großen nicht behaupten konnte. 1895 übertrug H. Wolff dem prächtigen Nikisch die Konzerte, und ich blieb auf meine 7000 Mark in München angewiesen. — Daß ich es niemals an neidloser Förderung begabter Kollegen habe fehlen lassen, dafür diene als Hinweis, daß ich Reger an Spitzweg empfohlen habe (der dann gleich die ersten 25 Opera des fruchtbaren Orgelmeisters druckte), daß ich die ersten vier Sinfonien Mahlers teils selbst aus der Taufe hob — die I. in Weimar, die II. in Berlin, wo mich Leßmann beschimpfte: «Den Altar, den Bülow geweiht hat, haben nunmehr Pygmäen besudelt» — teils, wie die IV. in

Berlin, wo Mahler dann selbst dirigierte, auf meine Programme setzte. Die II. und III. habe ich auf die Programme der Tonkünstlerfeste in Basel und Essen gesetzt. Ferner nenne ich die Uraufführungen von Humperdincks «Hänsel und Gretel» in Weimar und von Schillings «Ingwelde» in München. — In Berlin dirigierte ich drei Jahre lang reine Novitätenkonzerte mit dem mittelmäßigen Tonkünstler-Orchester, eine Hundearbeit neben der Oper! Als ein Arbeitstag sei hier nebenbei erwähnt: 11—2 Uhr «Don Juan»-Orchesterprobe, 3—6 Uhr III. Bruckner-Sinfonie, abends «Tristan».

Erinnerungen
an die ersten Aufführungen meiner Opern

Von «Guntram» bis zu «Intermezzo»

Berlioz schreibt in seinem Artikel über «Fidelio»: «Grétry hat Mozart den Vorwurf gemacht, er habe das Piedestal auf die Bühne und die Statue ins Orchester gestellt, — ein Vorwurf, der schon früher Gluck und später in gleicher Weise Weber, Spontini und Beethoven gemacht wurde und zu allen Zeiten jedem Komponisten, trotz aller wohlüberlegten Zurückhaltung gemacht werden wird, sobald er nur verschmäht, *Plattheiten für die Singstimmen* zu schreiben und *anderseits* sucht, dem Orchester eine interessante Rolle zuzuteilen! etc.» — Dies scheint mir ein gutes Motto für die Erlebnisse mit meinen Opern und ihrer Entstehung zu sein.

Ich beginne mit

«Guntram»

Die Anregung hierzu gab Alexander Ritter. Ihm verdanke ich, meinen dramatischen Beruf entdeckt zu haben. Ohne seinen Ansporn und seine Mitarbeit wäre ich, in meinem heillosen Respekt vor dem Riesenwerk Richard Wagners, wohl kaum auf die Idee gekommen, eine Oper zu schreiben, da Textdichter nicht vorhanden waren oder, wie Eberhard König (der später für Hans Sommer schrieb), mich nicht anregten. Ich war damals unter Ritters Einfluß, der sich selbst zwei sehr hübsche

Bücher («Der faule Hans» und «Wem die Krone?») geschrieben hatte, der festen Ansicht, daß ein Opernkomponist sein eigener Textdichter sein müsse, — und fühlte leider keine «dichterische» Begabung in mir. Ein paar Entwürfe — u.a. ein «Eulenspiegel» und «Die Schildbürger» — blieben im ersten Anfang stecken. Ritter, der mich teilnahmsvoll aufmunterte, wandte sich leider von «Guntram» ab, als ich den dritten Akt nach meinem Kopf gestaltete und, statt Guntram, wie Ritter wollte, vor das Gericht des «Bundes» zurückzuschicken, ihn sein eigener Richter sein ließ, was Ritters Weltanschauung widersprach. — Die Partitur des I. Aktes wurde 1893 in Luxor vollendet und die Oper für Frühjahr 1894 in Weimar angenommen, dessen Orchester damals aus 6 ersten, 5 zweiten Violinen, 4 Bratschen, je 3 Celli und Bässen bestand!! Die dritten Bläser wurden jeweils der dortigen Militärkapelle entnommen und stimmten schlecht zu denen der Hofkapelle, wahrscheinlich schon zu Liszts Zeiten (siehe die 3 Flöten im III. «Tannhäuser»-Akt). Aber der «Guntram», dessen Partitur in keiner Weise mit den bestehenden Verhältnissen übereinstimmte und ein Beweis für meine damalige haarsträubende Naivität ist, wurde einstudiert, mein armer, mutiger Schüler Heinrich Zeller quälte sich sehr mit der unsinnig anstrengenden Rolle — man zählte damals nach, daß sie so und so viele Takte mehr enthielte als «Tristan» — er wurde von Probe zu Probe heiserer und brachte sie auch in der ersten Aufführung nur mit Mühe zu Ende. Meine damalige Braut konnte ihre Rolle tadellos und bot eine gesanglich wie darstellerisch hervorragende Leistung. Sie wurde nach dem II. Akt in Weimar, wie

auch in der späteren, sehr verunglückten Münchner Aufführung, vom Publikum stürmisch bejubelt.
Auf einer der letzten Proben, wo ich Zeller unzählige Male abklopfen mußte, kam endlich Pauline im 3. Akt mit ihrer einwandfrei «gekonnten» Szene. Trotzdem fühlte sie sich unsicher und beneidete Zeller anscheinend wegen seinem vielen «Wiederholen». Plötzlich hörte sie zu singen auf und frug mich: «Warum klopfen Sie bei mir nicht ab?» Ich: «Weil Sie Ihre Rolle können». Mit den Worten «Ich will abgeklopft haben» wollte sie mir den Klavierauszug, den sie gerade in der Hand hatte, an den Kopf werfen, derselbe flog aber zur allgemeinen Heiterkeit dem 2. Geiger Gutheil (dem späteren Gatten der berühmten Gutheil-Schoder, die im selben Jahr unter mir als Pamina und Hänsel debütierte) aufs Pult.
«Guntram» hatte damals einen Achtungserfolg, verschwand aber nach einigen vergeblichen Versuchen, ihn mit großen Strichen in Frankfurt und Prag zu beleben, gänzlich von den Theatern und mit ihm mir für die nächsten sechs Jahre der Mut, fürs Theater zu schreiben.
Eine einmalige verunglückte Aufführung fand in München statt. Die ersten dortigen Sänger, Frau Ternina und Heinrich Vogl, hatten die Rollen refüsiert, auch das Orchester hatte unter Anführung meines eigenen Vetters und Geigenlehrers, des Konzertmeisters Benno Walter, gestreikt, und eine Deputation hatte beim Generalintendanten Perfall gebeten, das Orchester von dieser «Gottesgeißel» zu befreien. Der Tenor Mikorey, dessen Gedächtnis auch bei der Premiere teilweise versagt hatte, erklärte nachher, er würde weitere Auf-

führungen nur singen, wenn er eine erhöhte Pension erhielte. So blieb es bei dieser einen Aufführung! Bis zu meinem 70. Geburtstag der Berliner Rundfunk eine stark gestrichene Konzertaufführung unter Rosbaud veranstaltete, die ergab, daß das Werk — welche Uraufführungen hatte man seit 1894 erlebt! — so viel schöne Musik enthielte, daß «Guntram» eine Wiederaufnahme wohl verdienen würde, schon des historischen Interesses halber, als Erstlingswerk des späteren erfolgreichen Dramatikers. Ich gab nun eine gestrichene Neuausgabe in Druck, die Oktober 1940 in Weimar unter Sixt eine vortreffliche Auferstehung feierte. Die zweite Hälfte des 2. Aktes und der ganze 3. Akt machten starken Eindruck, und ich selbst mußte gestehen, daß das Werk all dem gegenüber, was außer meinen Werken in den letzten vierzig Jahren an Opern produziert wurde, noch immer sehr «lebensfähig» sei. Vorerst ist «Guntram» an der Berliner Staatsoper angenommen, wo er mit dem großen Orchester sicher erst seine volle Wirkung machen wird. * — In Weimar war Freihild vorzüglich und Guntram schon durch seine Ausdauer lobenswert, wenn auch geistig nicht ganz auf der Höhe seiner Aufgabe. Aber dort auch blieb dem Werk das anfängliche «Pech» anhaften, da die Sängerin wegen einer länger andauernden Indisposition die Rolle nicht mehr weiter singen konnte.

* [Die Berliner Premiere unter Robert Heger fand am 13. Juni 1942 statt.]

«*Feuersnot*»

Nach dem Mißerfolg des «Guntram» hatte ich etwas den Mut verloren, fürs Theater zu schreiben. Da fiel mir die flämische Sage «Das erloschene Feuer von Audenarde» in die Hand und gab mir die Idee, ein kleines Intermezzo *gegen* das Theater zu schreiben, mit persönlichen Motiven und kleiner Rache an der lieben Vaterstadt, wo, wie vor dreißig Jahren der große Richard I., nunmehr auch der kleine Richard III. (einen «Zweiten» gibt es nicht, hat Hans von Bülow einmal gesagt) so wenig erfreuliche Erfahrungen gemacht hatte. Der vortreffliche Ernst von Schuch hatte die «Feuersnot» angenommen und trotz mancher sittlicher Bedenken kam sie in Dresden mit gutem Erfolg zu ausgezeichneter Aufführung mit dem prächtigen Karl Scheidemantel und Annie Krull. Ihre weiteren Schicksale — auch in Berlin, wo sie nach der 7. Wiederholung auf Drängen der Kaiserin abgesetzt werden mußte, worauf der charakterfeste Generalintendant Graf Hochberg seine Entlassung nahm — sind bekannt. Die «Feuersnot» ist leider ziemlich schwer, erfordert einen souveränen Bariton mit leichter Höhe, ziemlich großes, gut charakterisierendes Solopersonal und enthält schwierige Kinderchöre, die repertoiremäßigen Aufführungen stets ein Hindernis waren. Auch stößt die große Anrede Kunrads immer noch auf mangelndes Verständnis eines «Troubadour» und «Martha» gewohnten Publikums. Ob sich das einmal ändern wird? — Ernst von Wolzogen, der mir diesen hübschen, wirklich volkstümlichen Text geschrieben hatte, bearbeitete später noch eine Diebesnovelle von Cervantes, die ich selbst schon als Einakter entworfen hatte. Das Buch ist mir abhanden gekommen, ich weiß nicht wohin.

«Salome»

Ich war in Berlin in Max Reinhardts «Kleinem Theater», um Gertrud Eysoldt in Wildes «Salome» zu sehen. Nach der Vorstellung traf ich Heinrich Grünfeld, der mir sagte: «Strauss, das wäre doch ein Opernstoff für Sie.» Ich konnte erwidern: «Bin bereits beim Komponieren.» Der Wiener Lyriker Anton Lindner hatte mir das köstliche Stück schon geschickt und sich erboten, mir daraus einen «Operntext» zu machen. Auf meine Zustimmung hin schickte er mir ein paar geschickt versifizierte Anfangsszenen, ohne daß ich mich zur Komposition entschließen konnte, bis es mir eines Tages aufstieg: Warum komponiere ich nicht gleich ohne weiteres «Wie schön ist die Prinzessin Salome heute Nacht!» Von da ab war es nicht schwer, das Stück so weit von schönster Literatur zu reinigen, daß es nun ein recht schönes «Libretto» geworden ist. Und jetzt, nachdem der Tanz und besonders die ganze Schlußszene in Musik getaucht ist, ist es kein Kunststück zu erklären, das Stück «schriee nach Musik». Jawohl, aber sehen muß man es!

Ich hatte schon lange an den Orient- und Judenopern auszusetzen, daß ihnen wirklich östliches Kolorit und glühende Sonne fehlt. Das Bedürfnis gab mir wirklich exotische Harmonik ein, die besonders in fremdartigen Kadenzen schillerte, wie Changeant-Seide. Der Wunsch nach schärfster Personencharakteristik brachte mich auf die Bitonalität, da mir für die Gegensätze Herodes-Nazarener eine bloß rhythmische Charakterisierung, wie sie Mozart in genialster Weise anwendet, nicht stark genug erschien. Man kann es als ein einmaliges Experiment an einem besonderen Stoff gelten lassen, aber zur Nachahmung nicht empfehlen. — Nachdem der prächtige Schuch den Mut hatte, «Salome» ebenfalls zur Aufführung anzunehmen, begannen die Schwierigkeiten auf der ersten Leseprobe am Klavier, zu der alle Solisten versammelt waren, um dem Dirigenten ihre Partien *zurückzugeben*, alle bis auf den Tschechen Burian, der, zuletzt befragt, antwortete: «Ich kann es schon auswendig.» Bravo! — Nun schämten sich die anderen doch, und die Probenarbeit begann tatsächlich. Auf den Arrangierproben streikte die hochdramatische Frau Wittich, der man wegen der anstrengenden Partie und wegen des dicken Orchesters die 16jährige Prinzessin mit der Isoldenstimme — so etwas schreibt man halt nicht, Herr Strauss: entweder-oder — anvertraut hatte, ab und zu mit dem entrüsteten Protest einer sächsischen Bürgermeistersgattin: «Das tue ich nicht, ich bin eine anständige Frau», und brachte den auf «Perversität und Ruchlosigkeit» eingestellten Regisseur Wirk zur Verzweiflung! Und doch hatte Frau Wittich, die figürlich natürlich für die Rolle nicht geeignet war, eigentlich Recht (zwar in andrer Beziehung), denn was in späteren Aufführungen exotische Tingeltangeleusen mit Schlangenbewegungen, Jochanaans Kopf in der Luft herumschwenkend, sich geleistet haben, überstieg oft jedes Maß von Anstand und Geschmack! Wer einmal im Orient war und die Dezenz der dortigen Frauen beobachtet hat, wird begreifen, daß Salome als keusche Jungfrau, als orientalische Prinzessin nur mit einfachster, vornehmster Gestik gespielt werden darf, soll sie nicht in ihrem Scheitern an dem ihr entgegentretenden Wunder einer großartigen Welt statt Mitleid nur Schauder und Entsetzen erregen. (Hier sei bemerkt, daß das hohe B des Kontrabasses bei der Ermordung des Täufers nicht Schmerzensschreie des Delinquenten sind, sondern stöhnende Seufzer aus der Brust der ungeduldig wartenden Salome. Die ominöse Stelle erregte in der Generalprobe solchen Schrecken, daß Graf Seebach, der einen Heiterkeitserfolg befürchtete, mich bewog, den Kontrabaß durch ein ausgehaltenes B des Englisch Horns etwas zu kaschieren). Überhaupt muß sich, im Gegensatz zu der allzu aufgeregten Musik, das Spiel der Darsteller auf *größte Einfachheit* beschränken, besonders Herodes muß sich vor dem herumrennenden Neurastheniker darauf besinnen, daß er, als östlicher Parvenu, seinen römischen Gästen gegenüber bei allen momentanen erotischen Entgleisungen sich stets bemüht, in Nachahmung des größeren Cäsars in Rom Haltung und Würde zu bewahren. Toben *auf* und *vor* der Bühne zugleich — ist zuviel! Das Orchester allein genügt dafür! — Mein guter Vater, als ich ihm ein paar Monate vor seinem Tode einiges auf dem Klavier vortrommelte, stöhnte verzweifelt: «Gott, diese nervöse Musik! Das ist ja gerade, als wenn einem lauter Maikäfer in der Hose herumkrabbelten.» Er hatte nicht ganz unrecht. — Cosima Wagner, der ich in Berlin auf ihren dringenden Wunsch (trotzdem ich ihr abgeraten hatte) auch einzelnes vorspielen mußte, bemerkte nach der Schlußszene: «Das ist der Wahnsinn!

Sie sind für das Exotische, Siegfried für das Populäre!» Bum! —
Es war in Dresden der dort übliche Premierenerfolg, aber die kopfschüttelnden Auguren nachher im Bellevue-Hotel waren sich einig, daß das Stück vielleicht an ein paar ganz großen Theatern gegeben, aber bald verschwinden würde. Nach drei Wochen war es, glaube ich, an zehn Theatern angenommen und hatte in Breslau mit 70 Mann Orchester einen sensationellen Erfolg! Nun begannen Presseblödsinn, Widerstände des Klerus — in der Wiener Staatsoper erste Aufführung Oktober 1918, nach heikler Korrespondenz mit Erzbischof Piffl —, der Puritaner in New York, wo das Werk nach der Premiere auf Betreiben eines Herrn Morgan abgesetzt werden mußte. Der Kaiser von Deutschland gestattete die Aufführung erst, als Exzellenz Hülsen den Einfall hatte, am Schluß durch Erscheinen des Morgensternes das Kommen der Heiligen Drei Könige anzudeuten! Wilhelm II. sagte zu seinem Intendanten einmal: «Es tut mir leid, daß Strauss diese ‹Salome› komponiert hat, ich habe ihn sonst sehr gern, aber er wird sich *damit furchtbar schaden.»* Von diesem Schaden konnte ich mir die Garmischer Villa bauen! Bei dieser Gelegenheit sei dankbar des tapferen Berliner Verlegers Adolph Fürstner gedacht, der den Mut hatte, das Werk zu drucken, worum ihn anfänglich andere Kollegen (z. B. Hugo Bock) nicht im geringsten beneideten. Der kluge und gütige Jude hatte sich damit aber auch den «Rosenkavalier» erobert. Ehre seinem Andenken!
Ein italienischer Impresario, dem Fürstners Forderungen zu hoch waren und der keine gedruckte Partitur

auftreiben konnte, hatte von einem kleinen Kapellmeister nach dem Klavierauszug (!) eine neue Partitur instrumentieren lassen und wollte das Werk so in Holland, das damals, glaube ich, noch nicht zur Berner Union gehörte, ohne unsere Zustimmung aufführen lassen. Fürstner, als er dies erfuhr, verhandelte mit dem findigen Herrn und erreichte schließlich, daß dieser sich bereit erklärte, seine neue Partitur uns auszuliefern und das Werk nach meiner Partitur aufzuführen, wenn ich mich gewinnen ließe, die Vorstellung in Amsterdam selbst zu dirigieren. Ich glaubte, «mein Werk retten zu müssen» («O ich Esel», wie es in «Ariadne» heißt), und nahm an. Was mir dann in Amsterdam bevorstand, spottet allerdings jeder Beschreibung! Eine armselige italienische Truppe, deren Fähigkeiten kaum über eine sechstklassige «Troubadour»-Aufführung hinausgingen, die kaum ihre Rollen konnten, ein Bierorchester, das mindestens zwanzig Proben gebraucht hätte, um halbwegs hörbar zu werden, hatte ich für *eine* Generalprobe zur Verfügung! Es war grauenhaft. Und ich konnte nicht zurücktreten, ohne eine Riesensumme Schadenersatz zu riskieren. Also mußte es durchgestanden werden. Unter Scham und Ärger brachte ich den Abend zu Ende. Und, o Wunder: am Schluß sagte mir mein alter Freund Justizrat Fritz Sieger, mein Förderer im Frankfurter Museum seit der f-moll-Sinfonie, der zufällig der Vorstellung beigewohnt hatte: es sei eine *recht gute* Aufführung gewesen und hätte ihm außerordentlich gefallen. Scheint die persönliche Suggestion durch meinen Taktstock so groß gewesen zu sein, daß selbst ein Kenner die Mängel der Aufführung übersehen hatte, oder ist das Werk überhaupt nicht umzubringen? Ich glaube wohl das letztere, denn als ich vor zwei Jahren das Stück in Innsbruck mit zweifachen Bläsern (Orchester 56 Mann) und allerdings recht guter Solistenbesetzung — eine vortreffliche Schwedin Sönderquist — sah, mußte ich zugeben, daß es auch in dieser Beschränkung seine Wirkung nicht verfehlt hatte. Die Moral von der Geschichte: wieviel Partiturzeilen hätte ich mir von Anfang an sparen können, hätte ich eine Partitur geschrieben wie der geschickte kleine italienische Kapellmeister, der für Stagiones in Ferrara und Piacenza instrumentiert hatte. Aber diese «l'art pour l'art»-Künstler, die nicht «Mysterien nationalen Seelenlebens» («Münchner Neueste Nachrichten» vom 9. Februar 1942) komponieren, sind eben unbelehrbar! Das Geheimnis einer 40zeiligen Partiturseite ist eben doch größer als das Geheimnis eines «romantischen» Geldbeutels.

«Elektra»

Als ich zuerst Hofmannsthals geniale Dichtung im «Kleinen Theater» mit Gertrud Eysoldt sah, erkannte ich wohl den glänzenden Operntext (der es nach meiner Umarbeitung der Orestszene tatsächlich geworden ist) und, wie seinerzeit in «Salome», die gewaltige musikalische Steigerung bis zum Schluß: in «Elektra» nach der nur mit Musik ganz zu erschöpfenden Erkennungsszene der erlösende Tanz, — in «Salome» nach dem Tanz (als Kernpunkt der Handlung) die grausige Schlußapotheose. — Beide Opern boten wunderbare musikalische Angriffspunkte:

«Salome»: die Gegensätze: Hof des Herodes, Jochanaan, die Juden, die Nazarener.

«Elektra»: die dämonische Rachegöttin gegen die Lichtgestalt ihrer irdischen Schwester.

«Salome»: die 3 Verführungsgesänge der Salome,
die 3 Werbereden des Herodes,
Salomes Ostinato: «Ich will den Kopf des Jochanaan.»

«Elektra»: der erste Monolog; die unendlichen Steigerungen
der Szene Elektra- Chrysostemis } beide leider noch
der Szene Elektra-Klytämnestra } immer stark verkürzt

Anfangs schreckte mich aber der Gedanke, daß beide Stoffe in ihrem psychischen Inhalt viel Ähnlichkeit hatten, so daß ich zweifelte, ob ich ein zweites Mal die Steigerungskraft hätte, auch diesen Stoff erschöpfend darzustellen. Jedoch der Wunsch, dieses dämonische, ekstatische Griechentum des 6. Jahrhunderts Winckelmannschen Römerkopien und Goethescher Humanität entgegenzustellen, gewann das Übergewicht über die Bedenken, und so ist «Elektra» sogar noch eine Steigerung geworden in der Geschlossenheit des Aufbaus, in der Gewalt der Steigerungen, — ich möchte fast sagen: sie verhält sich zu «Salome», wie der vollendetere, stileinheitlichere «Lohengrin» zum genialen Erstlingswurf des «Tannhäuser». Beide Opern stehen in meinem Lebenswerk vereinzelt da: ich bin in ihnen bis an die äußersten Grenzen der Harmonik, psychischer Polyphonie (Klystämnestras Traum) und Aufnahmefähigkeit heutiger Ohren gegangen.

Da über mich viele Aussprüche kursieren, die ich niemals von mir gegeben habe, seien ein paar authentische harmlose «Elektra»-Anekdoten hier eingefügt.

In einer der ersten Orchesterproben bemerkte Schuch, der gegen Zugluft sehr empfindlich war, im 3. Rang des leeren Hauses eine von einer Scheuerfrau offen gelassene Tür. Er rief ärgerlich hinauf: «Was suchen Sie dort?» Ich antwortete aus dem Parkett: «Einen Dreiklang».

Im Wiener Orchester saß ein älterer großartiger Klarinettist (Tscheche) nach der Probe immer noch länger vor seinem Pult, um das Instrument zu putzen. Unter dem Einpacken murmelte er resigniert vor sich hin: «Das wenn Tschech g'schrieben hätt!»

Nach einer Aufführung in Basel wurde ein biederer Schwyzer gefragt, wie ihm die Oper gefallen habe. «O! Ganz großartig!» — «Und die Musik?» — «Musik hab ich gar keine gehört!» So ein Zuschauer ist mir lieber als ein kritisierender Dilettant, der die Musik schließlich doch nicht verstanden hat.

Die Aufführung der «Elektra» war von dem gewissenhaften Schuch wieder auf das sorgfältigste vorbereitet worden. Er beherrschte die Partitur auch diesmal wieder, als wäre es die zwanzigste Wiederholung. Schuch war berühmt wegen seiner eleganten Aufführungen italienischer und französischer Opern und als «diskreter Begleiter». Er hatte diese löbliche Tugend so weit gesteigert, daß selbst Wagnersche Partituren etwas unbedeutend klangen. Ein richtiges Blechfortissimo war in dem klangschönen Dresdner Musterorchester kaum zu hören. Da ich damals, vor 35 Jahren, auch noch für germanische ff schwärmte, nörgelte ich in den Proben törichterweise an Schuchs wohlklingendem (nicht dröhnendem) Blech herum, was ihn ärgerte. Ich wollte nämlich, zum ersten Male meine Partitur hörend, die ganze Thematik der Orchesteroper genau hören, vergessend, daß so komplizierte Polyphonie erst nach Jahren, wenn das Orchester sie schon fast auswendig kann, ganz plastisch und durchsichtig wird. Schuch, als Freund der armen «deklamierenden» Sänger, hatte bereits in den ersten Proben das Orchester so weit abgedämpft, daß es für meine Bedürfnisse allzu blaß klang, wobei man aber immerhin die Sänger wenigstens hörte. Dies ewige Hervorheben thematischer Mittelstimmen hatte den braven Schuch so geärgert, daß er endlich in der Generalprobe so loslegte, daß ich bittend bekennen mußte: «Heute war das Orchester doch etwas zu stark.» — «Na, sehen Sie», triumphierte Schuch, und am Premierenabend war alles tadellos!

Nur die Klytämnestra der als Gast gebetenen Frau Schumann-Heink (berühmte Wagnersängerin!) stellte sich als Fehlgriff heraus. Mit alten Stars ist für mich nichts zu machen, — damals ahnte mir schon selbst, wie grundlegend mein Gesangsstil sich selbst vom Wagnerschen unterscheidet. Mein Gesangsstil hat das Tempo des rezitierten Dramas und kommt oft mit der Figuration und Polyphonie des Orchesters in Konflikt, und nur hervorragende Dirigenten, die selbst etwas vom Gesang verstehen, können hier den dynamischen und motorischen Ausgleich zwischen Schauspieler und Taktstock schaffen. Der Kampf zwischen Wort und Ton ist schon seit Beginn das Problem meines Lebens und mit «Capriccio» als Fragezeichen beendet!

Der Erfolg der Premiere war, was ich, wie gewöhnlich, erst nachträglich erfuhr, ein anständiger Achtungserfolg. Angelo Neumann telegraphierte nach Prag sogar «Durchfall»! Jetzt gilt vielen «Elektra» als Höhepunkt meines Schaffens! Andere stimmen für die «Frau ohne Schatten»! Das große Publikum schwört auf den «Rosenkavalier»! Man muß zufrieden sein, als deutscher Komponist es so weit gebracht zu haben. — Von den Darstellerinnen der Elektra seien in besonderer Dankbarkeit erwähnt: Annie Krull (Dresden), Thila Plaichinger (Berlin), Edith Walker (Hamburg), Alice Sanden (Leipzig), Zdenka Faßbender (München), Marie Gutheil-Schoder (Wien), Gertrud Rünger (Wien). Ebenso die als Salome wie als Elektra besonders gesanglich vollendete Kruzeniska der Mailänder Scala.

«Der Rosenkavalier»

Als ich Hofmannsthals Buch meinen Berliner Intendanten Graf Hülsen hatte lesen lassen, riet er mir ab: das sei kein Text für mich! Er bedauerte, daß er «so wenig Zeit» habe, sonst hätte er mir selbst einen «echt deutschen Text» geschrieben! Nach der hundertsten Berliner Aufführung kam er zu mir ins Künstlerzimmer, gratulierte mit den Worten: «Es ist aber auch ein entzückendes Textbuch!» Über Hülsens Textbuchänderungen, um das Stück für die deutsche Kaiserin hoffähig zu machen, steht Näheres im Bericht der Staatsoper vom Jahre 1934, anläßlich meines 60. Geburtstages.
«Der Rosenkavalier» ist die einzige Oper von mir, die sich Kaiser Wilhelm auf Zureden des Kronprinzen einmal anhörte, aber mit den Worten verließ: «Det is keene Musik für mich!»
Als ich in Dresden die erste Bühnenprobe mit Orchester hörte, war mir schon im 2. Akt klar, daß der dortige

brave Regisseur alten Schlages vollkommen unfähig sei, das Stück zu inszenieren. Alfred Rollers Dekorationen waren herrlich, sind heute noch vorbildlich wie am ersten Tag! Ehre seinem Andenken! An ein gütiges Anerbieten Max Reinhardts mich erinnernd, machte ich dem Generalintendanten Graf Seebach den Vorschlag, Reinhardt bitten zu dürfen, er möge kommen und helfen. Seebach gestand dies widerstrebend zu, unter der Bedingung, daß Reinhardt aber nicht die Bühne betrete! Der brave Reinhardt kam, ohne irgend eine Forderung zu stellen, fügte sich als kunstbegeisterter Jude sogar obiger Bedingung, und wir fanden uns alle auf der Probebühne zusammen, Reinhardt als bescheidener Zuschauer, während ich in meiner Unbeholfenheit den Sängern, so gut ich konnte, die Rollen vormimte. Nach einer Weile sah man Reinhardt mit Frau von der Osten in einer Saalecke stehen und flüstern, bald dasselbe Bild mit Frl. Siems, Perron etc.
Am nächsten Tag kamen sie alle verwandelt als fertige Schauspieler auf die Probe! Darauf gestattete Seebach huldvoll, daß Reinhardt nicht mehr vom Parkett aus der Probe beiwohne, sondern auch auf der Bühne Regie führe. Das Resultat war ein neuer Stil in der Oper und eine vollendete Aufführung, in der besonders das Terzett (Siems, von der Osten, Nast) allgemeines Entzücken erregte.
Der Abend war etwas lang geraten, da ich in meiner Herzensfreude den etwas redseligen Text — bei dem selbst der Dichter auf meine Streichungen gerechnet hatte — unverändert durchkomponiert hatte. Schuchs Spezialität waren Striche; er hat, glaube ich, nie eine Oper ohne Striche dirigiert und war besonders stolz,

wenn er an einer neuen Oper gleich einen ganzen Takt weglassen konnte. Sofort nach meiner Abreise verübte er nun an dem «Rosenkavalier» die furchtbarsten Striche, die von allen gedankenlosen Leitern der anderen Bühnen heißhungrig akzeptiert wurden, und gegen deren Sinnlosigkeit ich jahrelang zu kämpfen hatte. Es ist nicht richtig, daß eine gut komponierte und dramaturgisch besonnen disponierte Oper durch Striche kürzer wird. Beispiel: Nach einem Jahr kam Seebachs Freundin, die Baronin Knorring nach Berlin in *meinen* «Rosenkavalier». Nachher sagte sie mir, die Oper sei ihr kürzer vorgekommen als in Dresden. Ich antwortete: «Ja, weil weniger gestrichen war!» Die Proportionen waren eben richtiger, und Licht- und Schatten besser verteilt.

Nachdem ich mich einige Zeit über die unausrottbaren Schuchschen Striche geärgert hatte, schrieb ich ihm einmal, er hätte einen wichtigen Strich vergessen, das Terzett im 3. Akt halte nur die Handlung auf, und empfahl folgende Kürzung: D-dur: «Ich weiß nix, gar nix» bis G-dur: Beginn des letzten Duetts! Da war er böse! Aber immerhin von der Dresdner Krankheit etwas geheilt. Zu Draeseke kam einmal Schuchs Vorgänger: «Ich höre, Herr Draeseke, Sie haben eine Oper fertig.» Draeseke: «Nu ja, die Oper selber is fertig, nur die Striche muß ich noch komponieren.»

Der Siegeslauf des «Rosenkavalier» wurde in der Mailänder Scala auf eine tragikomische Weise unterbrochen. Serafin hatte die Oper tadellos einstudiert, vorzügliche Besetzung: Frl. Bori als Octavian, Ludikar als Ochs sehr gut, aber mit etwas böhmischem Akzent, der bei den darin etwas empfindlichen Italienern um so mehr Anstoß erregte, als sie derartige (etwas ordinäre!) Bufforollen ausschließlich für ihre italienische komische Oper gepachtet zu haben dürfen — glauben. Pauline saß mit mir in der Proszeniumsloge mit dem Ehepaar Duce Visconti und unterhielt sich mit der Fürstin über französische Toiletten. Nach einer Weile sagte dieselbe zu ihr: «Ich glaube, gnädige Frau, Sie und Ihr Herr Gemahl sind heute die einzigen Personen im Hause, die nicht nervös sind.» Pauline: «Warum soll ich nervös sein? Die Oper hat ja in Deutschland ganz gut gefallen.» — Wie sehr die Fürstin Recht hatte, sollte sich nach dem 2. Akt herausstellen. Der erste Akt verlief gut mit drei Hervorrufen. Nach dem 2. Akt ging ohne ein Zeichen des Beifalls ein Radau los: Zischen, Pfeifen, Gebrülle, währenddessen von der obersten Galerie Hunderte von Zetteln heruntergeworfen wurden, auf denen die Jugend (damals hieß sie «Futuristen») dagegen protestierte, daß der Autor der «Salome» sich zu so einem leichtfertigen Werke «erniedrigt» habe. — Nachdem der Skandal sich gelegt hatte, ging ich auf die Bühne und frug, worauf die Leute so bös wären? Antwort: «Ja, wegen des Walzers.» Ich: «Wieso — wegen des Walzers?» Regisseur: «Ja, in der Scala goutiert das Publikum den ‹Wiener Walzer› nur im Ballett.» Ich lachte: «Wie wird das dann im 3. Akt werden, da kommen noch mehrere Walzer?» Man zuckte die Achseln, — der 3. Akt begann: während des einleitenden Fugatos (musica seria tedesca) vollkommene Ruhe! Dann kam wieder der E-dur-Walzer hinter der Szene. Als die Bori sang: «Chè bella musica!» rief eine höhnische Stimme vom Juhe: «Eh, — bella musica!» Und der Skandal ging von vorne an und steigerte sich bis zum Orkan beim Abgang des Lerchenau. Ich blickte fortwährend nach dem Vorhang, ob er nicht fiele. Er fiel nicht —, das Publikum beruhigte sich allmählich bis zum Terzett, das unter Totenstille begann. Nachher tosender Beifall, — der Abend war gerettet. Bravo, ihr guten Italiener, ihr habt noch ein eigenes, selbständiges Urteil, wenn es auch ab und zu danebengeht! Von der zweiten Vorstellung ab ließ man den Walzer immer piano spielen, da war er den irredentistischen Snobisten weniger anstößig! Nach vier Vorstellungen verschwand das Werk vom Spielplan, um nach mehreren Jahren auch in Italien triumphale Auferstehung zu feiern. — Im übrigen ist jede Premiere in der Scala ein Kampf zwischen den Verlegern Ricordi und Sonzogno. Nach dem 3. «Rosenkavalier»-Akt ging der Kampf weiter zwischen Orchester und den ersten Parkettreihen, die der Kapellmeister anschrie: «Asini!»

Zwei wichtige Forderungen an die Darsteller: ebenso wie Klytämnestra keine alte verwitterte Hexe, sondern eine schöne, stolze Frau von 50 Jahren sein soll, deren Zerrüttung eine geistige, keineswegs ein körperlicher Verfall sein soll, so muß die Marschallin eine junge schöne Frau von höchstens 32 Jahren sein, die sich bei schlechter Laune einmal dem 17jährigen Octavian gegenüber als «alte Frau» vorkommt, aber keineswegs Davids Magdalena ist, die übrigens auch oft zu alt gespielt wird. Octavian ist weder der erste noch der letzte Liebhaber der schönen Marschallin, die auch ihren ersten Aktschluß durchaus nicht sentimental als tragischen Abschied fürs Leben spielen darf, sondern immer noch mit wienerischer Grazie und Leichtigkeit, mit einem nassen und einem trockenen Auge. Von Seite des Dirigenten *nicht* verschleppte Tempi, schon vom F-dur 2/4 an! — Die mißverstandenste Figur ist bisher der gute Ochs. Die meisten Bassisten haben bis jetzt ein scheußliches, ordinäres Ungeheuer mit greulicher Maske und Proletariermanieren auf die Bühne gestellt, an dem zivilisierte Publikümer (Franzosen und Italiener) mit Recht Anstoß genommen haben. Das ist durchaus falsch: Ochs muß eine ländliche Don Juan-Schönheit von etwa 35 Jahren sein, immerhin Edelmann (wenn auch etwas verbauert), der sich im Salon der Marschallin soweit anständig benehmen kann, daß sie ihn nicht nach fünf Minuten von ihrem Bedienten hinausschmeißen läßt. Er ist *innerlich* ein Schmutzian, aber äußerlich immerhin noch so präsentabel, daß ihn Faninal nicht auf den ersten Blick ablehnt. Besonders die erste Szene des Ochs im Schlafzimmer muß mit äußerster Delikatesse und Diskretion gespielt werden, soll sie nicht ebenso widerlich sein, wie die Liebschaft einer alten Generalin mit einem Fähnrich. Also Wiener Komödie, nicht — Berliner Posse!

«*Ariadne auf Naxos*»

Von Hofmannsthal als dankbare Widmung für den hilfreichen Max Reinhardt als Nachspiel zu einer Molièreschen Komödie gedacht, hat sich «Ariadne», schließlich in drei Teile geschnitten — wie eine bekannte mythische Schlange mit neuen Köpfen versehen —, wieder in zwei neue Komödien aufgelöst. Die erste Idee war reizend: anfangend in nüchternster Komödienprosa, durch Ballett und Commedia dell'Arte zu den Höhen reinster, wortloser Musik geführt, scheiterte sie schließlich an einer gewissen Unkultur des Publikums. Das eigentliche Schauspielpublikum kam nicht auf seine Kosten, das Opernpublikum wußte nicht viel mit dem Molière anzufangen. Der Intendant hatte an einem Abend Schauspiel- und Opernpersonal zugleich einzusetzen, und statt zwei guten Einnahmen nur eine, noch dazu nur zweifelhafte «Kasse»!

Doch beginnen wir mit der Entstehung: die Komposition der Schauspielmusik machte mir viel Spaß und wurde, wie fast alles, was ich so unbesorgt mit der «linken Hand» hinschrieb, so gut, daß sie später als kleine Orchestersuite ein recht erfolgreiches Weiterleben führte. Auch das Öperchen ging flott von statten, bis zum Auftritt des Bacchus, wo ich fürchtete, daß für meine dionysischen Gelüste das kleine Kammerorchester nicht ausreichen würde. Ich teilte Hofmannsthal meine Besorgnisse mit und frug ihn, ob ich von da ab nicht zum «großen Orchester», allenfalls hinter der Bühne, übergehen könne. Allerdings ein recht blöder Gedanke! Hofmannsthal beschwor mich, davon abzusehen, und unter dem wohltätigen Zwang ist trotzdem auch die zweite Hälfte charakteristisch genug ausgefallen.

Nun galt es die Wahl eines kleinen Theaters. Das für meine Uraufführungen bereits vereidigte schöne Dresdner Haus schien mir zu groß, und als mir Max Schillings unter Eingehen auf alle meine Bedingungen — für Molière Reinhardt mit seinem Berliner Ensemble, für die Oper ein von mir ausgesuchtes Personal (ich dachte an Fräulein Jeritza, die ich in München als «schöne Helena» (!!!) gesehen hatte, an den famosen

Tenor Jadlowker und Frieda Hempel) — mir das neu zu eröffnende kleine Stuttgarter Haus anbot, griff ich dankbar zu, und alles ging gut bis zur Generalprobe. Ich zweifle jetzt noch nicht am guten Willen des Generalintendanten Baron von Putlitz und des mir befreundeten Schillings; aber ich hatte doch nicht mit gewissen «Mächten des Geschicks» gerechnet, die in der Eifersucht des Stuttgarter Schauspiel- und Opernpersonals «unter der Asche» glimmten, weil dieses erst als zweite Garnitur nach der Première in Aktion treten sollte, nachdem sie alle Vorproben vor Ankunft der fremden Gäste geleistet hatten. Den Regisseur Gerhäuser hatte ich offenbar verprellt, als ich auf eine technische Frage etwas unbesonnen zur Antwort gab: «Das wird Reinhardt schon bestimmen.»

Kurz und gut, ob Bosheit — ob Zufall? Man hatte neben der »Ariadne«-Generalprobe im kleinen Theater für das große Haus eine Vorstellung von «Undine» angesetzt, zu der ein wichtiger Teil des technischen Personals (Inspizienten etc.), dessen ich dringend bedurfte, abkommandiert war. Die Folge war, daß bei mir alles drunter und drüber ging. Der Maler Stern, der natürlich keine Ahnung hatte, inspizierte — es gab falsche, verspätete Auftritte, dekorativ klappte es nicht. Kurz, es war eine Schweinerei, ich schäumte vor Wut, die sich in einem Ausfall gegen Schillings entlud, der natürlich «so unschuldig war», daß ich, der Dumme, mich nachträglich noch bei Putlitz sogar entschuldigen mußte!!

Der Abend selbst verlief normal! Aber zwei Dinge waren nicht bedacht worden. 1. daß das Publikum auf die «Straussoper» so gespannt war, daß es dem prächtigen (von Reinhardts Schauspielern, besonders dem genialen Arnold, herrlich gespielten) Molière nicht das nötige Interesse entgegenbrachte, 2. daß der liebenswürdige König Wilhelm von Württemberg nach Molière in bester Absicht einen $^{3}/_{4}$stündigen Cercle abhielt, der die $1^{1}/_{2}$stündige «Ariadne» etwa $2^{1}/_{2}$ Stunden nach Theateranfang beginnen ließ, vor einem bereits etwas verstimmten und ermüdeten Publikum. Der Erfolg war trotzdem gut, obschon es sich herausstellte, daß der Abend im ganzen zu lang war. Nun wurde am Molière immer mehr gekürzt — außer dem genialen Pallenberg fand sich auch kein Schauspieler, der dieser schweren (den ganzen Abend allein tragenden) Rolle gerecht werden konnte —, in der Serienaufführung des von Hofmannsthal neu bearbeiteten (mit einem 3. Akt versehenen) «Bourgeois gentilhomme» im Deutschen Theater in Berlin war das Orchester nicht genügend — kurz, es gab Mißverständnisse über Mißverständnisse!

Die hübsche Idee — von der nüchternsten Prosakomödie bis zum reinsten Musikerlebnis — hatte sich praktisch in keiner Weise bewährt; ganz banal gesprochen: weil ein Publikum, das ins Schauspielhaus geht, keine Oper hören will, und umgekehrt. Man hatte für den hübschen «Zwitter» kein kulturelles Verständnis. So sahen Hofmannsthal und ich nach vier Jahren, nachdem das Werk immerhin an vielen Bühnen (u. a. Münchner Residenztheater, Berliner Schauspielhaus) mit gutem Erfolg gegeben worden war, uns veranlaßt, den großen Schnitt zu vollziehen und Molière und Hofmannsthal-Strauss zu trennen.

Hofmannsthals geniales Vorspiel, das schon der Länge

des Abends wegen in Stuttgart fast ganz gestrichen werden mußte, wurde von mir (und zwar sehr glücklich — als Vorbote zu «Intermezzo») neu komponiert, und mit ihm ging die Oper im Herbst 1916 zum ersten Mal in Wien in Szene, mit der prächtigen, von mir neu entdeckten Lotte Lehmann (meiner späteren Ariadne, Färberin, Arabella, Octavian, der unübertrefflichen Christine und unvergeßlichen Marschallin) als Komponist. In ihr vereinten sich eine seelenvolle Stimme und ausgezeichnete Textaussprache mit genialer Darstellungskraft und schöner Bühnenerscheinung zu einer seltenen Interpretin gerade meiner Frauenrollen!

Der Molière ist von Hofmannsthal um einen recht hübschen 3. Akt (mit der türkischen Komödie) wieder komplettiert worden, zu welcher Neufassung ich Teile der alten Lullyschen Musik aufgenommen und neu bearbeitet habe; eine Arbeit, deren Aufführung jeder besseren Bühne, die über Oper, Schauspiel und Ballett verfügt, gleich «Egmont», «Sommernachtstraum», «Manfred» in einer in *allen* Teilen vollendeten Wiedergabe zur Zierde gereichen würde. Gehört in das traurige Kapitel: kulturelle Aufgaben der deutschen Opernbühne!

«Josephslegende»

In den letzten Jahren vor dem ersten Weltkrieg machte das Russische Ballett unter seinem genialen Leiter Diaghilew und mit dem unvergleichlichen Nijinsky auch in Deutschland Aufsehen. Ein Berliner Gastspiel entzückte mich derart, daß ich einer Anregung von Hofmannsthal und Graf Harry Kessler, für diese einzigartige Körperschaft auch ein Werk zu schreiben, mit Vergnügen Folge leistete, als mir die Pantomime «Josephslegende» gebracht wurde, deren Titelrolle für Nijinsky gedacht war. Das Werk erlebte am 12. Mai 1914 ohne ihn, mit dem nicht ganz ausreichenden, schwächeren Mijassin in der Pariser Großen Oper seine erste erfolgreiche Aufführung, der noch sechs weitere Aufführungen in Covent Garden in London folgten, obschon im Juni dort eine antideutsche Stimmung ziemlich deutlich fühlbar war und mir der gute, immer in Geldnöten befindliche Diaghilew mein Dirigentenhonorar (6000 Goldfrancs) bis heute — schuldig blieb. Aber schön war es doch!

An der Pariser Oper herrschte der Unfug, daß in jeder Orchesterprobe anderes Personal spielte, je nachdem, ob ein Mitglied durch Privatstunden vom Besuch der Probe abgehalten war und sich durch einen Substituten vertreten ließ. Die Folge war, daß ich in sechs Orchesterproben keine Fortschritte bemerkte und noch in der vorletzten Probe dem 1. Flötisten grobe Fehler rügen mußte, der mir darauf antwortete: er sei heute zum ersten Male da, — worauf ich natürlich etwas sehr ungeduldig wurde, was den anwesenden Grafen Hülsen, der schon den Weltkrieg heraufdämmern sah, sehr ängstlich machte. — Hierzu folgende Anekdote: Massenet bedankte sich beim Orchester nach sechs Proben in einer Generalprobe beim Pauker, der bisher «alle Proben mitgemacht» habe. Derselbe antwortete: «Merci, mon maître! Mais ce soir viendra mon frère».

Zwei Monate später überraschte uns in S. Martino di Castrozza der Krieg. Wir kamen mit Müh und Not durch österreichische Truppentransporte über den Brenner nach Hause. Als wir Franzensfeste passierten, hatte sich ein österreichischer Offizier aus Nervosität über die hohe Brücke in den Eisack gestürzt. Am 1. August beschlagnahmten die Engländer mein bei Edgar Speyer in London liegendes Vermögen, — die Ersparnisse dreißigjähriger Arbeit. Acht Tage lang war ich reichlich deprimiert, dann fuhr ich in meiner soeben begonnenen «Frau ohne Schatten» weiter und begann ein Leben mühsamen Geldverdienens von vorne, nachdem ich gerade gehofft hatte, mich vom 50. Lebensjahre ab fast nur mehr der Komposition widmen zu können. — Die «Josephslegende» feierte [1922] eine schöne Auferstehung in Wien, in Szene gesetzt von Alfred Roller und dem ausgezeichneten Ballettmeister Kröller (Frau Potiphar: Marie Gutheil-Schoder, Joseph: die Herren Birkmeyer und Fränzl; die prachtvollen Kostüme von Professor Haas-Heye).

«Die Frau ohne Schatten»

«Die Frau ohne Schatten», das Schmerzenskind, wurde in Kummer und Sorgen während des Krieges vollendet, nachdem durch die menschliche Güte eines bayrischen Majors Distler eine vorzeitige Einstellung meines Sohnes, dessen Herz mit seinem großen Wachstum nicht Schritt gehalten hatte, verhindert worden war. Ich hatte Franz bereits bei der Fußartillerie in Mainz als Offiziersanwärter angemeldet, aber die Einsicht des bayrischen Stabsarztes hat die Einberufung nicht zugelassen. — Diese Kriegssorgen haben wohl auch der Partitur, besonders gegen die Mitte des 3. Aktes eine

gewisse nervöse Überreiztheit eingetragen, die sich schließlich im Melodram «entspannte»!
Im Sommer 1918 kam in der Aschau, wo wir bei lieben Freunden, Kammersänger Franz Steiner (später vortrefflicher Interpret meiner Lieder auf vielen gemeinsamen Konzertreisen — bis Bukarest, Stockholm etc.) und Frau Nossal im Salzkammergut zu Gast waren, an mich durch Baron Andrian der Antrag nach Wien, wo Oktober 1919 unter der Leitung von Franz Schalk (Dekorationen: A. Roller, Regie: Wymetal) «Fr-o-sch» zur ersten, sehr glanzvollen Aufführung in großartiger Besetzung (Kaiser: Oestvig, Kaiserin: Jeritza, Amme: Weidt, Färberin: Lehmann, Barak: Mayr) kam, um von diesem ersten großen Erfolg ab einen längeren Leidensweg über die deutschen Bühnen anzutreten. In Wien selbst wegen anstrengenden Rollen und Dekorations-Schwierigkeiten öfter abgesagt als gegeben, strauchelte das Werk schon an der zweiten Bühne [Dresden], wo es szenisch so unvollkommen vorbereitet war — die gute Eva von der Osten hatte sich inzwischen an hochdramatischen Partien die Stimme arg lädiert —, daß ich nach der Generalprobe den Grafen Seebach um eine Premierenverschiebung um mehrere Tage bitten mußte. Trotz des vortrefflichen Orchesters unter Fritz Reiner litt der Abend sehr unter der unzureichenden Färberin — es war keine reine Freude!
Es war ein schwerer Fehler, dieses schwer zu besetzende und szenisch so anspruchsvolle Werk unmittelbar nach dem Krieg mittleren und kleineren Theatern anzuvertrauen. Als ich später nur einmal die Stuttgarter Nachkriegsausstattung («auf billig —») sah, begriff ich, daß

das Werk nur wenig Erfolg haben konnte. Schließlich hat es sich aber doch durchgesetzt, und besonders in der Wiener-Salzburger Aufführung (Krauß-Wallerstein) und zuletzt in München (Krauß-Hartmann-Sievert) tiefen Eindruck gemacht, und gerade künstlerische Menschen halten es für mein bedeutendstes Werk.

«*Intermezzo*»

Der Sprung ins romantische Märchen und die starke Überreizung der Phantasie durch den schweren Stoff der «Frau ohne Schatten» erregten den Wunsch nach einer modernen, ganz realistischen Oper, den ich schon lange im Stillen gehegt, von neuem, und acht Tage Aufenthalt in Dr. Kreckes Sanatorium ließen mich das «Intermezzo» niederschreiben, nachdem ich schon vorher den Stoff Hermann Bahr mitgeteilt und ihn gebeten hatte, mir daraus einen Operntext zu machen. Bahr machte auch einen Entwurf, erklärte aber schließlich: «Das können Sie nur selbst machen», und so wurde es auch. Das kleine harmlose Erlebnis veranlaßte Max Reinhardt zu dem Lobe: «Intermezzo» sei so gut, daß er es ohne weiteres als rezitierte Komödie aufführen würde. — Mit der Dresdner Uraufführung fiel die Entlassung aus Wien zusammen! [1942]

Pauline Strauss-de Ahna

Lugano, 22. Mai 1947.
Richard Wagners 124. Geburtstag.

Nach dem Zusammenbruch deutscher Opernkultur am 1. September 1944 meiner lieben Frau ein kleines Gedächtnisdenkmal, bevor ich selbst dieses zerstörte Künstlerdasein verlasse.
Ich lernte Pauline etwa 1887 in Feldafing kennen, wo ich bei meiner braven Tante Johanna Pschorr wie schon öfter in ihrer schön gelegenen Villa zu Gast war. Dort besuchte mich 1892 auch Cosima Wagner mit Eva und aß friedlich mit ihrem alten Gegner Franz Strauss zu Mittag. Paulinens Vater, der wackere General de Ahna, hatte eine schöne Baritonstimme und war so musikalisch, daß er das Meistersinger-Duett (Hans Sachs — Walter) des III. Aktes sich selbst einstudieren konnte. Pauline hatte schon einige Monate auf der Münchner Musikschule studiert und in einem Prüfungskonzert im Odeon sogar mit Dilettantenmut die «Freischütz»-Arie naiv und unter dem Beifall ihrer militärischen Verehrer herausgeschmettert. Da dem Vater die Umgangsformen am Odeonsplatz nicht paßten, übergab er sie mir zum Unterricht, zu dem ich gleichzeitig Darstellungsstunden bei Frau Julie Ritter — die Nichte Richard Wagners und selbst gute Schauspielerin — empfohlen hatte. Pauline hatte schon schauspielerisches Talent, das durch die gütige, kluge Gattin Alexander Ritters in gute Bahnen gelenkt wurde. Ich studierte in München mit Pauline Agathe, Elsa, Gretchen von Gounod, und als ich 1889 als Kapellmeister nach Wei-

mar ging, folgte mir Pauline als Schülerin dahin. Nach einem erfolgreichen Debüt als Pamina wurde 1890 auch sie als jugendlich dramatische Sängerin engagiert und sang im Laufe von vier Jahren Agathe, Elsa, Friedensbote in «Rienzi», Hänsel (Uraufführung), Mignon, Venus, Elvira, Pamina, Königin («Fauler Hans»), «Fürst und Sänger» (Mottl), «Der König hat's gesagt» (Chabrier), «Fidelio» (!) und Isolde (!!!) ohne Strich, «Guntram».

Sie hat (noch immer) eine schöne sympathische Stimme, hatte in Weimar noch bei Frau Merian, Schwester der Witwe Joachims Raffs und Lehrerin Karl Scheidemantels, etwas Unterricht zur Befestigung der Kopfstimme, durchaus poetischen Vortrag, was später beim Vortrag meiner Lieder ihr besonders in Amerika viel Beifall brachte. Dort schrieb ein Kritiker: «Frau Strauss trug die Lieder ihres Gatten so lebendig vor, daß man glaubte, *sie* habe dieselben komponiert, während *er* ziemlich gelangweilt (overbored) am Klavier saß.» Ihre ausgezeichnete Atemführung kam ihr besonders in der Pamina-Arie, der As-dur-Kavatine der Agathe, dem Gebet der Elisabeth (Bayreuth) zugute, die ich niemals mehr so poetisch gehört habe wie von Pauline. Ebenso «Traum durch die Dämmerung», «Morgen», «Freundliche Vision» in ganz gleichmäßigem Ton und poetischer Stimmung. «Jung Hexenlied» und viele andere Novitäten für Amerika mußte sie da capo singen. Sie pointierte vortrefflich, sprach ausgezeichnet aus. Ihre Freihild war die einzige gesanglich und darstellerisch perfekte Leistung in den beiden «Guntram»-Aufführungen von Weimar und München.

Als Gast sang sie in München und Karlsruhe unter

Mottl die Elsa, die heilige Elisabeth von Liszt unter Nicodé und Kniese in Dresden und Bayreuth, außerdem das erste Blumenmädchen der zweiten Gruppe in Bayreuth, die zweite Rheintochter und Marcelline («Fidelio») in München.
Auf meinen Konzertreisen in Paris bei Colonne und Lamoureux [sang sie] in Barcelona, Madrid (Liebestod), Amsterdam, Berlin, Frankfurt, Köln etc. meine für sie instrumentierten Lieder («Cäcilie», «Rosenband», «Liebeshymnus», «Morgen», «Wiegenlied», «Freundliche Vision») immer da capo.
Schade, daß sie sich zu früh dem schönen Beruf einer vorbildlich ausgezeichneten Hausfrau und Mutter zugewandt hat! [1947]

Garmischer Rede am 85. Geburtstag

Herr Ministerpräsident, Herr Gouverneur, meine Herren Bürgermeister, liebe Freunde!

Ich bin glücklich, daß es meiner Frau und mir vergönnt ist, wenigstens für die Sommermonate wieder nach der alten Heimat zurückzukehren in den Kreis meiner Familie und den Genuß eigenen Hauses und Gartens. Leider aber von gesundheitlichen Störungen besonders der letzten sechs Monate noch nicht soweit erholt, daß ich es wagen kann, persönlich an den festlichen Veranstaltungen teilzunehmen, welche die liebe Vaterstadt mir bereiten will, bin ich aufrichtig gerührt, daß Sie, sehr geehrter Herr Ministerpräsident, mit Mitgliedern der bayerischen Regierung und dem Herrn Bürgermeister von München sich persönlich hierher bemühen, mir Ihre und der Staatsregierung Glückwünsche zum heutigen Tag zu überbringen. Empfangen Sie meinen herzlichsten Dank für Ihre liebenswürdigen und warmherzigen Worte und das schöne Geschenk, mit dem Sie mich erfreut haben. Ich danke auch Herrn Gouverneur Garlock sowie den Herren Bürgermeistern von München und Garmisch aufs wärmste für die gütige Begrüßung und möchte mit der Annahme des Ehrenbürgerbriefes an die Behörden von Garmisch-Partenkirchen, an ihrer Spitze Herrn Landrat Keßler und Herrn Bürgermeister Schütte, meinen Dank nicht vergessen für die freundliche Hilfe und treue Fürsorge, die sie während meiner Abwesenheit meiner Familie und meinem Hause haben angedeihen lassen.

War ich auch in der gastlichen Schweiz und in den

milden Lüften des Genfer Sees von bester Pflege umgeben und mit meiner Frau von den Sorgen des täglichen Lebens befreit und in der glücklichen Lage, meiner Familie und leidenden Landsleuten mit kleinen Hilfeleistungen zur Seite zu stehen, so mußte ich doch immer in bitterem Schmerz des harten Loses meiner lieben Vaterstadt gedenken, mit der doch die schönsten Erinnerungen meines Lebens untrennbar verknüpft sind. Einmal war es der schöne Odeonssaal, in dem ich als Gymnasiast durch die Musikalische Akademie die ganze klassische Sinfonik bis zu dem damals noch schwer verpönten Berlioz als Orchestersohn erlebte, wo Hermann Levi 1883 die erste Sinfonie des auf einem Stehplatz unter den Säulen zuhörenden Unterprimaners aus der Taufe hob, der drei Jahre später in einer Bülowschen Meiningermatinee schon sein erstes Dirigentendebut ohne Probe an einer Bläsersuite absolvierte und dem noch vor etwa 15 Jahren das treue Orchester bei einem manches Kopfschütteln verursachenden Beethoven-Liszt-Strauss [= Zyklus] wie immer schöne Gefolgschaft leistete. Damals ahnte ich noch nicht, daß es ein Abschied für immer war. Ein andermal gedachte ich des bezaubernden Residenztheaters, in dem Mozart seinen «Idomeneo» dirigiert hatte, und wo ich 120 Jahre später eine neue Mozartpflege anregen und unter Possarts geistvoller Regie besonders das viel verkannte «Così fan tutte» auch ausländischen Bewunderern vermitteln konnte.

Niemals aber verließ mich die Wehmut über das zerstörte Hoftheater, in dessen Orchesterraum mein teurer Vater 50 Jahre lang seinen Platz am 1. Waldhornpult inne hatte, unter Hans von Bülow «Tristan» und «Meistersinger» kreieren half und dafür sogar das direkte Lob des großen Meisters erntete — in diesem schönen Kunsttempel, in dem ich als sechsjähriger Bub den «Freischütz» und die «Zauberflöte» hörte, im Jahre 1886 meine erste Oper «Johann von Paris» von Boieldieu dirigierte und bis ins hohe Alter als Mitschaffender und Zuhörer ungezählte Stunden edelsten Kunstgenusses erlebte. In den letzten zwei Jahrzehnten noch erfüllten vorbildliche Aufführungen meiner meisten Bühnenwerke (in Uraufführung sogar «Friedenstag» und «Capriccio») mein stolzes Autorenherz mit unauslöschlichem Dank und Bewunderung für ihre meisterlichen Leiter Clemens Krauß und Rudolf Hartmann.

Lassen Sie, verehrte Anwesende, mich diese kurzen biographischen Rückblicke enden mit dem sehnlichen Wunsch, daß die schöne Isarstadt bald wieder in altem Glanz erstehen und die von großen Traditionen erfüllten Kunststätten zu neuem Leben erblühen und wiederum ein von der ganzen gebildeten und kunstsinnigen Welt besuchtes und geliebtes Kulturzentrum bilden möchten.

Gestatten Sie mir, sehr verehrter Herr Ministerpräsident, als Erinnerung an den heutigen für mich so ehrenvollen Tag Ihnen als bescheidene Gegengabe ein kleines Manuskript für die Bayerische Staatsbibliothek zu überreichen. Es ist die Partitur eines Konzertwalzers «München», den ich vor Jahren für einen nicht zur Aufführung gekommenen Film geschrieben habe. Er ist weder gedruckt noch aufgeführt und möge an einem würdigen Plätzchen weiterschlummern.

Und nun nochmals für alle Güte und Freundschaft tausend Dank!

Anmerkungen des Herausgebers

S. 13 *«zur Eröffnung einer solchen Sammlung erscheint eine Monographie über Beethoven»;* August Göllerich, Beethoven. Die Musik, Sammlung illustrierter Einzeldarstellungen. Herausgegeben von Richard Strauss, Bard, Marquardt & Co., Berlin 1904.

S. 14 *Fortschrittspartei:* Der Aufsatz bildet die Erwiderung auf die Kampfschrift: «Die Konfusion in der Musik». Ein Mahnruf von Felix Draeseke, Verlag von Carl Grüninger, Stuttgart 1906.

S. 28 *Offener Brief an einen Oberbürgermeister:* Der Brief erschien im «Berliner Tageblatt» mit nachstehender redaktioneller Vorbemerkung: «Dieser Brief ist von Richard Strauss an den Oberbürgermeister einer großen Stadt gerichtet worden, die aus begreiflichen Gründen nicht genannt sein soll. Das Schreiben wird im Amtlichen Blatt des Deutschen Bühnenvereins erscheinen; die Leitung dieser Zeitung stellt es uns schon vorher zur Verfügung, da sie der Ansicht ist, die von Strauss behandelten Verhältnisse hätten ein Interesse nicht nur für diese eine, ungenannte Stadt, sondern für manche andere Großstädte des Deutschen Reiches. Wir sind der gleichen Meinung und bringen deshalb den Brief zum Abdruck.»

S. 53 *Dirigentenerfahrungen mit klassischen Meisterwerken:* Die Auswahl und Zusammenstellung besorgte der Herausgeber.

S. 69 *Wiener Katastrophe:* Die Zerstörung der Wiener Oper am 12. März 1945.

S. 69 *Schon vor einiger Zeit niedergeschriebenes Memorandum über die Oper:* Richard Strauss hat zu Beginn der vierziger Jahre Aufzeichnungen über «Wesen und Bedeutung der Oper (und ihre Zukunft)» gemacht, von denen mehrere Fassungen existieren. Er hatte gewünscht, daß der Herausgeber der «Betrachtungen und Erinnerungen» sie bearbeite und druckfertig mache, doch hat sich dieser hierzu aus verschiedenen Gründen nicht entschließen können. Der hier abgedruckte Brief an Prof. Dr. Karl Böhm, der 1943—1945 die Wiener Staatsoper leitete, faßt die Gedanken jener «Memoranda» in der knappesten Form zusammen.

S. 106 *Über Mozart:* Vom Herausgeber aus verschiedenen Aufzeichnungen ausgewählt für das Richard-Strauss-Heft der «Schweizerischen Musikzeitung» (Juni 1944). Vgl. Bibliographie.

S. 108 *Zum Kapitel Mozart:* Aus den Aufzeichnungen. Eine Abschrift sandte Richard Strauss an Joseph Gregor. Nach dieser Abschrift erfolgte die Veröffentlichung im «Antiquariat» und im Briefwechsel Strauss-Gregor. Vgl. Bibliographie.

S. 112 *Julius Korngold* (1860-1945), Musikkritiker der «Neuen freien Presse» in Wien.

S. 116 *Friedrich Rösch* (geb. 12. Dez. 1862 in Memmingen, gest. 29. Okt. 1925 in Berlin), Jugendfreund Richard Strauss', gründete 1898 mit diesem und Hans Sommer die «Genossenschaft deutscher Komponisten» (ab 1903: «Genossenschaft Deutscher Tonsetzer»), 1919 Vorsitzender des «Allgemeinen Deutschen Musikvereins».

S. 120 *Schönes Fest:* die Feier des 100jährigen Bestehens der Wiener Philharmoniker.

S. 120 *Die klingende Gabe:* Die geplante Tondichtung «Die Donau» ist unvollendet geblieben.

S. 131 *Ferdinand Kürnbergers wertvoller Essay* trägt den Titel «Ich möchte lesen lernen» (1848).

S. 150 *Interview über «Die ägyptische Helena»:* Für eine Wiener Radio-Sendung bestimmt. — *«Schon so manchen Ärger»:* bezieht sich auf die Rivalität zwischen der Dresdner und Wiener Oper anläßlich der Uraufführung sowie die damit zusammenhängenden Schwierigkeiten bei der Besetzung der Helena-Partie.

S. 161 *Vom melodischen Einfall:* Über den Schaffensprozeß hat sich Richard Strauss ausführlich geäußert in einem Brief aus dem Jahre 1893, der die Antwort auf eine Rundfrage Friedrich von Hauseggers darstellt. Er wurde auszugsweise veröffentlicht in: «Aus dem Jenseits des

Künstlers», Betrachtungen und Mitteilungen über den künstlerischen Schaffenszustand. (Aufgenommen in den Sammelband: «Gedanken eines Schauenden». Gesammelte Aufsätze von Friedrich von Hausegger. F. Bruckmann, München 1903.) — Weitere Äußerungen Richard Strauss' zu diesem Thema finden sich in: Julius Bahle, «Der musikalische Schaffensprozeß», S. Hirzel, Leipzig 1936, und in: Julius Bahle, «Eingebung und Tat im musikalischen Schaffen», S. Hirzel, Leipzig 1939.

S. 168 Im August des Jahres 1944 hätte in Salzburg die Uraufführung von Richard Strauss' Oper («Die Liebe der Danae» (Dichtung von Joseph Gregor unter Benützung einer Idee von Hugo von Hofmannsthal) stattfinden sollen. Während die Proben abgehalten wurden, traf jedoch der Befehl zur Schließung der deutschen Theater und zur Sistierung der Uraufführung ein. Die Vorbereitungen durften nur bis zur Generalprobe weitergeführt werden, die am 16. August 1944 stattfand. Acht Jahre später — am 14. August 1952 — wurde bei den Salzburger Festspielen endlich die Uraufführung nachgeholt. — Da der Adressat im Kriegssommer 1944 nicht in der Lage gewesen war, an der denkwürdigen Generalprobe teilzunehmen, ließ ihm Richard Strauss wenige Tage später eine Schilderung von Werk und Wiedergabe aus der Perspektive des Schöpfers selbst zukommen. Der Brief darf als einzigartiges Dokument für die von Selbstbewußtsein und Selbstkritik bestimmte Haltung gelten, die der Komponist seinen eigenen Werken gegenüber einzunehmen wußte.

S. 173 *Betrachtungen zu Joseph Gregors «Weltgeschichte des Theaters»:* Erschienen im Phaidon-Verlag, Zürich 1933. Vergleiche auch die Anmerkung zu «Zum Kapitel Mozart».

S. 177 *Nicht veröffentlichter Teil unseres Briefwechsels:* Die Gesamtausgabe des Briefwechsels ist inzwischen erschienen: Richard Strauss / Hugo von Hofmannsthal, Briefwechsel. Gesamtausgabe. Herausgegeben von Willi Schuh.

Atlantis Verlag, Zürich und Freibung i. Br. 1952. Ergänzte Neuauflagen 1955, 1964, 1970, 1978.

S. 194 *Mein Vater:* Franz Strauss, geb. 26. Februar 1822 in Parkstein, gest. 31. Mai 1905 in München.

S. 215 *Mein Witz in der «Jugend»:* Es handelt sich um das zuerst in der Münchner Zeitschrift «Jugend», 1. Jg., Nr. 4, 25. Jan. 1896 erschienene Lied «Wenn . . .» (Text von Carl Busse), das in Des-dur beginnt und in D-dur schließt. Beim Übergang in die neue Tonart steht folgende Anmerkung: «Sängern, die noch im 19. Jahrhundert dieses Lied öffentlich vorzutragen beabsichtigen, rät der Componist, dasselbe von hier ab um einen Ton tiefer (also in Des-dur) zu singen und somit das Musikstück in der Anfangstonart auch abzuschließen!» — Das Lied gehört als Nr. 2 zu den «Vier Liedern» des Opus 31.

S. 233 *«Bericht der Staatsoper vom Jahre 1934»:* «Richard Strauss und die Berliner Staatsoper». Herausgeber: Julius Kapp. Max Hesse Verlag, Berlin 1934. Eine «Zweite Folge» erschien unter dem gleichen Titel im gleichen Verlag im Jahre 1939.

S. 250 *Garmischer Rede am 85. Geburtstag (11. Juni 1949):* Am 85. Geburtstag Richard Strauss' fand vormittags, 11 Uhr, im Festsaal in Garmisch-Partenkirchen ein Festakt statt, der mit Musik — Violinsonate op. 18 (Elisabeth Bischoff, Georg Solti) und Klavierquartett c-moll, op. 13 (Alexander Paulmüller, Elisabeth Bischoff, Valentin Härtl, Hermann von Beckerath) — umrahmt war und bei welchem Ansprachen gehalten wurden vom Bayerischen Ministerpräsidenten Dr. Hans Ehard, dem Staatsminister für Unterricht und Kultur, D. Dr. Alois Hundhammer, dem Oberbürgermeister von München, Thomas Wimmer, dem Rektor der Universität München, Prof. Dr. Walter Gerlach, dem Münchner Universitätsprofessor Dr. Erich Kaufmann und dem Bürgermeister von Garmisch-Partenkirchen, Georg Schütte. Richard Strauss wurde bei diesem Anlaß mit einer Tanagrafigur, einer Richard Strauss-Stiftung, dem Ehrendoktortitel der juristischen Fakultät der Universität München und dem Ehrenbürgerbrief von Garmisch-Partenkirchen bedacht. Die Ansprachen verdankte Richard Strauss mit der hier wiedergegebenen Rede.

S. 250 *Gouverneur:* Der dem Komponisten hilfreich und freundschaftlich ergebene, in Garmisch stationierte Gouverneur Garlock.

S. 252 *Konzertwalzer:* «München» (Ein Gelegenheitswalzer) für Orchester (Garmisch, 3. Januar 1939). Auf einer Fotokopie der Partitur steht: «Dieser Walzer wurde auf Bitte meiner Geburtsstadt München, deren Ehrenbürger ich seit 1924 bin, als kurze Einleitung für einen Film München komponiert, dessen Ausführung dann verschoben wurde. Ad calendas graecas! Dr. Richard Strauss. 20. II. 45.». Gedruckt wurde die 2. Fassung (1945), die als «Ein Gedächtniswalzer» bezeichnet ist, erst nach Strauss' Tod. (Boosey & Hawkes, London 1951).

S. 252 *weder gedruckt noch aufgeführt:* Der «München»-Walzer (von dem noch eine 2. Fassung existiert) ist ungedruckt, doch fand eine Aufführung am 24. Mai 1939 in München statt.

Bibliographie

S. 11 *Einleitung zu «Die Musik», Sammlung illustrierter Einzeldarstellungen.* Herausgegeben von Richard Strauss. Erster Band: «Beethoven» von August Göllerich, Bard, Marquardt & Co., Berlin 1904.

S. 14 *Gibt es für die Musik eine Fortschrittspartei?* «Der Morgen», Jahrgang I, Heft 1, Berlin, 14. Juni 1907.

S. 22 *Geleitwort zu Leopold Schmidt, Aus dem Musikleben der Gegenwart.* A. Hofmann & Co., Berlin 1908.

S. 28 *Offener Brief an einen Oberbürgermeister.* Berliner Tageblatt, Abendausgabe vom 23. Dezember 1913.

S. 32 *Städtebund-Theater. Eine Anregung.* Vossische Zeitung, 22. Februar 1914 (Morgenausgabe).

S. 39 *Erwägungen zum Opernspielplan.* Originaler Titel: Novitäten und Stars (Spielplanerwägungen eines modernen Operndirektors). Neues Wiener Journal, 22. Juni 1922.

S. 46 *Zehn goldene Regeln. Einem jungen Kapellmeister ins Stammbuch geschrieben.* Allgemeine Musikzeitung, Jg. 55, Nr. 17, 27. April 1928.

S. 47 *Über Komponieren und Dirigieren.* Berliner Börsen-Courier, 8. Juni 1929 (Abendausgabe).

S. 49 *Vorwort zu Hans Diestel, Ein Orchestermusiker über das Dirigieren.* Edition Adler G.M.B.H., Berlin 1931.

S. 53 *Dirigentenerfahrungen mit klassischen Meisterwerken.* Manuskript (Garmisch).

S. 69 *Künstlerisches Vermächtnis.* Erstveröffentlichung in englischer Sprache unter dem Titel «The Artistic Testament of Richard Strauss» (Translated and with an Introduction by Alfred Mann) in: The Musical Quarterly, Vol. XXXVI, No. 1, January 1950, New York. — Das Original: Österreichische Musikzeitschrift, Wien, 9. Jg., Heft 7/8, Juli/August 1954. Als Faksimile: Festschrift zur Eröffnung des wiederaufgebauten Opernhauses [Wiener Staatsoper], Herausgeber u. Verlag: Bundestheaterverwaltung, Wien 1955.

S. 76 *Zum «Tannhäuser» in Bayreuth.* «Tannhäuser»-Nachklänge. Brief eines deutschen Kapellmeisters über das Bayreuther Orchester. Bayreuther Blätter, 15. Jahrgang, Viertes Stück, 1892.

S. 89 Zur Frage des «*Parsifal*»-*Schutzes*. Hamburger Fremdenblatt, August 1912.

S. 91 *Bemerkungen zu Richard Wagners Gesamtkunstwerk und zum Bayreuther Festspielhaus*. Manuskript 1940 (Garmisch).

S. 94 *Bemerkungen zu Richard Wagners «Oper und Drama»*. Manuskript (Garmisch).

S. 98 *Mozarts «Così fan tutte». Geschrieben anläßlich der Neueinstudierung nach dem Original in München*. Neue freie Presse, Wien, 25. Dezember 1910.

S. 106 *Über Mozart*. Schweizerische Musikzeitung Zürich. (Richard Strauss-Heft zum 80. Geburtstag) 84. Jahrg., Nr. 6, 1. Juni 1944.

S. 108 *Zum Kapitel Mozart*. Nach einer von Richard Strauss an Joseph Gregor gesandten Abschrift veröffentlicht in: Das Antiquariat (Festnummer zum 65. Geburtstag von Joseph Gregor), Wien, IX. Jg., Nr. 15/18, Aug./Sept. 1953, Walter Krieg Verlag / Herbert Stubenrauch Verlagsbuchhandlung, Wien. — Zweitdruck: Richard Strauss und Joseph Gregor, Briefwechsel. Im Auftrag der Wiener Philharmoniker herausgegeben von Roland Tenschert. Otto Müller Verlag, Salzburg 1955.

S. 112 *Über Schubert*. Manuskript (Garmisch). Ob der Beitrag (zu dem nur ein Bleistift-Entwurf vorhanden ist) in der «Neuen freien Presse» erschienen ist, ließ sich nicht feststellen.

S. 114 *Gustav Mahler*. In: Gustav Mahler. Ein Bild seiner Persönlichkeit in Widmungen. Herausgegeben von Paul Stefan. R. Piper & Co., München 1910.

S. 115 *Über Johann Strauß*. Neues Wiener Tagblatt, Wien, 25. Oktober 1925. — Abgedruckt in: Franz Trenner, Richard Strauss, Dokumente seines Lebens und Schaffens. Verlag C. H. Beck, München 1954, S. 211 f.

S. 116 *Gedächtnisrede auf Friedrich Rösch*. Manuskript 1925 (Garmisch).

S. 118 *Die Münchener Oper.* «150 Jahre Bayrisches Nationaltheater». Herausgegeben von der Generaldirektion der bayrischen Staatstheater. Schriftleitung: Arthur Bauckner. Georg Hirth, München 1928.

S. 120 *Glückwunsch für die Wiener Philharmoniker.* Faksimile: Wiener Philharmoniker 1842-1942, von den Wiener Philharmonikern herausgegeben. Universal-Edition, Wien-Leipzig 1942. Abgedruckt: Briefe an die Wiener Philharmoniker. Herausgegeben von Wilhelm Jerger. Wiener Verlagsanstalt, Wien 1942.

S. 121 *Glückwunsch für die Sächsische Staatskapelle.* Faksimile: Dresdner Kapellbuch. Herausgegeben von Günter Hausswald, Dresdener Verlagsgesellschaft KG., Dresden 1948. Abgedruckt: Musica, 2. Jahrg., Heft 5, Kassel 1948.

S. 123 *Zeitgemäße Glossen für Erziehung zur Musik.* Münchner Neueste Nachrichten. 10. Oktober 1933. Hier nach dem Manuskript wiedergegeben.

S. 128 *Brief über das humanistische Gymnasium. An Prof. Reisinger.* Festschrift zur Jubiläumsfeier des Ludwigs-Gymnasiums München (1824-1949), München 1949.

S. 134 *Zur «Josephslegende».* Dramaturgische Blätter (der Bayerischen Staatsoper), Jahrgang 1940/41, Nummer 11, München 1941.

S. 135 *Nicht veröffentlichtes Vorwort zu «Intermezzo».* Manuskript (Garmisch).

S. 140 *Vorwort zu «Intermezzo».* Intermezzo, eine bürgerliche Komödie mit sinfonischen Zwischenspielen in zwei Aufzügen von Richard Strauss, op. 72. Partitur und Klavierauszug, Adolph Fürstner, Berlin 1924.

S. 150 *Interview über «Die ägyptische Helena».* Mitgeteilt von Ludwig Karpath. Neue freie Presse. Wien, 27. Mai 1928.

S. 154 *Geleitwort zu «Capriccio».* Capriccio, ein Konversationsstück für Musik in einem Aufzug von Clemens Krauß und Richard Strauss, op. 85. Partitur und Klavierauszug. Johannes Oertel, Berlin-Grunewald, 1942. — Vorabdruck (mit kleinen Abweichungen): Schweizerische Musikzeitung, Jahrgang 82, Nr. 10, Zürich, 1. Oktober 1942.

S. 160 *Meine Werke in guter Zusammenstellung.* Manuskript.

S. 161 *Vom melodischen Einfall.* Manuskript.

S. 168 *Über die Generalprobe der Oper «Die Liebe der Danae».* Atlantis, Jg. 24, Heft 7 (Juli 1952), S. 309/10.

S. 173 *Betrachtungen zu Joseph Gregors «Weltgeschichte des Theaters».* Siehe die bibliographischen Angaben zu «Zum Kapitel Mozart».

S. 182 *Letzte Aufzeichnung.* Gestalt und Gedanke. Ein Jahrbuch. Herausgegeben von der Bayerischen Akademie der Schönen Künste. Im Verlag von R. Oldenbourg, München 1951. (Mit einem Kommentar von Willi Schuh und dem Faksimile der «Letzten Aufzeichnung».)

S. 183 *Erinnerungen an Hans von Bülow.* Neue freie Presse, Wien, 25. Dezember 1909.

S. 194 *Erinnerungen an meinen Vater.* Manuskript (Garmisch).

S. 203 *Aus meinen Jugend- und Lehrjahren.* Manuskript (Garmisch).

S. 219 *Erinnerungen an die ersten Aufführungen meiner Opern.* Manuskript 1942 (Garmisch).

S. 247 *Pauline Strauss-de Ahna.* Manuskript (Garmisch).

S. 250 *Garmischer Rede am 85. Geburtstag (11. Juni 1949).* Der Schluß der Rede: «Niemals aber verließ mich die Wehmut»: Blätter der Bayerischen Staatsoper, Spielzeit 1952/53, Jg. 5, Heft 11/12 (mit Faksimile). Die ganze Rede: Franz Trenner, Richard Strauss, Dokumente seines Lebens und Schaffens. Verlag C. H. Beck, München 1954, S. 273 ff.

Im Umkreis der Musik

Ernest Ansermet
Die Grundlagen der Musik im menschlichen Bewußtsein
847 Seiten mit 230 Notenbeispielen und 32 Diagrammen. Serie Piper 388

Ernest Ansermet/J.-Claude Piguet
Gespräche über Musik
120 Seiten. Serie Piper 74

Claudio Arrau
Leben mit der Musik
Aufgezeichnet von Joseph Horowitz. Aus dem Engl. von Rudolf Hermstein.
320 Seiten mit 56 Notenbeispielen. Serie Piper 597

Kurt Blaukopf
Musik im Wandel der Gesellschaft
Grundzüge der Musiksoziologie. 383 Seiten und 4 Farbtafeln. Geb.

Oskar Bie
Die Oper
Mit einer Einführung von Carl Dahlhaus.
576 Seiten mit 133 Abbildungen und 11 farbigen Tafeln. Serie Piper 8234

Alfred Brendel
Nachdenken über Musik
Mit einem Interview von Jeremy Siepman.
228 Seiten und 61 Notenbeispiele. Serie Piper 265

Carl Dahlhaus
Musikalischer Realismus
Zur Musikgeschichte des 19. Jahrhunderts. 166 Seiten. Serie Piper 239

Carl Dahlhaus
Vom Musikdrama zur Literaturoper
Aufsätze zur neueren Operngeschichte. 331 Seiten. Serie Piper 8238

Im Umkreis der Musik

Carl Dahlhaus
Richard Wagners Musikdramen
165 Seiten. Serie Piper 752

Ulrich Dibelius
Moderne Musik I
1945–1965. 392 Seiten mit 31 Abbildungen und 45 Notenbeispielen. Serie Piper 363

Ulrich Dibelius
Moderne Musik II
1965–1985. 447 Seiten mit 44 Abbildungen und 42 Notenbeispielen. Serie Piper 629

Hans Heinrich Eggebrecht
Bachs Kunst der Fuge
Erscheinung und Deutung. 131 Seiten mit 61 Notenbeispielen. Serie Piper 367

Hans Heinrich Eggebrecht
Die Musik Gustav Mahlers
305 Seiten mit 73 Notenbeispielen. Serie Piper 637

August Everding
Mir ist die Ehre widerfahren
An-Reden, Mit-Reden, Aus-Reden, Zu-Reden. Vor-Rede von Joachim Kaiser.
357 Seiten mit 8 Abbildungen. Geb.

Dietrich Fischer-Dieskau
Töne sprechen, Worte klingen
Zur Geschichte und Interpretation des Gesangs. 501 Seiten. Leinen

Glenn Gould
Von Bach bis Boulez
Schriften zur Musik I. Herausgegeben und eingeleitet von Tim Page.
Aus dem Amerik. von Hans-Joachim Metzger. 358 Seiten mit zahlreichen
Notenbeispielen. Leinen

Im Umkreis der Musik

Glenn Gould
Vom Konzertsaal zum Tonstudio
Schriften zur Musik II.
Herausgegeben und eingeleitet von Tim Page. Aus dem Amerik. von Hans-Joachim Metzger. 321 Seiten. Leinen

Martin Gregor-Dellin
Heinrich Schütz
Sein Leben – Sein Werk – Seine Zeit.
494 Seiten mit 26 Abbildungen auf Tafeln und 4 Farbtafeln. Serie Piper 717

Martin Gregor-Dellin
Richard Wagner
Sein Leben – Sein Werk – Sein Jahrhundert. 930 Seiten. Leinen

Martin Gregor-Dellin
Richard Wagner
Eine Biographie in Bildern. 220 Seiten mit 325 farbigen und schwarzweißen Abbildungen. Leinen

Gernot Gruber
Mozart und die Nachwelt
323 Seiten. Serie Piper 592

Joachim Kaiser
Große Pianisten in unserer Zeit
292 Seiten mit 25 Notenbeispielen und 27 Fotos. Kt.

Joachim Kaiser
Mein Name ist Sarastro
Die Gestalten in Mozarts Meisteropern von Alfonso bis Zerlina.
299 Seiten mit 25 Abbildungen. Leinen

Piper 30/4 d

Im Umkreis der Musik

Wilhelm Kempff
Unter dem Zimbelstern
Jugenderinnerungen eines Pianisten. 282 Seiten. Serie Piper 446

Wilhelm Kempff
Was ich hörte, was ich sah
Reisebilder eines Pianisten. 179 Seiten mit 16 Farbtafeln und
10 Schwarzweißfotos auf Tafeln. Serie Piper 391

Ernst Krause
Puccini
Beschreibung eines Welterfolges. Überarb. Neuausgabe.
425 Seiten mit 39 Abbildungen und 82 Notenbeispielen. Serie Piper 534

Ernst Krause
Richard Strauss
Gestalt und Werk. Überarb. Neuausgabe.
581 Seiten mit 30 Abbildungen. Serie Piper 851

Lust an der Musik
Ein Lesebuch. Herausgegeben von Klaus Stadler.
436 Seiten. Serie Piper 350

Gustav Mahler / Richard Strauss
Briefwechsel 1888–1911
Herausgegeben und mit einem musikhistorischen Essay versehen von Herta Blaukopf.
238 Seiten mit 14 Abbildungen auf Tafeln. Serie Piper 767

Diana Menuhin
Durch Dur und Moll
Mein Leben mit Yehudi Menuhin. Aus dem Engl. von Helmut Viebrock.
334 Seiten mit zahlreichen Fotos. Leinen

Im Umkreis der Musik

Yehudi Menuhin
Ich bin fasziniert von allem Menschlichen
Gespräche mit Robin Daniels. Aus dem Engl. von Hans-Jürgen Baron von Koskull.
Vorwort von Lawrence Durrell. 208 Seiten. Serie Piper 263

Yehudi Menuhin
Lebensschule
Herausgegeben von Christopher Hope. Aus dem Engl. von Horst Leuchtmann.
173 Seiten mit 60 Abbildungen Geb.

Yehudi Menuhin
Variationen
Betrachtungen zu Musik und Zeit. Aus dem Engl. von Horst Leuchtmann.
256 Seiten. Serie Piper 369

Hans-Günter Ottenberg
Carl Philipp Emanuel Bach
Mit einem Geleitwort von Thorsten P. Schicke.
408 Seiten mit 91 Abbildungen und 96 Notenbeispielen. Serie Piper 8235

Reinhard Raffalt
Musica Eterna
Aus fünf Jahrhunderten abendländischer Musik.
Mit einem Nachwort von Eugen Jochum.
II, 254 Seiten mit 37 Abbildungen und Notenbeispielen. Geb.

Im Umkreis der Musik

Willi Reich
Alban Berg
Leben und Werk. 217 Seiten mit 76 Abbildungen und Notenbeispielen.
Serie Piper 288

Rolf U. Ringger
Von Debussy bis Henze
Zur Musik unseres Jahrhunderts. 187 Seiten. Serie Piper 502

Albrecht Roeseler
Große Geiger unseres Jahrhunderts
397 Seiten mit 70 Abbildungen. Leinen

Romain Rolland
Georg Friedrich Händel
Mit einem Vorwort von Carl Dahlhaus. 195 Seiten mit Notenbeispielen. Serie Piper 359

Mstislaw und Galina Rostropowitsch
Die Musik und unser Leben
Aufgezeichnet von Claude Samuel. Aus dem Franz. von Annette Lallemand.
223 Seiten. Serie Piper 781

Sigfried Schibli
Alexander Skrjabin und seine Musik
Grenzüberschreitungen eines prometheischen Geistes. 421 Seiten mit
56 Notenbeispielen und 20 Abbildungen auf Tafeln. Geb.

Cosima Wagner
Die Tagebücher
Herausgegeben von der Stadt Bayreuth. Ediert und kommentiert von
Martin Gregor-Dellin und Dietrich Mack.
Band I: 1869–1872. 1982. 624 Seiten. Serie Piper 251
Band II: 1873–1877. 1982. 688 Seiten. Serie Piper 252
Band III: 1878–1880. 1982. 656 Seiten. Serie Piper 253
Band IV: 1881–1883. 1982. 688 Seiten. Serie Piper 254

Im Umkreis der Musik

Richard Wagner
Das braune Buch
Tagebuchaufzeichnungen 1865–1882. Herausgegeben von Joachim Bergfeld.
251 Seiten mit 7 Abbildungen und 6 Notenbeispielen. Serie Piper 876

Karl H. Wörner
Robert Schumann
371 Seiten mit 67 Notenbeispielen auf Tafeln. Serie Piper 829

Konrad Wolff
Interpretation auf dem Klavier
Unterricht bei Artur Schnabel. Einführung von Alfred Brendel.
Aus dem Engl. von Tamara Trykar-Lu.
219 Seiten mit 211 Notenbeispielen. Serie Piper 673

Tadeusz A. Zielinski
Bartók
Leben · Werk · Klangwelt.
403 Seiten mit 14 Abbildungen und über 300 Notenbeispielen.
Serie Musik 8237

Volkmar Braunbehrens
Mozart in Wien

512 Seiten mit 42 Abbildungen auf Tafeln und im Text. Leinen
(Auch in der Serie Piper 8233 lieferbar)

»Dieses Buch ist nicht nur spannend zu lesen, sondern ein Gewinn für alle, die Mozart – gereinigt von den Mythen der Romantik – aus der Perspektive seiner eigenen Zeit kennenlernen wollen. Mozart wird als ein bewußt und intellektuell auf der Höhe seiner Zeit stehender, wirtschaftlich durchaus erfolgreich und vor allem unabhängig agierender Künstler im aufgeklärten josephinischen Wien vorgestellt. Ein wichtiges Buch, das mehr Beachtung finden sollte!« Fono Forum

Harald Goertz
Mozarts Dichter Lorenzo Da Ponte

Genie und Abenteurer. 248 Seiten mit 27 Abbildungen und 13 Notenbeispielen.
Serie Musik 8236

Gernot Gruber
Mozart und die Nachwelt

323 Seiten. Serie Piper 592

»Was das Buch für jeden anziehend und nützlich macht, ist – neben der Eleganz der unterschwellig witzigen Diktion – der kulturgeschichtliche Überbau. Rezeptionsgeschichte wird eingeordnet in den geistesgeschichtlichen Zusammenhang, verständlich gemacht aus den Wechselspielen des Zeitgeistes.«
Karl Schumann, Süddeutsche Zeitung